Städte der Zukunft modellieren, visualisieren, transformieren: Das Beispiel Eberswalde

Tobias Schröder & Marian Dörk (Hrsg.)

Studentische Forschung
Urbane Zukunft

IMPRESSUM

Bibliografische Information der Deutschen Nationalbibliothek:
Die Deutsche Nationalbibliothek verzeichnet diese Publikation in der Deutschen Nationalbibliografie; detaillierte bibliografische Daten sind im Internet über http://dnb.d-nb.de abrufbar.

Dieses Buch ist auch als freie Onlineversion über den OPUS-Publikationsserver der Fachhochschule Potsdam verfügbar.
https://opus4.kobv.de/opus4-fhpotsdam/frontdoor/index/index/docId/2426

Tobias Schröder & Marian Dörk (Hrsg.)
Städte der Zukunft modellieren, visualisieren, transformieren: Das Beispiel Eberswalde
Studentische Forschung *Urbane Zukunft 2*

Die Reihe „Studentische Forschung *Urbane Zukunft*" wird herausgegeben von:
Prof. Dr. Marian Dörk
Prof. Dr. Michael Prytula
Prof. Dr. Tobias Schröder
Institut für angewandte Forschung Urbane Zukunft (IaF) an der FH Potsdam

Verlag der Fachhochschule Potsdam
www.fh-potsdam.de/verlag

© 2019 Fachhochschule Potsdam
Texte und Abbildungen in Verantwortung der Autor*innen der Beiträge.

ISBN	978-3-947796-02-1	(Druckausgabe)
URN	urn:nbn:de:kobv:525-24265	(elektronische Ausgabe)
DOI	10.34678/opus4-2426	

Layout und Satz: Fabian Fleckenstein, Selim Guelbas
Herstellung und Vertrieb: tredition GmbH, Hamburg
Gesetzt in der FHP Sun

Die dieser Publikation zugrunde liegende Forschung wurde durch den Europäischen Fonds für regionale Entwicklung gefördert (Projekt-Nr. 85009319).

Die elektronische Version dieses Werks ist lizensiert unter einer Creative Commons Namensnennung 4.0 International Lizenz (CC BY 4.0): https://creativecommons.org/licenses/by/4.0/

Städte der Zukunft modellieren, visualisieren, transformieren: Das Beispiel Eberswalde

Tobias Schröder & Marian Dörk (Hrsg.)

Studentische Forschung
Urbane Zukunft

AUTOR*INNEN

Daniel **Almgren Recén**

Kristin **Bauer**

Johanna **Bröckel**

Luis Fernando **Correa Santos de Oliveira**

Cornelius **Dauer**

Martina **Dreßelt**

Catherine **Eckenbach**

Fabian **Fleckenstein**

Lea Susanne **Helm**

Marie-Ann **Koch**

Anika **Lenke**

Jana **Lohmann**

Mina **Mahmoodian**

Tobias **Schmidt**

David **Siedke**

Nele **Trautwein**

Valentina **Troendle**

Beatrix **Unger**

Marie **Vogelmann**

Paulina **von Kietzell**

Nathalie **Wachotsch**

7

EDITORIAL –
ZUM KONTEXT DER FORSCHUNGSPROJEKTE

25

ZUKUNFT[S]GESTALTEN -
ANTWORTEN AUF DEN WANDEL FINDEN

63

VON SYSTEMWISSEN ZU HANDLUNGSWISSEN –
VISUALISIERUNG UND MODELLIERUNG ALS HEBEL ZUR ERMÄCHTIGUNG ZIVILER INTERESSEN

93

EBERSWALDE – WER BIST DU?
EINE EMPIRISCHE UNTERSUCHUNG VON STÄDTISCHER IDENTITÄT UND
KOLLEKTIVBEWUSSTSEIN IN EBERSWALDE

127

BETEILIGUNG VON KINDERN UND JUGENDLICHEN -
EINE FALLSTUDIE ZUM THEMA MOBILITÄT IN EBERSWALDE

EDITORIAL

Zum Kontext der Forschungsprojekte.

AUTOR*INNEN

Tobias Schröder (Hrsg.)
Marian Dörk (Hrsg.)
David Siedke

EINFÜHRUNG

In diesem Band wird über vier studentische Forschungsprojekte berichtet, die im Sommersemester 2018 im Masterstudiengang Urbane Zukunft (http://urbane-zukunft.de) an der Fachhochschule Potsdam durchgeführt wurden. Während die genauen Themen der Projekte von den jeweiligen Studierendengruppen frei gewählt wurden, war der größere Kontext zum einen durch den Fokus des Studiengangs auf aktuellen urbanen Transformationsprozessen und zum anderen durch die konkrete Einbettung in ein laufendes Forschungsprojekt an der FH Potsdam gegeben. Bei dem Projekt ging es darum, neue Methoden der Modellbildung, Simulation und Visualisierung zu entwickeln, die geeignet sind, partizipative Prozesse bei der Entwicklung von Zukunftskonzepten für kleinere und mittlere Städte in Brandenburg zu unterstützen (Priebe et al., 2019). In dem Projektkurs untersucht wurde als Beispiel die Stadt Eberswalde nördlich von Berlin. Die Studierenden hatten die Aufgabe, innovative Workshopkonzepte für relevante Zukunftsthemen ihrer Wahl zu entwickeln und vor Ort zu erproben und dabei den Einsatz von Systemmodellen und Datenvisualisierungen methodisch zu erforschen. Dem Konzept des Masterstudiengangs folgend, handelt es sich bei dem Projekt um ein Beispiel „transformativer Forschung" (Prytula et al., 2016; vgl. auch Schneidewind, 2013; Schneidewind & Singer-Brodowski, 2014): Neben der wissenschaftlichen Analyse von Transformationsprozessen im Rahmen einer konkreten Fallstudie wird versucht, in die Gesellschaft hineinzuwirken und positive Veränderungen aktiv anzuregen. Der Studiengang versucht damit, nach dem Prinzip des „Forschenden Lernens und Lehrens" zum besseren Verständnis aktueller Transformationsherausforderungen beizutragen und parallel zukunftsfähige Lösungen für urbane Problemstellungen mit zu entwickeln (vgl. Prytula, Schröder & Mieg, 2017).

TRANSFORMATIONSPROZESSE

In Anlehnung an Polanyis (1944) klassische Studie zu den gesellschaftlichen Umbrüchen im Zuge der Industrialisierung hat der Wissenschaftliche Beirat der Bundesregierung Globale Umweltveränderungen (WBGU) in mehreren seiner jüngeren Hauptgutachten den Transformationsbegriff popularisiert (WBGU, 2011, 2016, 2019). Damit wird zum Ausdruck gebracht, dass die Umwälzungen, die aus der notwendigen Anpassung an globale Umweltprobleme, der zunehmenden Verstädterung menschlichen Lebens überall auf der Welt, sowie den Potenzialen und Gefahren der neuen digitalen Technologien ergeben, in ihren Konsequenzen ebenso gravierend sind wie der Wandel von der Agrar- zur Industriegesellschaft im Europa des 19. Jahrhunderts. Die Industrialisierung hat zumindest einem Teil der Menschheit durch die Nutzbarmachung fossiler Energie nie zuvor dagewesenen Wohlstand, Sicherheit und die Reduktion von mit Krankheit, Gewalt und Hunger verbundenem Leid gebracht. Andererseits hat sie irreversible Umweltveränderungen verursacht, vor allem den durch Treibhausgase, die bei der Verbrennung fossiler Energieträger entstehen, verursachten Klimawandel, der letztlich die Zukunft der Menschheit bedroht. Im Pariser Klimaabkommen haben sich fast alle Regierungen der Erde geeinigt, zu einer Wirtschaftsweise kommen zu wollen, die im Einklang mit den „ökologischen Grenzen des Planeten" (Steffen et al., 2015) steht. Eine weitere Herausforderung besteht in der massiven sozialen und ökonomischen Ungleichheit zwischen Menschen. Konnte diese zumindest innerhalb nationaler Grenzen im 20. Jahrhundert durch sozialstaatliche Transfers und gewerkschaftliche Organisation deutlich eingehegt werden, so erzeugt die heutige Globalisierung von Handel, Finanz- und teilweise Arbeitsmärkten einen weltweiten Wettbewerb um wirtschaftlichen Wohlstand (vgl. Milanović, 2016). Die Digitalisierung der Wertschöpfung verschärft das Problem, weil digitale Plattformen erhebliche Ungleichheiten durch „Winner-takes-all-Effekte" erzeugen können (Salaganik et al., 2006). Hinzu kommt, dass das freie, kreative, ortsungebundene Arbeiten, das in der digitalen Welt möglich ist, zu kulturellen und räumlichen Konzentrationsprozessen zu führen scheint: So steigen in beliebten Vierteln Berlins die Mietpreise ins Unermessliche, während im Brandenburger Umland zum Teil immer noch Leerstände, Zerfall und ein Mangel an wirtschaftlichen und kulturellen Perspektiven das Bild dominieren. Dass es sich bei diesen Kontrasten nicht um ein regionales Phänomen handelt wird an dem in der westlichen Welt zurzeit verbreiteten Diskurs um die zunehmende, auch ideologisch-kulturelle, Polarisierung zwischen städtischen und ländlichen Räumen deutlich.

Angesichts der beschriebenen Herausforderungen fordert der WBGU, die Transformationsforschung als neues Wissenschaftsgebiet zu etablieren, mit dem Ziel „ein besseres Verständnis globaler Transformationsprozesse, ihrer Dynamik, ihrer Gestaltbarkeit und ihrer Beschleunigung" zu erlangen (WBGU, 2011, S. 350). Hierzu ließen sich theoretische und methodische Ansätze aus verschiedenen Disziplinen kombinieren, wie z.B. „die sozialwissenschaftliche Forschung zur Transformation politischer Systeme, die systemisch orientierte Innovationsforschung, die historische Forschung sowie neuere Ansätze, z.B. Transition Management [...], ebenso die Ansätze der Zukunftsforschung sowie die eher qualitativ arbeitende Modell- und Szenarienforschung" (WBGU, 2011, S.351). Im Einzelnen sieht der WBGU (2011) vier Aufgabenschwerpunkte der Transformationsforschung:

1. die Untersuchung der Voraussetzungen und Antriebsfaktoren zeitgenössischer sowie historischer Transformationsprozesse;
2. die Beschreibung von Transformationspfaden hin zu zukünftigen nachhaltigen Gesellschaftsmodellen, die mit Hilfe modellgestützter Szenario-entwicklung ihren Platz innerhalb der planetaren Grenzen finden;
3. die Suche nach Beschleunigungsmöglichkeiten und gesellschaftlichen Kipp-Punkten, um Transformationsprozesse zu intensivieren; und
4. die Erforschung der Rolle globaler Governance und Kooperation in historischen Transformations- und Umbruchprozessen, um daraus Schlussfolgerungen für die Zukunft abzuleiten.

TRANSFORMATIVE WISSENSCHAFT, TRANSDISZIPLINARITÄT UND FALLSTUDIEN-METHODIK

In den Beschreibungen des vorigen Abschnitts klingt schon an, dass die Aufgabe, die der Wissenschaft angesichts der globalen Herausforderungen vom WBGU und anderen Nachhaltigkeitsakteuren zugeschrieben wird (vgl. Schneidewind & Singer-Brodowski, 2014), sich nicht in der wertneutralen Erforschung von Transformationsprozessen erschöpft. Vielmehr sollen konkrete Anstöße und Hilfestellungen für als wünschenswert erachtete Veränderungen gegeben werden. Die Transformationsforschung geht somit über in eine „transformative Forschung", bei der sich wissenschaftliche Institutionen als demokratische Akteure verstehen, die in Dialog mit Vertreter*innen anderer gesellschaftlicher Subsysteme (Wirtschaft, Politik, Verwaltung, Zivilgesellschaft etc.) treten. Zur Interdisziplinarität, welche die koordinierte Bearbeitung von Forschungsfragen über die Grenzen akademischer Disziplinen hinweg bedeutet (z.B. Kooperation von Natur- und Sozialwissenschaftler*innen zur Erforschung wechselseitiger Einflüsse von Mensch und Gesellschaft), tritt „Transdisziplinarität": Wissensschaffung wird als organisierter Ko-Konstruktionsprozess zwischen gesellschaftlichen Stakeholdern verstanden mit dem Ziel, komplexe gesellschaftliche Probleme zu lösen (vgl. z.B. Dubielzig & Schaltegger, 2004; Göpel, 2016; Prytula et al., 2017; Scholz, 2011). Dabei tritt neben das „Systemwissen", welches das Ziel des traditionellen Forschungsbetriebs darstellt und als wertneutral angesehen wird, auch normatives „Zielwissen" (welche Problemlösungen sind aufgrund geteilter Wertvorstellungen zu bevorzugen?) sowie „Transformationswissen", also Wissen darüber, wie man angesichts der Eigenschaften des betrachteten Systems zu den als wünschenswert erachteten Zielen gelangen kann (vgl. Dubielzig & Schaltegger, 2004).

Der Projektkurs, in dessen Rahmen die hier vorliegenden studentischen Forschungsprojekte entstanden sind, folgte dem Vorbild der an der ETH Zürich entwickelten Methodik transdisziplinärer Fallstudien (Scholz & Tietje, 2002; Stauffacher, Walter, Lang, Wiek & Scholz, 2006). Nach diesem Konzept erfolgen die Lehre, die Erforschung eines gegebenen Problems und die transdisziplinäre Einbindung gesellschaftlicher Stakeholder integriert über selbstgesteuerte Lern- und Forschungsgruppen von Studierenden. Es wurden entsprechend vier verschiedene Gruppen gebildet, wobei auf eine möglichst diverse Zusammensetzung sowohl nach Geschlecht als auch nach „Herkunftsdisziplin" der Studierenden (= Studienfach im Bachelor vor Aufnahme des Masterstudiums Urbane Zukunft) geachtet wurde. Innerhalb des durch das Forschungsprojekt „Partizipative Systemmodellierung für integrierte Stadtentwicklung (PaSyMo)" (s.u. sowie Priebe et al., 2019) vorgegebenen Rahmens waren die Gruppen frei, sich ein eigenes, auf urbane Transformationen in der Stadt Eberswalde (s.u.) bezogenes Thema für ihr Projekt zu wählen. Die Lehrenden (= Herausgeber dieses Bandes) unterstützten die Gruppen einerseits bei der Vermittlung von geeigneten Forschungsmethoden, andererseits durch Begleitung des im wesentlichen selbstständig gestalteten Forschungsprozesses von der Themenfindung und -eingrenzung, über die konkretere Projektplanung und -umsetzung bis zur Ergebnispräsentation und (hier vorliegenden) Berichtlegung. Gemein war allen Projekten, dass sie einen oder mehrere partizipative Workshops mit für das jeweilige Thema relevanten Stakeholdern aus Eberswalde gestalteten. Dabei fand eine enge Zusammenarbeit mit der von 2017-2019 durch das Bundesumweltministerium geförderten lokalen Nachhaltigkeitsinitiative „Transition Thrive Eberswalde: Wachstumsschub für Klimaschutz von unten" statt.

DER FALL
STADT EBERSWALDE

Die Stadt Eberswalde wurde für die Fallstudie nach einer im Rahmen des parallelen Forschungsprojekts PaSyMo (s.u.) durchgeführten Interviewstudie mit verschiedenen Brandenburger Städten (Priebe et al., 2017) ausgewählt. Die Studie hatte zum Ziel, Potenziale für den Einsatz neuerer, mit (z.T. digitalen) Systemmodellen und Datenvisualisierungen unterstützten Partizipationsmethoden in der Stadtentwicklungsplanung zu eruieren. Im Landesentwicklungsplan wird Eberswalde als „Stadt der zweiten Reihe" geführt. Als „Stadt in der zweiten Reihe" werden Städte bezeichnet, die nicht im unmittelbaren Speckgürtel von Berlin liegen, aber innerhalb einer Stunde mit der Bahn zu erreichen sind. Um den begrenzten Wohnraum in Berlin zu entlasten, sollen in diesen Städten bevorzugt neue Wohngebiete ausgewiesen werden (Landesentwicklungsplan Hauptstadtregion Berlin-Brandenburg, 2017). Diese Situation bringt ganz spezifische Herausforderungen für Eberswalde mit sich. Um zukunftsfähig zu werden und damit auch der ganzen Region eine Perspektive zu geben, bedarf es nachhaltiger Strategien. Dem demographischen Wandel muss entgegengewirkt werden. Eberswalde begegnet diesem Handlungsdruck auf unterschiedlichsten Ebenen. Neben dem INSEK verfolgt die Stadt ein integriertes Energie- und Klimaschutzprojekt sowie stadtteilspezifische Konzepte. Die derzeitige, mit diesen Entwicklungen und Herausforderungen zusammenhängende Dynamik in Eberswalde, eine lebhafte und innovationsaufgeschlossene Zivilgesellschaft und die positive Resonanz auf das Projekt bei vielen Akteuren ließen die Stadt als geeignet für die geplante Fallstudie erscheinen.

In Brandenburg gibt es insgesamt 113 Städte, von denen 25 als Mittelstädte einzuordnen sind. Eberswalde ist mit etwas über 40.000 Einwohner*innen die fünftgrößte Mittelstadt in Brandenburg und laut Landesentwicklungsplan als Mittelzentrum klassifiziert. Neben Bernau (rund 38.000 Einwohner*innen) ist Eberswalde die mit Abstand größte Stadt des Landkreises Barnim und der Sitz des Kreistages und der Kreisverwaltung. Der Landkreis Barnim umfasst 1.480 km2, beheimatet etwa 180.000 Einwohner*innen und ist durch seine Nachbarschaft zur Bundeshauptstadt Berlin als Agglomerationsraum und mit einer Bevölkerungsdichte von 121 Einwohner*innen pro km2 als ländlicher Kreis zu klassifizieren. Eberswalde ist einer der regionalen Wachstumskerne in Brandenburg, was die Stadt landesweit als Standort mit überdurchschnittlichem Wirtschafts- und Wissenschaftspotential ausweist.

GESCHICHTE UND ENTWICKLUNG

Eberswalde ist eine traditionelle Industriestadt. Durch den Finowkanal als wichtige Verkehrsachse siedelten sich in Eberswalde bereits im 17. Jahrhundert erste Industriebetriebe wie zum Beispiel die Eisenspalterei, das Messingwerk oder die Papierfabrik, deren Gebäude heute noch charaktergebend für die Stadt und als Industriedenkmale gelistet sind (Stadt Eberswalde, 2016). Zum Ende des zweiten Weltkrieges wurde der historische Stadtkern Eberswaldes zu 40% zerstört und in den folgenden Jahren bis zur Wiedervereinigung nicht wieder aufgebaut (Land Brandenburg, 2016). Nach Ende des Krieges wurde Eberswalde zu einem bedeutenden Industrie- und Agrarstandort, Verkehrsknotenpunkt und kulturellem Zentrum der Region ausgebaut. Dabei entspricht das siedlungsstrukturelle Grundmuster Eberswaldes seit der Eingemeindung Finows im Jahre 1970 einer "Bandstadt", welche diverse Probleme mit sich bringt. Deshalb hat die Stadt Eberswalde den Fokus der Stadtentwicklung darauf gelegt, diese bandartige zu einer polyzentralen Struktur mit dem Hauptzentrum Eberswalde - Innenstadt weiterzuentwickeln. Damit sollen sich Chancen bieten, eine "Stadt der kurzen Wege" sowohl im Zentrum als auch in den übrigen Quartieren zu gestalten.

Abbildung 1: Walzwerk Eberswalde. Eberswalde um 1830.
Carl Blechen (1798 – 1840)

Abbildung 2: Luftbild des Stadtzentrums, 2017
Foto: Ralf Roletschek, http://www.roletschek.at/

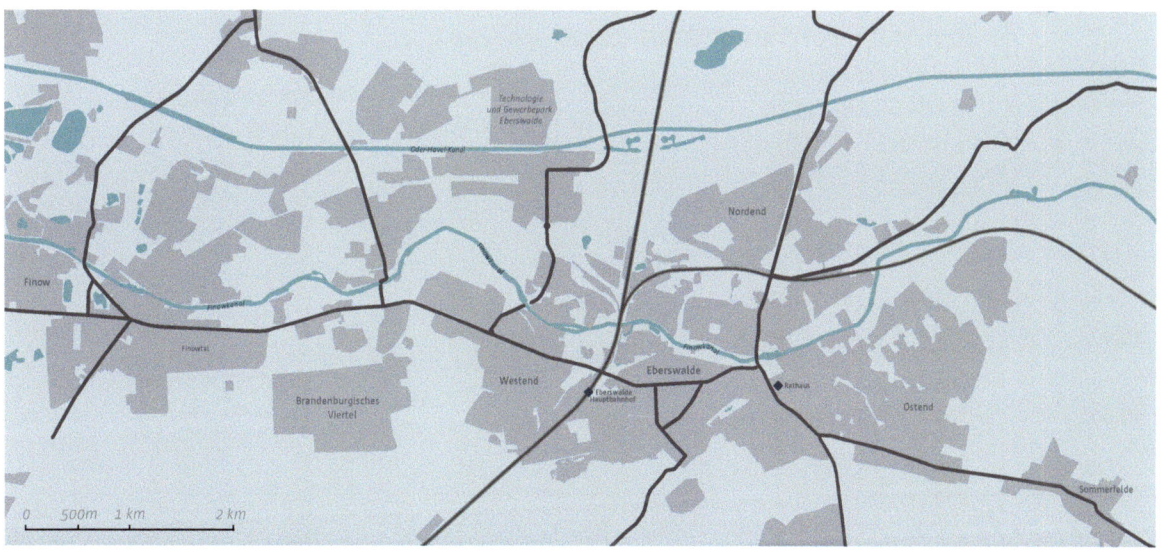

Abbildung 3: Karte der Stadt Eberswalde mit Darstellung der besiedelten Flächen, Hauptverkehrsachsen und Gewässer
Eigene Darstellung, Kartenmaterial © OpenStreetMap contributors

Bis zur Wiedervereinigung Deutschlands im Jahre 1990 ist die Entwicklung des Industriestandortes Eberswalde durch Betriebsneugründungen in der Schwerindustrie (vor allem metallverarbeitende Betriebe) forciert worden. Nach der Wiedervereinigung verlor diese jedoch zunehmend an Bedeutung, und die Kommune verlor bis heute durch den massiven Geburtenrückgang und die Abwanderung fast ein Viertel der Bevölkerung. Lebten 1989 noch rund 54.000 Einwohner*innen in Eberswalde, sind es heute nur etwas mehr als 41.000 (Stand 2016). Die Bertelsmann Stiftung ordnet Eberswalde in ihrem Demographie-Profil des Projekts Wegweiser Kommune als „stark schrumpfende Kommune mit Anpassungsdruck" ein. Kommunen dieses Typs sind oft regionale Versorgungs- und Wirtschaftszentren, die unter starkem Bevölkerungsrückgang insbesondere durch Abwanderung junger Menschen leiden, womit häufig auch ein hohes Durchschnittsalter der Einwohner*innen einhergeht. Weitere Merkmale sind eine niedrige Kaufkraft und eine hohe Einkommensarmut sowie eine prekäre Finanzsituation der Kommune. Besonders hervorzuheben ist, dass die Kommunen diesen Typs zu fast 90 Prozent in den ländlichen Regionen der neuen Bundesländer liegen. Die amtlichen Bevölkerungsprognosen folgten dieser pessimistischen Einschätzung lange Zeit, sodass auch im integrierten Stadtentwicklungskonzept (INSEK) aus dem Jahr 2014 von der weiteren Schrumpfung der Stadt in den Folgejahren ausgegangen wurde. Es zeigte sich jedoch, dass die Zahlen in den letzten Jahren wieder steigen. In der Fortschreibung der Stadtumbaustrategie für die Stadt Eberswalde vom März 2018 wird das positive Wanderungssaldo (insbesondere durch den Zuzug aus Berlin wegen des dortigen angespannten Wohnungsmarktes, aus dem Umland und auch von geflüchteten Menschen) aufgegriffen (Stadt Eberswalde, 2018).

Mit dem Niedergang der Schwerindustrie seit der Wende und den damit einhergehenden Bevölkerungsverlusten wurde der Umbau der Stadt vorangetrieben. Maßgeblich waren hierfür insbesondere städtebauliche Förderprogramme des Bundes wie zum Beispiel Soziale Stadt (seit 1999) oder Stadtumbau Ost (seit 2002). Schwerpunktaufgaben waren vor allem der Rückbau des stark von Leerstand betroffenen Brandenburgischen Viertels und der Wiederaufbau der Innenstadt. Im Jahre 2002 wurde erstmals ein Stadtumbaukonzept vorgelegt, dass bis heute fortgeschrieben wird. Gemäß diesem Konzept wurden bis Ende 2016 1.980 Wohnungen zurückgebaut (überwiegend im Brandenburgischen Viertel) und die Innenstadt aufgewertet (Stadt Eberswalde, 2018). Neben zahlreichen Sanierungsmaßnahmen wurde 2007 insbesondere mit dem Bau des Paul-Wunderlich-Hauses als Sitz der Kreisverwaltung an zentraler Stelle auf dem Marktplatz-Areal durch seine Mischnutzung eine Wiederbelebung der Innenstadt erzielt. Die Innenstadt Eberswaldes konnte in den folgenden Jahren einen starken Zuwachs an Einwohner*innen und Sinken des Leerstands verzeichnen.

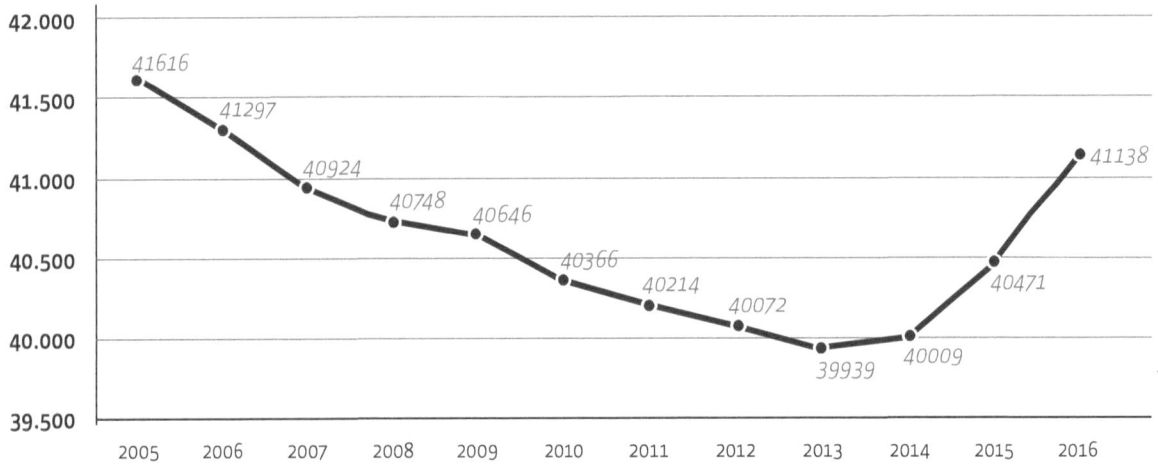

Abbildung 4: Bevölkerungsentwicklung Eberswalde 2005 – 2016
Eigene Darstellung, Datenquelle: Stadt Eberswalde

ZIVILGESELLSCHAFT UND ENGAGEMENT

Ab den Wendejahren hatten insbesondere die neuen Bundesländer mit immer wiederkehrenden heftigen Ausbrüchen rechter Gewalt zu kämpfen. Eberswalde erreichte im November 1990 traurige internationale Bekanntheit durch das erste Todesopfer rechter Gewalt nach der Wiedervereinigung. Der in Angola geborene *Amadeu Antonio* wurde im November 1990 in Eberswalde auf offener Straße ermordet. Der Tathergang und der anschließende Prozess führten zu einer großen, negativen, auch internationalen Presse-Öffentlichkeit für Eberswalde.

Diese Tat hat das Bewusstsein und die Engagementbereitschaft der Menschen in Eberswalde nachhaltig geprägt und tut dies bis heute. Insbesondere aus der Zivilgesellschaft gründeten sich zahlreiche Vereine und Initiativen. Diese Engagementbereitschaft für die Partizipation an der Entwicklung der Gesellschaft zeigt sich heute in einer Vielzahl an Initiativen und Angeboten und ist eine Stärke der Stadt geworden. Das Engagement in Eberswalde wird von Seiten der Verwaltung aktiv gefördert. Seit 2013 organisiert die Verwaltung jährlich das *Eberswalder Bürgerbudget*, bei dem die Bürger*innen Eberswaldes Vorschläge für Investitionen bis zu einer Höhe von 15.000€ pro Vorschlag einreichen können, über die dann nach einer Machbarkeitsprüfung abgestimmt werden kann. Des Weiteren wurde 2013 das *Stadtforum Eberswalde* abgehalten, in dem die Eberswalder*innen ihre Ideen und Wünsche für die „Strategie Eberswalde 2030" einbringen konnten. 2014 hat die Stadt mit dem *Rad Forum* eine Onlinebeteiligungsplattform eingerichtet, über die sich die Bürger*innen in den Planungsprozess zur Erstellung des neuen Radnutzungskonzeptes einbringen konnten. Mit dem ebenfalls 2014 eröffneten *Bürgerbildungszentrum Amadeu Antonio* ist in der Innenstadt ein Ort der Bildung, Beratung und Begegnung geschaffen worden. Aber vor allem die vielen zivilgesellschaftlichen Initiativen prägen den Ort und begleiten die Entwicklung der Stadt aktiv. Am Runden Tisch *Willkommen in Eberswalde* kommen ehrenamtliche Bürger*innen zusammen, die sich für eine gelungene Willkommenskultur in Eberswalde und für die Begegnung zwischen Eberswalder*innen und Geflüchteten einsetzen. Sie leisten Bildungsarbeit und unterstützen Geflüchtete bei ihrer Ankunft und der Integration im Ort. 2011 gründet sich die Transition-Town-Initiative *wandelBar*. Unter dem Label *wandelBar* entstehen seitdem Gruppen, die sich aktiv mit Themen wie zum Beispiel nachhaltigem Konsum, postfossiler Mobilität oder der Zukunft der Arbeit auseinandersetzen und die Eberswalder Stadtentwicklung nachhaltig beeinflussen. Aus dieser Initiative ging 2013 der Verein *Hebewerk* hervor, der sich für Bürger*innenbeteiligung einsetzt und Raum für kreative Menschen schafft, die innovative Ideen in Eberswalde umsetzen wollen (Hebewerk e.V.). Hier war auch das vom Bundesumweltministerium geförderte Projekt „Transition Thrive Eberswalde" angesiedelt, mit dem alle in diesem Band beschriebenen studentischen Forschungsprojekte kooperierten.

METHODENFOKUS
PARTIZIPATIVE MODELLBILDUNG UND VISUALISIERUNG

Der Projektkurs hatte – im Einklang mit dem Forschungsprojekt, mit dem er verknüpft war (s.u.) – einen methodischen Fokus auf der Auseinandersetzung mit Methoden der Modellbildung und Visualisierung, welche zunehmend wichtige wissenschaftliche Kompetenzen beim Umgang mit komplexen urbanen Transformationsprozessen darstellen. Modellbildung ist ein zentrales Vorgehen bei der Generierung von Systemwissen und dient dazu, implizite Annahmen über Systemzusammenhänge explizit und damit kommunizierbar und der kritischen Überprüfung zugänglich zu machen (vgl. Epstein, 2008). Visualisierungstechniken helfen, komplexe Datenlagen und Zusammenhänge kognitiv leichter zugänglich zu machen. Ihnen kommt gerade in transdisziplinären Kontexten, wo die Wissensbestände von hoher Diversität sind, eine entscheidende kommunikative Bedeutung zu. Die Studierenden waren aufgefordert, in ihren Forschungsprojekten beiden methodischen Ansätzen besondere Aufmerksamkeit zu schenken.

MODELLIERUNG KOMPLEXER SYSTEME

Urbane Transformationen sind komplex, weil verschiedene Teilsysteme (z.B. technologische, soziale, ökologische) mit ihren Pfadabhängigkeiten und Eigenlogiken ineinander greifen und somit Interventionen Kaskaden von intendierten und nicht intendierten Effekten hervorrufen können, die kaum vorhersagbar sind. Über die Zeit hat es daher immer wieder Versuche gegeben, über formale Modelle und Computersimulationen Prozesse in der Stadt besser zu verstehen und—je nach Kühnheit der Autor*innen—auch Vorhersagen zu treffen und Entscheidungsunterstützung zu geben (z.B. Batty, 2013; Forrester, 1969; Waddell, 2002). Bezogen auf funktionale Teilbereiche der Stadt sind Simulationsmodelle heute gut entwickelt und werden in der Praxis routiniert eingesetzt, beispielsweise im Bereich der Verkehrsplanung oder für die Bewertung von Energiesystemen und Stoffströmen. Auch soziale und kommunikative Prozesse lassen sich heute gut modellieren (vgl. Edmonds & Meyer, 2017), wenn auch Praxisanwendungen solcher Simulationen noch nicht weit verbreitet sind. Diese genannten Ansätze haben aber zwei entscheidende Nachteile im Kontext urbaner Transformationsprozesse. Zum einen sind sie sektorspezifisch und daher eben nicht geeignet für eine komplexe Wissensintegration; funktionierende Modelle ganzer Städte mit all ihren Teilbereichen gibt es nicht und dürfte es auf absehbare Zeit (vielleicht sogar prinzipiell) nicht geben. Zum anderen handelt es sich häufig um wenig transparente und für Laien nicht durchschaubare Experten-Tools, was zunehmenden Ansprüchen an die breite Beteiligung vieler Stakeholder an Aushandlungs- und Partizipationsprozessen in der Stadt entgegenläuft.

Einen etwas modifizierten Ansatz verfolgen daher partizipative Modellierungsmethoden. Dabei werden Stakeholder schon in den Prozess der Entwicklung von Systemmodellen eingebunden, anstatt sie erst im Nachhinein mit den Ergebnissen von durch Expert*innen erzeugte Modellierungen und/oder komplexe Datenanalysen zu konfrontieren (vgl. z.B. Barreteau et al., 2003; Mehryar, 2009; Voinov et al., 2018). Der Fokus liegt hier nicht so sehr auf der Entwicklung eines möglichst wissenschaftlich bzw. objektiv korrekten und vollständigen Systemmodells, sondern auf der Gestaltung eines gemeinsamen Lernprozesses von Expert*innen und Stakeholdern im Sinne von Transdisziplinarität (s.o.). Entsprechend gibt es unterschiedliche Komplexitätsstufen von Modellen, die von einfachen kognitiven Karten (Visualisierungen von Denk- und Glaubenssystemen) über durch systematische Kombination von Einflussfaktoren erzeugte Szenarien bis hin zu computersimulierten Variablen- oder Agentenmodellen reichen (einen aktuellen Überblick geben Voinov et al., 2018). Die gemeinsame Idee all dieser Modellierungsvarianten besteht darin, dass über den Prozess der partizipativen Modellentwicklung ein möglichst breit geteiltes Systemverständnis entwickelt wird, auf dessen Basis dann geeignete Entscheidungen über Ziele und Maßnahmen getroffen werden können. Da einer solchen Modellentwicklung auch immer ein spielerisches Moment innewohnt, besteht die Hoffnung, dass die Beteiligten eine offene Geisteshaltung entwickeln, bei der verschiedene Perspektiven flexibel eingenommen werden und mit Zukunftsvorstellungen experimentiert werden kann. Hierdurch besteht auch das Potenzial, Konflikte aufzulösen, die durch das Durchsetzen partikularer Interessen und ideologischer Sichtweisen in vielen Beteiligungsprozessen konstruktive und kreative Lösungen erschweren (vgl. Szczepanska et al., 2018).

VISUALISIERUNG URBANER DATEN

Datenvisualisierung hat zum Ziel, abstrakte und komplexe Sachverhalte in visuelle Formen und Arrangements zu überführen, um Erkenntnis-, Verständigungs- und Entscheidungsprozesse zu unterstützen. Vor dem Hintergrund anwachsender Datenmengen im urbanen Kontext, ergeben sich eine Vielzahl von Möglichkeiten, von der visuellen Analyse stadtbezogener Phänomene bis zu einer datengetriebenen Stadtplanung (vgl. z.B. Batty & Hudson-Smith, 2014; Offenhuber & Ratti, 2014). Dabei eröffnen sich ebenso Herausforderungen, wie zum Beispiel die Verwendung proprietärer versus offener Software, Datenverzerrungen (vgl. z.B. Kitchin, 2014), und Kommunikation von Unsicherheit. Diese Aspekte sind nicht nur wichtig für Expert*innen, die Visualisierungen erstellen, sondern entscheidend für Bürger*innen, welche auf die Aufbereitung komplexer Daten angewiesen sind, um die zugrundeliegenden Daten zu verstehen. An die angemessene Visualisierung urbaner Daten können drei wesentliche Ansprüche formuliert werden: 1) Kontext, 2) Partizipation und 3) Kritik.

Erstens werden Visualisierungen von Stadtdaten oft im räumlichen Kontext der jeweiligen städtischen Umgebung zur Verfügung gestellt. Indem sie die Visualisierungen in den öffentlichen Raum der Stadt stellen, können sie sich mit den vorhandenen physischen Objekten vermischen und den Bürger*innen in Alltagssituationen begegnen (vgl. Vande Moere & Hill, 2012). So kann beispielsweise die öffentliche Visualisierung des Energieverbrauchs in einem Gemeindezentrum das Bewusstsein und den Austausch einer Nachbarschaft über ihren Verbrauch anregen (vgl. Valkanova et al., 2013). Während Visualisierungen auf interaktiven Großdisplays das Interesse an öffentlichen Daten und Smart Cities wecken können (vgl. z.B. Nagel et al., 2016), ist die öffentliche Visualisierung von urbanen Daten nicht unbedingt auf hochpreisige Geräte angewiesen. Neben dem Vorteil deutlich geringerer Kosten sind niedrigschwellige Materialien wie Kreide, Aufkleber und Schablonen besonders dazu geeignet, Interesse und Vertrauen zu wecken (vgl. Claes & Vande Moere, 2013; Koeman et al., 2014).

Zweitens werden Bürger*innen zunehmend in die Erhebung, Kartierung und Auswertung städtischer Daten einbezogen, mit dem Ziel, die Stadt schließlich zu verändern (vgl. z.B. Desouza & Bhagwatwar, 2014). Datenvisualisierung kann nicht nur der professionellen Analyse städtischer Probleme zugutekommen, sondern auch, wenn sie bewusst als kollaboratives Mittel eingesetzt wird, kann sie das Verantwortungsgefühl von Bürger*innen fördern und sie befähigen, sich zu organisieren und zu handeln. Urbane Datenvisualisierungen können zum Beispiel den Dialog unter Bürger*innen fördern (vgl. Valkanova et al., 2014) und den gegenseitigen Wissensaustausch zwischen einem breiten Spektrum von Interessengruppen anregen (vgl. Billger et al., 2017). So kamen beispielsweise interaktive Tabellen und Geovisualisierungen in der partizipativen Planung von Flüchtlingsunterkünften in Hamburg zum Einsatz (vgl. Noyman et al., 2017). In der San Francisco Bay Area werden partizipativen Karten und Visualisierungen von Aktivist*innen und von der Wohnungskrise betroffenen Bürger*innen erstellt, um die Biographien und Orte des Widerstands gegenüber Verdrängung zu dokumentieren und sichtbar zu machen (vgl. Maharawal & McElroy, 2018). Datenvisualisierung, die sich mit urbanen Themen beschäftigt, kann dabei kaum linear durchgeführt werden; stattdessen erfordert sie einen Multi-Channel-Ansatz, der mehrere Interessengruppen an mehreren Orten einbezieht (vgl. Wood et al., 2014).

Drittens müssen Stadtvisualisierungen die Umstände der Datenerfassung und die Auswirkungen von Designentscheidungen kritisch reflektieren (vgl. Kitchin, 2014). So sind nicht nur urbane Daten und Visualisierungen spezifische kulturelle Formen, ebenso sind die physischen und technischen Infrastrukturen der Stadt als kulturelle Artefakte zu betrachten (vgl. Mattern, 2015a). Eine der gängigsten Visualisierungstechniken, das Dashboard, hat zum Beispiel viele Anwendungen in der Überwachung gefunden (vgl. Mattern, 2015b). Darüber hinaus kann die genaue Betrachtung der Datenpraktiken auf lokaler Ebene dazu beitragen, den Mythos einer vollständigen Sicht auf die Stadt(daten) zerstreuen (vgl. Loukissas, 2016). Praktische Workshops können Bürger*innen dabei helfen, sich technische Kompetenzen als auch die nötige Kritikfähigkeit gegenüber Daten und digitalen Technologien anzueignen (vgl. D'Ignazio, 2017).

FORSCHUNGSKONTEXT: PASYMO

Wie beschrieben, war der Projektkurs, in dessen Rahmen die hier vorgelegten studentischen Forschungsarbeiten entstanden sind, eng an das Forschungsprojekt „Partizipative Systemmodellierung für integrierte Stadtentwicklung (PaSyMo)" angekoppelt, das von 2017-2019 mit Unterstützung durch den Europäischen Fonds für Regionale Entwicklung an der Fachhochschule Potsdam durchgeführt wurde (Priebe et al., 2019). PaSyMo hatte zum Ziel, eine Toolbox für den Einsatz von niedrigschwelligen Simulationsmodellen und Datenvisualisierungen im Kontext von städtischen Beteilungsprozessen zu entwickeln (s. Abb. 1). Die Toolbox folgt dem Leitbild der Frugalität („doing more with less", vgl. Bhatti, 2012) und kombiniert kostengünstige und leicht beschaffbare und transportable Elemente zu einem mobilen Stadtsimulationslabor, das flexibel als Teil von Stakeholder-Workshops benutzt werden kann. Eine Bibliothek von (sehr vereinfachten) Modellen der Dynamik städtischer Prozesse (z.B. Verkehr, Mietmarkt) kann mit nur wenig Vorbereitung mir verfügbaren Daten entweder aus städtischen Open-Data-Portalen oder aus Projekten wie Open Street Map zu einem lokal kontextualisierten Modell kombiniert werden, das auf einem interaktiven Präsentationstisch dargestellt wird. Hier können dann als Teil eines Workshops Was-wäre-wenn-Szenarien entwickelt und diskutiert werden (z.B., wie würde sich die Sperrung bestimmter Straßen auf den städtischen Verkehr insgesamt auswirken). Zwar ist es wichtig, darauf hinzuweisen, dass die Modelle spielerischer Natur sind und sicherlich keine verlässliche Planungsgrundlage darstellen, aber sie sind gut geeignet zum Anregen von Diskursen und wechselseitigen Lernprozessen der beteiligten Stakeholder. Rollenspielkonzepte (sog. „Serious Gaming") unterstützen diese Prozesse durch gezieltes Erzeugen von Perspektivenübernahme. Über digitale Befragungstools mit einer Schnittstelle zu den Modellen können ad hoc weitere Daten erhoben bzw. die Einschätzungen der Beteiligten zu gezielten Fragen in die Visualisierung integriert werden.

PaSyMo-Toolbox für partizipative Systemmodellierung

toolbox

 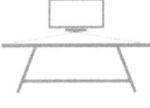  

SIMULATIONSMODELLE, DATENVISUALISIERUNG — INTERAKTIVER PRÄSENTATIONSTISCH — MOBILES SIMULATIONSLABOR — GEO-BASIERTE UMFRAGETOOLS — SERIÖSE ROLLENSPIELE

Abbildung 5: PaSyMo-Toolbox
Grafik: Leonard Higi

DIE TEILPROJEKTE

Die Studierenden hatten, wie beschrieben, die Aufgabe, zu selbst gewählten Themen kleine transdisziplinäre Forschungsprojekte für die Stadt Eberswalde zu entwickeln und sich dabei mit Modellierungs- und Visualisierungsansätzen im Kontext von PaSyMo auseinanderzusetzen. Da zum Zeitpunkt des Projektkurses die technische Entwicklung der PaSyMo-Toolbox noch nicht weit fortgeschritten war, konnte diese selber allerdings nicht zum Einsatz kommen, sondern es wurden eher wenig technische, niedrigschwellige Methoden eingesetzt und der Schwerpunkt lag auf dem Design der Workshop-Konzepte. Die folgenden Projekte sind in dem Kurs entstanden und werden in diesem Band ausführlich beschrieben.

ZUKUNFT(S)GESTALTEN

Aufbauend auf einer Dokumentenanalyse zum Wandel der Arbeit, einer Einbindung relevanter Akteur*innen in Eberswalde und einer explorativ angelegten Identifizierung wichtiger, lokaler Problemstellungen im Themenfeld, wurde ein transformatives Partizipationsformat für Eberswalde konzipiert. Im Mittelpunkt dieser Methodik stand ein eintägiger Workshop zum Thema Zukunft der Arbeit. Ziel des transformativen Partizipationsformats war ein „Mindshift" der Teilnehmenden, so dass sich diese als Systemakteur*innen mit der Fähigkeit, (gesellschaftliche) Systeme selbst verändern zu können, begreifen (vgl. Göpel, 2016). Auf diese Weise konnten lokale Handlungsfelder und (deren) Gestaltungsmöglichkeiten aus globalen Prozessen des Wandels abgeleitet werden. Für diesen Prozess wurden die Teilnehmenden im Workshop unterstützt durch Werkzeuge des Wissenstransfers wie einer interaktiven Ausstellung und einem begleitenden Faltblatt, auf eine Datenreise geschickt und begleitet. Während dieser Datenreise hinterfragten sie ihre individuellen und kollektiven Grundannahmen eines für sie persönlich relevanten Aspektes des Wandels der Arbeit und diskutierten im Kollektiv die Möglichkeiten der Umgestaltung von negativen zu positiven Rahmenbedingungen. Über diesen Mindshift gelingt es in der abschließenden Phase des Workshops, konkrete Ideen vor Ort zu generieren und diese den gesellschaftlichen Akteur*innen zuzuordnen.

WIE WOHNT WALDI? VOM SYSTEM- ZUM HANDLUNGSWISSEN AM BEISPIEL WOHNUNGSMARKT

Die zweite Projektgruppe beschäftigte sich in einem ortsbezogenen Pilotprojekt zum Thema Wohnraum. Die übergeordnete Forschungsfrage war explizit methodisch orientiert: Wie können partizipative Visualisierungs- und Modellierungsmethoden eingesetzt werden, um lokales Wissen zu sammeln, zu strukturieren und zu vernetzen sowie daraus gewonnenes Systemwissen weiterzuentwickeln und handhabbar zu machen? Um auf Grundlage dieser Frage ein Workshop-Konzept für die Ermächtigung von zivilgesellschaftlichen Initiativen in Mittelstädten zu erarbeiten, entwickelte die Gruppe ein ortsbezogenes Pilotprojekt zu den in Eberswalde aktuellen Themen Gentrifizierung und Wohnraum im Wandel. Das Forschungsdesign zielte auf Vermittlung und Einbezug lokalen Systemwissens sowie Transparenz nach außen und Ermächtigung von Interessensgruppen und Betroffenen ab. Dem Konzept nach wurde sowohl die Öffentlichkeit beteiligt als auch in einer Kerngruppe von Engagierten und Fachleuten zusammengearbeitet. Ziel war das Schaffen ganzheitlicher, weil kollektiv und kollaborativ durchdachter Lösungsansätze für Herausforderungen wie beispielsweise das Zusammenleben vor dem Hintergrund neuer Wohnungsmarktdynamiken. Das für das Pilotprojekt entworfene Konzept soll sich, so das Bestreben der Projektgruppe, auf unterschiedliche Zusammenhänge in ähnlich wie Eberswalde strukturierten Mittelstädten übertragen lassen.

„EBERSWALDE – WER BIST DU?": STÄDTISCHE IDENTITÄT UND KOLLEKTIVBEWUSSTSEIN

Das Forschungsprojekt beschäftigte sich mit städtischer Identität und Kollektivbewusstsein in der brandenburgischen Mittelstadt. Dabei verfolgte es die Fragestellung, worüber sich Eberswalder*innen mit ihrer Stadt identifizieren und welche identitätsstiftenden Merkmale ein kollektives Identitätsbewusstsein fördern können. Um sich dem Verständnis der Eberswalder*innen von ihrer Stadt anzunähern, wurden Vor-Ort- sowie Online-Umfragen durchgeführt. Zu unterschiedlichen offenen Fragen wurden assoziative Begriffe erfragt. Aus den Ergebnissen konnten sieben Themenfelder ausgemacht werden, die die Eberswalder*innen aktuell in Bezug auf ihre Stadt ansprechen: Wohnen, Arbeit, soziales Zusammenleben, Wandel, städtische Infrastruktur, Verbundenheit und Offenheit. Visuell aufgearbeitet wurden die Daten der Umfragen in einem „Baum-Modell", welches auch im anschließenden Bürger*innen-Workshop strukturgebend war. Ziel des Workshops war es hauptsächlich, mit den Bürger*innen in einen Austausch über die Ergebnisse zu kommen, sowie ein Bewusstsein und eine weiterführende Partizipation bei den Teilnehmenden über den gemeinsamen Diskurs hinaus anzuregen.

BETEILIGUNG VON KINDERN UND JUGENDLICHEN AN DER MOBILITÄTSPLANUNG

Der Fokus der Forschungsprojektes „Mobilität" lag auf der Erarbeitung eines erleichterten Zuganges zu Beteiligungsmöglichkeiten für Kinder und Jugendliche in Stadtentwicklungsprozessen. Die Forschungsziele des Projektes orientierten sich an der zentralen These der „Child Friendly Cities"-Forschung, wonach die Beteiligung von jungen Menschen nicht nur zu einer gesteigerten Identifikation dieser Zielgruppe mit ihrer Umwelt führe, sondern auch eine Chance für die gesamte Stadtgesellschaft darstelle. Eben diese Chancen durch Kinder- und Jugendpartizipation, als auch die institutionellen Grenzen, die dem im Wege stehen, sollten in diesem Forschungsprojekt aufgezeigt werden. Unterschiedliche Methoden zur Ideengenerierung und Problemidentifikation wurden in einem Kinder- sowie in einem Jugendworkshop erprobt. Beide Workshops zielten auf die Auseinandersetzung mit dem eigenen Umfeld ab bezüglich der Thematik Mobilität und der Heranführung an Beteiligungsformate- und Möglichkeiten. Eine Präsentation der Ergebnisse beider Workshops erfolgte auf dem Eberswalder Wochenmarkt und dem Schulfest einer Grundschule. Durch die öffentliche Darstellung wurde das Ziel verfolgt, einen Diskurs in der Stadtgesellschaft anzuregen und auf die Problematik der unzureichenden Kinder- und Jugendpartizipation hinzuweisen.

FAZIT UND DANKSAGUNG

Die in diesem Band dokumentierten Forschungsprojekte versammeln einerseits die Erkenntnisse einer profunden Aneignung mit den Methoden zeitgenössischer Transformationsforschung, Systemmodellierung und Datenvisualisierung und andererseits die Ergebnisse aus der engagierten Auseinandersetzung mit den lokalen und zugleich globalen Herausforderungen einer brandenburgischen Mittelstadt. Ohne die gesellschaftlichen Sphären hermetisch voneinander zu trennen, haben sich die Projektgruppen mit Bereichen beschäftigt, die in nächster Zeit umfassende Umwälzungen ausgesetzt sind. Die klimatischen, demographischen und technologischen Veränderungen erfordern ganzheitliche Herangehensweisen, um die Zukunftskonzepte für Arbeit, Wohnen, Gemeinschaft und Mobilität in Eberswalde gesellschaftlich zu entwickeln und zu verhandeln.

Wie in den folgenden Kapiteln detailliert dargelegt, demonstrieren die Teams in der Bearbeitung ihrer eigenen Frage- und Zielstellungen das partizipative Potenzial von Systemmodellen und Datenvisualisierungen. Unter Einbeziehung von lokalen Expert*innen und Bürger*innen können abstrakte Entwicklungen aus globaler Perspektive mit den lokalen Anforderungen integriert und konkrete Handlungsperspektiven für Eberswalde entwickelt werden. Dabei eint alle Projekte, dass Bürger*innen in diese Prozesse aktiv eingebunden werden und ihr Erfahrungswissen auf Augenhöhe mit akademisch sanktioniertem Wissen behandelt wird. Die studentischen Forschungsprojekte zeigen, dass gewisse Komplexitäten bis zu einem Punkt hinaus nicht reduziert werden können. Vielmehr bedarf es eine anschauliche Aufbereitung, welche sowohl einen niedrigschwelligen Zugang als auch eine fortschreitende Vervollständigung erlaubt. Zwar kann über die Nachhaltigkeit der Workshops in Eberswalde und darüber hinaus zu diesem Zeitpunkt nur spekuliert werden, allerdings ist die erste Resonanz aus der Stadtgesellschaft vielversprechend. Augenfällig ist, dass ein besonderes Feingefühl notwendig ist, um erfolgreiche Veranstaltungen durchzuführen, die Aktivitäten sorgfältig vorzubereiten und letztendlich für eine konstruktive Atmosphäre zu sorgen. Hier zeigt sich in den studentischen Forschungsprojekten die besondere Kraft einer engagierten und empathischen Analyse der Situation. Im besten Sinne stellen diese Projekte transformative Forschung dar, insofern als dass im Laufe ihrer Durchführung sich sowohl die Studierenden als auch die beteiligten Bürger*innen verwandelt haben.

Herzlicher Dank an alle Studierenden und die beteiligten Bürger*innen.

LITERATURVERZEICHNIS

Barreteau, O., Le Page, C., & D'Aquino, P. (2003). Role-playing games, models and negotiation processes. Journal of Artificial Societies and Social Simulation, 6(2).

Batty, M. (2009). Urban modeling. International Encyclopedia of Human Geography. Oxford, UK: Elsevier.

Batty, M. (2013). The new science of cities. Cambridge: MIT Press.

Batty, M. & Hudson-Smith, A. (2014). Visual analytics for urban design. Urban Design Group Journal, 132.

Bhatti, Y. A. (2012). What is frugal, what is innovation? Towards a theory of frugal innovation. SSRN Electronic Journal.

Billger, M., Thuvander, L., and Wästberg, B. S. (2017). In search of visualization challenges: The development and implementation of visualization tools for supporting dialogue in urban planning processes. Environment and Planning B: Urban Analytics and City Science, 44(6):1012–1035.

Claes, S. & Vande Moere, A. (2013). Street infographics: raising awareness of local issues through a situated urban visualization. In Proceedings of the 2nd ACM International Symposium on Pervasive Displays, PerDis '13, pages 133–138.

Desouza, K. C. & Bhagwatwar, A. (2014). Technology-enabled participatory platforms for civic engagement: the case of us cities. Journal of Urban Technology, 21(4):25–50.

D'Ignazio, C. (2017). Creative data literacy: Bridging the gap between the data-haves and data-have nots. Information Design Journal, 23(1):6–18.

Dubielzig, F. & Schaltegger, S. (2004). Methoden transdisziplinärer Forschung und Lehre. Ein zusammenfassender Überblick. Lüneburg: Center for Sustainability Management.

Edmonds, B., & Meyer, R. (2017). Simulating social complexity. A handbook. New York: Springer.

Epstein, J. (2008). Why model? Journal of Artificial Societies and Social Simulation, 11(4), 12.

Forrester, J. W. (1969). Urban dynamics. Cambridge: MIT Press.

Göpel, M. (2016). The great mindshift: How a new economic paradigm and sustainability transformations go hand in hand. Springer Open.

Koeman, L., Kalnikaite, V., Rogers, Y., & Bird, J. (2014). What chalk and tape can tell us: Lessons learnt for next generation urban displays. In Proceedings of The International Symposium on Pervasive Displays, page 130. ACM.

Kitchin, R. (2014). The real-time city? Big data and smart urbanism. GeoJournal, 79(1):1–14.

Land Brandenburg (2016). MIL Aktuell: 25 Jahre Stadtentwicklung - Transformation brandenburgischer Städte. Online verfügbar unter: https://mil.brandenburg.de/media_fast/4055/MIL_aktuell_2016_web_komprimiert.pdf (letzter Zugriff: 1. Juli 2019)

Maharawal, M. M. & McElroy, E. (2018). The anti-eviction mapping project: Counter mapping and oral history toward bay area housing justice. Annals of the American Association of Geographers, 108(2):380–389.

Mattern, S. (2015a). Deep Mapping the Media City. Forerunners: Ideas First. University of Minnesota Press.

Mattern, S. (2015b). Mission control: A history of the urban dashboard. Places Journal (letzterZugriff: 9. Juli 2019)

Mehryar, S. (2019). Participatory policy analysis for climate change adaptation. From individual perceptions to collective behaviour. Dissertation: University of Twente.

Nagel, T., Pietsch, C., & Dörk, M. (2016). Staged analysis: From evocative to comparative visualizations of urban mobility. In VISAP'16: Proceedings of the IEEE VIS Arts Program.

Noyman, A., Holtz, T., Kröger, J., Noennig, J. R., and Larson, K. (2017). Finding places: HCI platform for public participation in refugees' accommodation process. Procedia computer science, 112:2463–2472.

Offenhuber, D. & Ratti, C., editors (2014). Decoding the City: How Big Data Can Change Urbanism. De Gruyter, 1st edition.

Polanyi, K. (1944). The great transformation. The political and economic origins of our time. Boston: Beacon Press.

Priebe, M., Szczepanska, T., Higi, L., & Schröder, T. (2019). Partizipative Modellierung für integrierte Stadtentwicklung. Abschlussbericht zum Forschungsprojekt PaSyMo. Potsdam: Fachhochschule Potsdam.

Priebe, M., Szczepanska, T., Schröder, T., Prytula, M., & Dörk, M. (2017). Potenziale partizipativer Systemmodellierung in Brandenburger Kommunen (Working Paper). Potsdam: Fachhochschule Potsdam.

Prytula, M., Schröder, T., Dörk, M., Ortgiese, M., Michel, A., Neuroth, H., & Lehmann, J. (2016). Transformation lernen: Der Masterstudiengang Urbane Zukunft an der Fachhochschule Potsdam. Transforming Cities, 3, 76-79.

Prytula, M., Schröder, T. & Mieg. H.A. (2017). Inter- und Transdisziplinarität. In H.A. Mieg & J. Lehmann (Hrsg.), Forschendes Lernen: Wie die Lehre in Universität und Fachhochschule erneuert werden kann. Frankfurt a.M./New York: Campus.

Schneidewind, U. (2013). Wandel verstehen: auf dem Weg zu einer „Transformative Literacy" In H. Welzer & K. Wiegandt (Hrsg.), Wege aus der Wachstumsgesellschaft. (S. 115-140). Frankfurt am Main: Fischer.

Schneidewind, U. & Singer-Brodowski, M. (2014). Transformative Wissenschaft: Klimawandel im deutschen Wissenschafts- und Hochschulsystem. Marburg: Metropolis.

Scholz, R.W. (2011). Environmental literacy in science and society: From knowledge to decisions. Cambridge University Press.

Scholz, R.W. & Tietje, O. (2002). Embedded case study methods: Integrating quantitative and qualitative knowledge. Thousand Oaks, CA: Sage.

Stadt Eberswalde (2016). Industrie. Kultur. Landschaft. Entdeckungsreise zu Industriedenkmalen in Eberswalde und dem Finowtal. Online verfügbar unter: https://www.tourismus-eberswalde.de/fileadmin/user_upload/Prospekte/prospekte_2018/Eberswalde-Broschuere-Industriekultur-Webversion.pdf (letzter Zugriff: 1. Juli 2019)

Stadt Eberswalde (2018). Fortschreibung der Stadtumbaustrategie für die Stadt Eberswalde: Redaktionsstand: Beschluss der Stadtverordnetenversammlung vom 1. März 2018. Online verfügbar unter: https://www.eberswalde.de/fileadmin/bereich-eberswalde/user/ewschwarz/Stadtumbaustrategie/2018-03-01_Fortschreibung_Stadtumbaustrategie_gem._Beschluss_StVV_nur_Bericht.pdf (letzter Zugriff: 1. Juli 2019)

Stauffacher, M., Walter, A.I., Lang, D.J., Wiek, A., & Scholz, R. W. (2006). Learning to research environmental problems from a functional socio-cultural constructivism perspective: The transdisciplinary case study approach. International Journal of Sustainability in Higher Education, 7(3), 252-275.

Steffen, W., Richardson, K., Rockström, J., Cornell, S. E., Fetzer, I., ..., & Sörlin, S. (2015). Planetary boundaries: Guiding human development on a changing planet. Science, 347(6223), 736-347.

Szczepanska, T., Priebe, M., & Schröder, T. (2018). Teaching the Complexity of Urban Systems with Participatory Social Simulation Urban Complexity in Higher Education: Knowledge Integration and Systems Thinking. Proceedings of the Social Simulation Conference (SSC 2018) (S. 2-14). Stockholm.

Valkanova, N., Jorda, S., Tomitsch, M., & Vande Moere, A. (2013). Reveal-it!: The impact of a social visualization projection on public awareness and discourse. In Proceedings of the SIGCHI Conference on Human Factors in Computing Systems, pages 3461–3470.

Vande Moere, A. & Hill, D. (2012). Designing for the situated and public visualization of urban data. Journal of Urban Technology, 19(2):25–46.

Voinov, A., Jenni, K., Gray, S., Kolagani, N., Glynn, P. D., Bommel, P., ..., & Smajgl, A. (2018). Tools and methods in participatory modeling: Selecting the right tool for the job. Environmental Modelling and Software, 109, 232–255.

Waddell, P. (2002). UrbanSim: Modeling urban development for land use, transportation, and environmental planning. Journal of the American Planning Association, 68(3), 297-314.

WBGU (2011). Welt im Wandel. Gesellschaftsvertrag für eine Große Transformation. Hauptgutachten des Wissenschaftlichen Beirats der Bundesregierung Globale Umweltveränderungen. Berlin.

WBGU (2016). Der Umzug der Menschheit. Die transformative Kraft der Städte. Hauptgutachten des Wissenschaftlichen Beirats der Bundesregierung Globale Umweltveränderungen. Berlin.

WBGU (2019). Unsere gemeinsame digitale Zukunft. Hauptgutachten des Wissenschaftlichen Beirats der Bundesregierung Globale Umweltveränderungen. Berlin.

Wood, J., Beecham, R., and Dykes, J. (2014). Moving beyond sequential design: Reflections on a rich multi-channel approach to data visualization. IEEE Transactions on Visualization and Computer Graphics, 20(12):2171–2180.

ABBILDUNGSVERZEICHNIS

Abbildung 1: Walzwerk Neustadt-Eberswalde. Eberswalde um 1830.
Blechen, C. (um 1830). Walzwerk Neustadt-Eberswalde [Gemälde, Öl auf Leinwand]. Online verfügbar unter https://commons.wikimedia.org/wiki/File:Carl_Blechen_010.jpg
(Letzter Zugriff: 25. August 2019)

Abbildung 2: Luftbild des Stadtzentrums, 2017
Roletschek, R. (2017). Luftbild des Stadtzentrums Eberswalde [Foto]. Online verfügbar unter https://commons.wikimedia.org/wiki/File:17-07-06-Fotoflug-Eberswalde-Marktplatz_RR75029.jpg
Letzter Zugriff: 25. August 2019). © Ralf Roletschek, http://www.roletschek.at/

Abbildung 3: Karte der Stadt Eberswalde mit Darstellung der besiedelten Flächen, Hauptverkehrsachsen und Gewässer
Grafik: Eigene Darstellung, Kartenmaterial © OpenStreetMap contributors

Abbildung 4: Abbildung 4: Bevölkerungsentwicklung Eberswalde 2005 – 2016
Grafik: Eigene Darstellung, Datenquelle: Stadt Eberswalde (2018). Fortschreibung der Stadtumbaustrategie für die Stadt Eberswalde: Redaktionsstand: Beschluss der Stadtverordnetenversammlung vom 1. März 2018, p. 6. Online verfügbar unter: https://www.eberswalde.de/fileadmin/bereich-eberswalde/user/ewschwarz/Stadtumbaustrategie/2018-03-01_Fortschreibung_Stadtumbaustrategie_gem._Beschluss_StVV_nur_Bericht.pdf
(letzter Zugriff: 1. Juli 2019)

Abbildung 5: PaSyMo-Toolbox
Grafik: Leonard Higi

ZUKUNFT[S]GESTALTEN
ANTWORTEN AUF DEN WANDEL FINDEN

Kann ein Workshop als transformatives Partizipationsformat dazu beitragen, globale Prozesse von Wandel auf lokaler Ebene gestaltbar zu machen?

AUTOR*INNEN

Johanna Bröckel
Catherine Eckenbach
Fabian Fleckenstein
Tobias Schmidt
Beatrix Unger

1. TEIL
EINLEITUNG

Eine prominente Gegenwartsdiagnose lautet, dass die beschleunigte Veränderungsdynamik der globalisierten Welt zu einer höheren Komplexität der (individuellen) Alltagserfahrung führt. Abgelesen werden konnte diese Tendenz in den letzten Jahren insbesondere anhand der zunehmenden Digitalisierung und Automatisierung. DIE ZEIT schreibt hierzu:

> „Bislang hat die Digitalisierung mit Netzwerkeffekten und exponenti-
> eller Beschleunigung noch alle Gewissheiten aufgelöst. Das führt zu
> Unruhe, zu Sorgen und Skepsis, die bis ins Politische reicht"
>
> (Heuser, Lobenstein, Rudzio, & Wefing, 2018).

Dass es einen beschleunigten Wandel gibt, begründet Francis Heylighen mit der Natur des Fortschrittes. Dabei setzt er den Fortschritt mit einer Steigerung von Produktivität gleich. Diese Produktivitätssteigerung verläuft seit der Industrialisierung im 19. Jahrhundert exponentiell, was zu immer beschleunigteren Innovationen führt (Heylighen, 2002). Ein verdeutlichendes Beispiel dessen ist „Moore's Law" (das Mooresche Gesetz). Gordon Moore stellte 1965 fest, dass sich die Rechenkapazität von Computerprozessoren alle 12-24 Monate verdoppelt (Encyclopædia Britannica, 2017). Bis heute hat die Prognose Bestand und technologische Neuerungen entstehen in immer kürzeren Abständen.

Die Folge des beschleunigten Wandels ist eine Ausdifferenzierung und Pluralisierung unserer gesellschaftlichen, technologischen und politischen Systeme: auch deren Komplexität nimmt stetig zu. Antworten auf viele Lebensfragen werden erschwert durch eine Flut von Informationen und Möglichkeiten, systemischen und technologischen Veränderungen, sowie zunehmend unvorhersehbaren Nebeneffekten (Heylighen, 2002). Versuche, diese Entwicklungen von Komplexitätssteigerungen der Welt zu charakterisieren, gab es zum Beispiel in den 1990er-Jahren mit dem Akronym „VUCA", welches sich zusammensetzt aus den Wörtern *volatile (unbeständig), uncertain (unsicher), complex (komplex)* und *ambiguous (unklar, mehrdeutig)* (Johansen & Euchner, 2013). Per Definition fühlt man sich in dieser „VUCA-Welt"[sic] unsicher und orientierungslos (ebd.). Die entstehende Orientierungslosigkeit und aufkeimende Zukunftsängste führen unter anderem nach Katzenbach und Larsson (2017) „zu einem großen Bedürfnis nach Klarheit und Sinn" [sic] (ebd., S. 9).

Daraus ergibt sich die übergeordnete Fragestellung dieser Fallstudie, *wie globale Prozesse von Wandel lokal gestaltbar werden.* Diese Fragestellung soll im Rahmen dieses Projektes anhand des Fallbeispiels Arbeit aufgrund ihrer Funktion als relevante „Schnittstelle der Veränderungen" (BMAS, 2015, S. 6) untersucht werden. Trends und Treiber dieser Veränderungen sind in Deutschland vor allem die Globalisierung, der technologische Wandel sowie demografische und institutionelle Veränderungen (BMAS, 2017; Eichhorst & Buhlmann, 2015). Die Relevanz der Arbeit bleibt nach Haufler (2018) auch in einer postindustriellen Gesellschaft unbestritten und stellt einen zentralen Stifter von Identität und Selbstverwirklichung dar. In einer Meinungsumfrage des Deutschen Gewerkschaftsbundes (DGB) aus dem Jahr 2016 über die Wahrnehmung der eigenen Arbeit, gaben 65% auf die Frage „leisten Sie mit Ihrer Arbeit einen wichtigen Beitrag für die Gesellschaft?" an, dass dies in hohem oder sehr hohem Maße der Fall sei (Haufler, 2018, S. 10). Das Bundesministerium für Arbeit und Soziales führt weiterhin aus, dass die Arbeit neben einer absichernden Funktion auch „Teilhabe, Aufstieg, Prestige und Erfolg" ermöglicht (BMAS, 2015, S. 12).

Der aktuelle gesellschaftliche Stellenwert des Wandels der Arbeit lässt sich auch an der Widmung des Wissenschaftsjahres 2018 erkennen, welches unter dem Motto „Arbeitswelten der Zukunft" Fragen nach Gestaltungsmöglichkeiten zukünftiger Arbeitswelten beleuchten will.

Ausgehend von den dargestellten Wirkungszusammenhängen des Themas Arbeit im Kontext von beschleunigten Veränderungsdynamiken und gestiegener Komplexität sowie deren nationaler Relevanz, widmet sich diese Fallstudie der Stadt Eberswalde und ihren Bürger*innen mit dem Ziel, einer Zunahme von Orientierungslosigkeit und Zukunftsängsten entgegen zu wirken.

Ein Lösungsansatz aus der **transformativen Wissenschaft** setzt hierbei auf Ebene der Systemakteur*innen an (Göpel, 2016). Diesem Ansatz zufolge unterliegen Transformationen immer dem Einfluss von Menschen und sind aus diesem Grund intentional steuerbar. Es eröffnen sich jedoch zwei gegensätzliche Möglichkeiten, mit Veränderungen umzugehen. Entweder in Form des aktiven Transformierens oder passiv, als Prozess des Transformiertwerdens: gemeint ist, auf welche Art und Weise sich die Individuen als Systemakteur*innen wahrnehmen, d.h. ob sie eine überwiegend proaktive oder eine überwiegend reaktive Rolle einnehmen. Werden sich die Akteur*innen ihrer Kompetenz, etwas verändern zu können, bewusst, sind sie eher befähigt, Einfluss zu nehmen.

> Transformative Wissenschaft
> Der Begriff ‚transformative Forschung' wurde in etwa seit der Jahrtausendwende vermehrt verwendet, geht in seinem Ursprung jedoch zurück bis hin zu Vordenkern wie Thomas Kuhn oder Karl Polanyi (Schneidewind & von Wissel, 2015). Im Gegensatz zur Transformationsforschung, kommt der transformativen Forschung eine aktiv in Transformationsprozesse eingreifende Funktion zu: Als transformative Forschung bezeichnet man eine Wissenschaft, „die das Ziel hat, ganz konkrete Veränderungsprozesse mit zu begleiten und zu katalysieren" (Schneidewind, 2016, S. 13). Ihre Einflussnahme ist somit klar beabsichtigt.

Gestützt auf diesen Ansatz soll im Folgenden anhand des gewählten Fallbeispiels Wandel der Arbeit in Eberswalde folgende Forschungsfrage in dieser Fallstudie untersucht werden:
Kann ein transformatives Partizipationsformat globale Prozesse von Wandel lokal gestaltbar machen?

Ziel der Methodik ist es, ausgehend von globalen Prozessen des Wandels der Arbeit, lokale Gestaltungsmöglichkeiten für Eberswalde partizipativ zu erarbeiten und eine Bewusstwerdung der eigenen Kompetenz zur Transformation bei den Teilnehmenden zu befördern (vgl. Eckart, Ley, Häußer, & Erl, 2018, S. 123f.). Dazu wird im Kontext von Transformations- und transformativer Wissenschaft an das Konzept des Reallabors angeknüpft. Es bietet das Potential, über seinen partizipativen Ansatz hinaus, nicht nur *Systemwissen*, sondern auch das für Veränderungsprozesse notwendige *Ziel- und Transformationswissen* zu generieren. Ferner werden vor allem theoretische und methodische Ansätze aus dem Transformationsmanagement integriert, weil sich diese wissenschaftliche Disziplin mit dem Wandel von komplexen Systemen beschäftigen.

Der nachfolgende Teil beleuchtet zunächst die Forschungshintergründe, aus denen sich das Forschungsdesign (3. Teil) ableitet. Der vierte Teil beschäftigt sich mit der Methodik zur Entwicklung eines transformativen Partizipationsformats. Das entwickelte Methodenset steht im Zentrum der Fallstudie. Hinsichtlich der Besprechung der Umsetzung der Praxisziele werden im fünften Teil die in der Forschung erhobenen Daten analysiert und ausgewertet und anschließend in Bezug zum Forschungsziel diskutiert (6. Teil). Es folgt ein Besprechung der Grenzen dieser Fallstudie (7. Teil) sowie ein Ausblick auf perspektivische Forschungsvorhaben im untersuchten Feld (8. Teil).

2. TEIL
FORSCHUNGSHINTERGRÜNDE

Um Transformationsprozesse verstehen und gestalten zu können, bietet das wissenschaftliche Feld der Transformationsforschung und transformativer Forschung verschiedene theoretische und methodische Ansätze, anhand derer sich diese Fallstudie maßgeblich orientiert. Nachstehend wird auf die Ansätze eingegangen deren Schwerpunktsetzung für die Fundierung des Forschungsdesigns dieser Fallstudie besonders relevant sind.

HANDLUNGSFORSCHUNG

Die Handlungsforschung ist ein Ansatz der qualitativen Sozialforschung und entstand in den 1970er Jahren. Der Bedarf an einer derartigen Forschung wurde bereits 1946 von Kurt Lewin, einem der bedeutendsten modernen Sozialwissenschaftler formuliert (Mayring, 1999). Handlungsforschung ist, so Lewin, eine „vergleichende Erforschung der Bedingungen und Wirkungen verschiedener Formen des sozialen Handelns und eine zu sozialem Handeln führende Forschung" (Mayring, 1999, S. 36; Lewin, 1982, S. 280). Sie ist transdisziplinär ausgelegt und soll Theorie- und Praxispartner*innen im Forschungsprozess vereinen. Zu den Zielen der Handlungsforschung zählen laut Mayring (1999) zum einen die Orientierung an „konkreten sozialen Problemen", eine „[p]raxisverändernde Umsetzung der Ergebnisse im Forschungsprozeß" [sic], sowie ein Diskurs auf Augenhöhe zwischen Forscher*innen und Beteiligten (Mayring, 1999, S. 36). Ist eine Problemstellung aus der Praxis Ausgangspunkt für die Erarbeitung von Veränderungspotentialen, kann Handlungsforschung ihre Anwendung finden (ebd.).

REALLABORFORSCHUNG AN DER SCHNITTSTELLE VON TRANSFORMATIONSWISSENSCHAFT UND TRANSFORMATIVER FORSCHUNG

Ein der Handlungsforschung verwandter, aktuell vielfach diskutierter Ansatz ist der des Reallabors, der sich an der Schnittstelle von Transformationswissenschaft und transformativer Forschung verorten lässt. Ein Reallabor ist eine neuartige, transdisziplinäre Forschungsinfrastruktur, welche Transformationsprozesse verstehen und bewusst initiieren will. Rico Defila und Antonietta Di Giulio schlagen für diese Art des Forschungsdesigns eine Unterteilung in Praxis- und Forschungsziele vor: Forschungsziele, für die Produktion von neuem Wissen, und Praxisziele, für das Anstoßen von Transformationsprozessen (2018, S. 11).

Grundsätzlich soll ein solches Forschungsdesign einen Beitrag zum „Verständnis zur Gestaltung einer Transformation zur Nachhaltigkeit" leisten (Schäpke et al., 2017, S. 9), allerdings ist diese Ausrichtung nicht zwingend notwendig, solange „[t]ransformative Forschung im Allgemeinen und das Format Reallabor im Speziellen […] sich auf die Ziele ausrichten, die […] gesellschaftlich legitimiert, ethisch gut begründet und gemeinwohlorientiert sind" (Defila & Di Giulio, 2018, S. 12).

Reallabore leisten einen Beitrag zum Wandel physischer und/oder sozialer Strukturen (Schäpke, 2017, S. 9). Ersterer fokussiert insbesondere gebaute oder infrastrukturelle Belange, während letzterer seine Aufmerksamkeit der „Schaffung neuer oder [der] Veränderung bestehender Netzwerke und Organisationen, von Werten und Normen, Regeln und Politiken, Entscheidungsfindungsprozessen, Verhaltensweisen, Lebensstile und Praktiken sowie Diskursen" widmet (ebd., S. 12).

Aufgrund ihrer transdisziplinären Zusammensetzung muss in Reallaboren ein Transfer und eine Integration der unterschiedlichen Wissensbestände und -typen der **beteiligten Akteur*innen** erfolgen. Auf dieser Basis erarbeiten die unterschiedlichen Wissensträger*innen in einem kollaborativen Prozess daraufhin eine „Problembeschreibung (*Systemwissen*), [eine] gemeinsame Beschreibung einer Zukunftsvision[…] als Referenzrahmen (Zielwissen) und [eine] Szenarienentwicklung mit Ableitung von Handlungsschritten (Foresight-/Backcasting-Methoden)" (Borner & Kraft, 2018a, S. 4). Eine derartige Forschung ermöglicht einen methodischen Zusammenschluss wissenschaftlicher Analysen mit Ansätzen der Zukunftsforschung bzw. Modellierung gewünschter bzw. möglicher Zukünfte (ebd.). Auf diese Weise kann „**handlungsleitendes Wissen** im Sinne evidenzbasierter Strategien darüber, wie Wandel verstanden und gestaltet werden kann" erzeugt werden (Schäpke et al., 2017, S. 12).

> Beteiligte Akteur*innen
> „Die Beteiligten sind kontextspezifisch und bestehen zumeist aus Vertretenden aus Politik, Verwaltung, Wirtschaft, Wissenschaft und organisierter, wie auch nicht-organisierter Zivilgesellschaft" (Borner & Kraft, 2018a, S. 7).
>
> Handlungsleitendes Wissen
> Es geht hierbei um die kollaborative Erarbeitung neuen Wissens (Ziel- und Transformationswissen) innerhalb des zu gestaltenden Veränderungsprozesses (Borner & Kraft, 2018b).

Wissenschaftler*innen kommt in diesem Zusammenhang eine ungewohnte Rolle zu: Sie übernehmen „artunspezifische Aufgaben" und sorgen für das Anstoßen, Moderieren und Lenken von (sozialen) Lernprozessen und den Umgang mit potentiellen Konflikten innerhalb der intendierten Transformation (Borner & Kraft, 2018b, S. 4). Dies erfordert eine konstante Reflexion der eigenen Forscher*innenrolle (Helming, Kopfmüller, & Walz, 2016).

MINDSHIFT IN DER TRANSFORMATIVEN FORSCHUNG

Welche Rolle Individuen mit ihren *Mindsets* in Transformationsprozessen spielen, hat Maja Göpel in ihrem Werk *The Great Mindshift* analysiert (Göpel, 2016). Unter *Mindsets* versteht Göpel Überzeugungen und Orientierungsmuster von Individuen, die technologische, ökonomische und gesellschaftliche Institutionen (*Sozio-ökologisch-technische Systeme*) maßgeblich prägen. Sie geben Strategien und Umsetzungsideen vor, mit denen derartige Systeme gestaltet sind (ebd.).

Göpels Untersuchungen basieren auf der Annahme, dass Transformationen von sinnstiftenden Akteur*innen ausgehen, da sie mit ihrem *Mindset* gemeinsam **produktive Prozesse** eingehen und **Sozio-ökologisch-technische Systeme** erzeugen.

Diese Systeme sind geprägt von **Pfadabhängigkeiten**, die wiederum Einfluss auf die Akteur*innen haben, insbesondere darauf, was sie zukünftig für möglich halten. Um Transformation gestalten zu können, ist es demnach wichtig sich diese *Pfadabhängigkeiten* konstant bewusst zu machen.

Wichtig sei es zudem, herauszufinden wann und zur Erfüllung welches Ziels ein System wie verändert werden kann (ebd.). Diese Definition eines Zielsystems sieht Göpel als ermächtigende und emanzipatorische Tätigkeit, die maßgeblich die Veränderung jener Strukturen und Institutionen ermögliche, die gesellschaftlich dominante Narrative bzw. **hegemoniale Paradigmen** aufrechterhalten (Göpel, 2017).

Um relevante Ansatzpunkte für Transformationsprozesse auf gesellschaftlicher Ebene zu definieren bezieht Göpel sich auf ein zentrales Konzept der Transformationsforschung, die Multi-Level-Perspektive (MLP) von Frank Geels (Abbildung 1).

Sozio-ökologisch-technische Systeme
„Sozio-ökologisch-technische Systeme" ist ein Begriff, den Göpel aus STS (sozio-technischen Systemen) und SES (sozio-ökologischen Systemen) zusammenfügt. Damit kombiniert sie zwei wesentliche Stränge der Transformationswissenschaft. SETS sind z.B. Institutionen, Infrastrukturen oder sozio-kulturelle Normen (Göpel, 2016).

Produktive Prozesse
Produktive Prozesse sind Beziehungen zwischen Mensch-Mensch, Mensch-Natur, Mensch-Infrastruktur und Mensch-Technologie (Göpel, 2016).

Pfadabhängigkeiten
„Mit diesem in fast allen Transformationskonzepten [...] verwendeten Begriff ist gemeint, dass Entwicklungen und Entscheidungen durch zuvor eingeschlagene Entwicklungspfade geprägt und begrenzt werden, wodurch der Status quo tendenziell stabilisiert wird" (Brohmann, Heyen, Libbe, Riechel, & Trapp, S. 10).

hegemoniale Paradigmen
Göpel bezieht sich auf die Hegemonietheorie von Antonio Gramsci, der unter Mussolinis Diktatur untersuchte, wie in kapitalistischen Gesellschaften Macht entstehe. Die zentrale These, die Göpel aufgreift, konstatiert, dass in Gesellschaften Kontrolle weniger durch direkte Gewalt und politischen oder wirtschaftlichen Zwang aufrechterhalten wird, sondern durch eine Ideologie, die die Vorstellung zum Ausdruck bringt, dass es keine gültige oder realistische Alternative gäbe (Göpel, 2016).

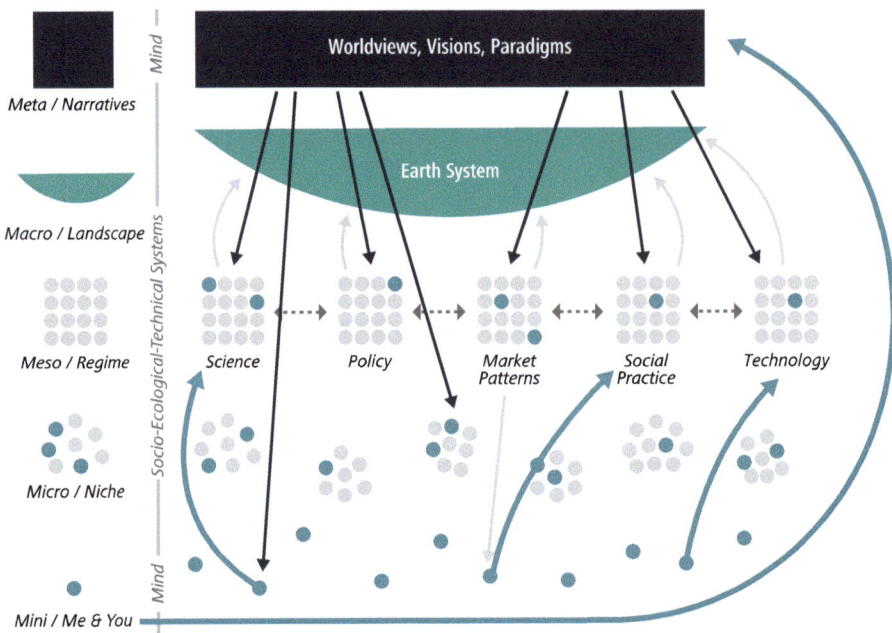

Abbildung 1: Mindsets in the multilevel perspective on transformations
(Göpel, 2016, S. 47)

Die Multi-Level-Perspektive unterscheidet verschiedene Organisationsebenen in Gesellschaften nach ihrem Grad der Veränderbarkeit bzw. Veränderungsresistenz. Sie erklärt u.a., wie sich Veränderungen in übergeordneten Ebenen typischerweise auf Pfadabhängigkeiten auswirken, die die untergeordneten Ebenen strukturieren. Geels unterscheidet drei solcher Ebenen – die Nischen-, Regime- und die Landschaftsebene. Erstere besteht aus kleinen experimentierfreudigen Gruppen, z.B. solidarische Landwirtschaft. Die Regimeebene wiederum beinhaltet den Status quo stabilisierende Rahmenbedingungen, beispielsweise etablierte Praktiken, Wissenschaften oder Technologien. Die Landschaftsebene umfasst übergeordnete Systeme wie Marktsysteme, große Infrastrukturen oder Umweltbedingungen (ebd.). Je höher die Ebene, desto langsamer die Veränderungsprozesse und desto schwieriger ist es für Akteur*innen, Transformation zu gestalten. Diese Logik bedeutet aber auch, je höher die Ebene, desto höher die transformative Wirkung.

Um die Rolle von *Mindsets* zu integrieren, erweitert Göpel das MLP-Konzept um die Metaebene (Narrative, Visionen und Paradigmen) und die Miniebene (sinnstiftende Akteur*innen). Veränderungen auf der Miniebene bzw. in den Denk- und Handlungsweisen von Individuen (*transformatives Mindset*) haben, so Göpel, Einfluss auf die Metaebene und somit das Potential hegemoniale Paradigmen zu beeinflussen und die 'objektive zukünftige Realität' zu prägen: letztlich seien alle vom Menschen geschaffenen Strukturen eine Materialisierung von Ideen. Individuen können durch das Eröffnen von Zielsystemen und dem Bewusstwerden dieser Fähigkeit, einem sogenannten *Mindshift*, Wandel gestaltbar machen (ebd.).

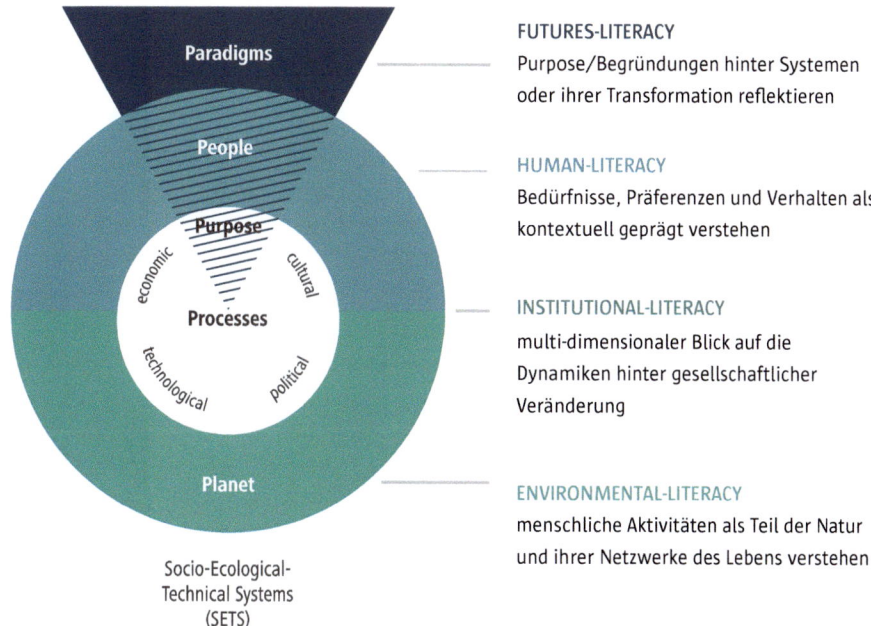

Abbildung 2: Transformative Literacy – 5 P's to map SETSs
(Göpel, 2016, S 157); modifiziert

Um herauszustellen, welche Fähigkeiten es genau benötigt, um Systemtransformationen zu befördern, knüpft Göpel an das Konzept der *transformative literacy* von Uwe Schneidewind an und ergänzt es um die *futures literacy* (Abbildung 2). Eine *futures literacy* beschreibt die Fähigkeit Systeme zu hinterfragen nach welcher Vorstellung bzw. welchem Ziel sie ausgerichtet sind. Das Konzept helfe, so Göpel, sich darüber bewusst zu werden, wohin institutionelle *Pfadabhängigkeiten* und Leitgedanken Gesellschaften treiben, die nicht (mehr) im Einklang mit übergeordneten, erstrebenswerten Zielen stehen (ebd.). Während eine *human literacy* dafür steht Menschen mit ihren Bedürfnissen und ihrem Verhalten als kontextuell geprägt zu verstehen, zielt eine *institutional literacy* darauf ab, dass neben dem Verstehen technologischer und wirtschaftlicher auch politische und soziokulturelle Faktoren eine Rolle spielen. Eine *environmental literacy* erfordert das Verständnis für umweltspezifische Faktoren, wie beispielsweise Rebound-Effekte oder Kipppunkte. Die *transformative literacy* vereint alle genannten Kompetenzen: Zu verstehen welche Ideen, Akteur*innen, Technologien, Wirtschafts- oder Umweltfaktoren sowie institutionelle und kulturelle Aspekte für die Entstehung von Systemen von Bedeutung sind, wie diese Faktoren zusammenhängen und sich gegenseitig verstärken ist die Grundlage dafür diese Erkenntnisse zu nutzen, sie zu interpretieren und Transformationsprozesse daraufhin aktiv zu gestalten (ebd.).

ORGANISATIONSENTWICKLUNG UND ANSÄTZE DES VERÄNDERUNGSMANAGEMENTS

Die im Folgenden vorgestellte verwandte wissenschaftliche Tradition befasst sich ebenfalls mit Transformationsprozessen. Konzepte der Organisationsentwicklung (im Folgenden als OE gekennzeichnet) befassen sich mit auf Langfristigkeit angelegten Formen des Wandels von sogenannten lernenden Organisationen (Senge, 2001). Die Weiterentwicklung von Organisationen ist ein gruppendynamischer Prozess im Modus eines geplanten Wandels. Die Organisationen können ganze Institutionen oder Teile von Einrichtungen sein, wie z.B. Schulen, Unternehmen oder einzelne Abteilungen einer Verwaltung. Dabei ist OE gekennzeichnet durch die Einbindung der Betroffenen (Partizipation) in meist aus der angewandten Sozialwissenschaft und Verhaltenswissenschaft stammende angeleitete Verfahren (Moderation), um Lern- und Problemlöseprozesse zu etablieren und optimieren. Viel mehr als um die Steigerung von Effizienz und Produktivität, geht es in Ansätzen der OE um die Verbesserung von Lebensqualität und Problemlösefähigkeit sowie um die Weiterentwicklung der Organisationskultur (French & Bell, 1977, zitiert nach Nerdinger et al., 2014, S. 160), damit Mitglieder einer Organisation „[...] in die Lage versetzt werden, die Veränderungen der Umwelt konstruktiv zu bewältigen." (Nerdinger et al., 2014, S. 160). Anders als bei Göpel, bei der ein *Mindshift* hin zu einem transformativen *Mindset* entwickelt werden muss, um zunächst imaginierte Systemveränderungen im Folgenden auch umsetzen zu können, versucht die OE, die Mitglieder einer Organisation zu befähigen, auf Wandel reagieren zu können, d.h. einen besseren Umgang in ihren komplexen sozialen Beziehungen und bei den damit verbundenen Problemen zu lernen (ebd.).

So gilt das 3-Phasen-Modell Kurt Lewins (1947) als Pioniertheorie der OE. Das Modell folgt einem Methodenset mit übergeordneten Modi in drei Phasen: Auftauen (unfreezing), Bewegen (moving) und Einfrieren (refreezing). Dieser Dreischritt findet sich bis heute bei vielen Methoden der OE. Neuere Ansätze des Veränderungsmanagements (engl. Change Management), wie z.B. die von Otto Scharmer (2007) erdachte Theorie U sind dichter an betriebswirtschaftlichen Bedürfnissen ausgerichtet und finden nicht unter Laborbedingungen (wie z.B. das 3-Phasen-Modell) statt, sondern fokussieren das unter realen Bedingungen stattfindende Erfahrungslernen (Nerdinger et al., 2014). Methodische Ansätze des Veränderungsmanagements entfalten ihre Wirksamkeit durch eine Schwerpunktsetzung auf die Ermöglichung von Prozessen der Wissensintegration, weil sie den Grundsätzen der Nutzer*innenzentriertheit und Anwendungsspezifik folgen.

Weitere Ansätze für Erneuerungs- und Innovationsförderung bieten die Methodensets des Design Thinking und des User Experience Design mit einem noch viel stärkeren Fokus der Nuzter*innenzentriertheit als Leitmaxime für die Erarbeitung von Lösungen in Gruppen oder Organisationen bzw. im Produkt- und Servicedesign.

In jedem Veränderungsprozess von Organisationen ist die Identifizierung von sog. relevanten Akteur*innen und die Anpassung der Methodik auf eben diese Erneuerer*innen oder **Betreiber*innen von Wandel** maßgeblich, um nachhaltigen Wandel einer Organisation bzw. in der Kultur einer Organisation zu erreichen (Eckart et al., 2018, S. 122).

Betreiber*innen von Wandel
Betreiber*innen von Wandel werden beim WBGU auch als Change Agents oder Pioniere des Wandels bezeichnet (WBGU, 2011, S. 84).

TRANSFORMATIONSMANAGEMENT

Die Zusammenführung und gegenseitige Ergänzung von Transformationsforschung und transformativer Forschung sowie den Methodenansätzen der Organisationsentwicklung, im Besonderen des Veränderungsmanagements bildet u.a. die Ausgangslage für die Herausbildung einer Forschung, welche als Transformationsmanagement bezeichnet werden kann. Dieser angewandte Forschungszweig ist gekennzeichnet durch große Inter- und Transdisziplinarität und vereinigt im Kern die Traditionen von Sozialwissenschaft, Kulturwissenschaft, Informationswissenschaft, Wirtschaftswissenschaft und Psychologie sowie die Kooperation mit gesellschaftlichen und politischen Akteur*innen und schließt je nach Anwendungsfeld weitere Fachrichtungen und Expert*innen mit ein. Die Forschungspraxis beschäftigt sich mit Ansätzen der Anleitung und Koordination von Transformationsprozessen im Sinne einer Schnittstellenkommunikation auf verschiedenen Ebenen, z.B. in Transformationsprozessen von einzelnen Individuen, Gruppen, Organisationen, Gesellschaft und im Besonderen von komplexen Systemen wie der Stadt (Prytula et al., 2016). Außerdem sind methodische Ansätze zur Realisierung von Wissenstransfer und Ermöglichung von Prozessen der Wissensintegration wesentlicher Teil der Forschung auf dem Feld des Transformationsmanagements.

3. TEIL
FORSCHUNGSDESIGN

Dieser Projektbericht bettet sich in den Seminarkontext inter- und transdisziplinärer Fallstudien zu Eberswalde ein. Ausgehend von dem Forschungsstand ist Gegenstand dieser Fallstudie das Verstehen und Gestalten von Transformationsprozessen. In Bezug dazu, hat diese eingebettete Fallstudie das konkrete Ziel, einen Beitrag zu der Frage, wie globale Prozesse von Wandel lokal gestaltbar gemacht werden können, zu liefern. Das Themenfeld Arbeit ist dabei ein zentraler Prozess von Wandel und steht gleichzeitig unter großem Einfluss von globalen Prozessen des Wandels (BMAS, 2016). Folglich ist das Fallbeispiel dieser Studie die Gestaltbarmachung globaler Prozesse vom Wandel der Arbeit in Eberswalde.

Als Ansatzpunkt für die Beantwortung der Frage, wie globale Prozesse lokal gestaltbar gemacht werden können, steht die methodische Entwicklung eines transformativen Partizipationsformats zum Oberthema globaler Wandel der Arbeit in Eberswalde im Mittelpunkt. Dieses soll im Weiteren getestet und als potenzielle Methode für eine transformative Forschung evaluiert werden. Daher wird ein Forschungsdesign angestrebt, welches die Methodik für den wissenschaftlichen Erkenntnisgewinn über das Feld theoretisch herleitet und gleichzeitig Lösungen, der sich aus dem Feld ergebenden praktischen Probleme, ermöglicht (Rhodius & Pregernig, 2018). Anknüpfend an das Forschungsdesign von Reallaboren, werden im Folgenden Praxis- und Forschungsziele definiert. Für diese Fallstudie ist eine solche Unterteilung sinnvoll, um die doppelte Zielsetzung – theoretische und praktische – zu operationalisieren. Dementsprechend zielt dieses Forschungsdesign erstens darauf ab, das Vorgehen zu strukturieren, um fundiert die relevanten Aspekte der Transformationswissenschaft in ein transformatives Format zu übersetzen und anzuwenden (Praxisziele) und zweitens, das entwickelte Format auf seine intendierte Wirksamkeit hin zu prüfen und evaluieren zu können (Forschungsziel). Im Folgenden werden zunächst die sechs Praxisziele erläutert und anschließend auf das Forschungsziel mit der untergeordneten Forschungsfrage und den Hypothesen eingegangen.

PRAXISZIELE

Der Theorie der Reallabore nach „fordert und fördert [ein Reallabor] nicht nur Partizipation bei der Gestaltung transformativer Prozesse, sondern partizipiert auch selbst aktiv an diesen Prozessen" (Seebacher, Alcántara, & Quint, 2018, S. 158). Die für diese Fallstudie formulierten Praxisziele (im Folgenden als PZ gekennzeichnet) behandeln hierfür zum einen die Generierung von *Systemwissen* zum Fallbeispiel Wandel der Arbeit in Eberswalde (PZ 1-3), als nötige Vorarbeit, um zum anderen theoretische Annahmen aus der Transformationswissenschaft in ein praktisches transformatives Partizipationsformat zu übersetzen (PZ 4-6). Für das zu entwickelnde Format werden im Besonderen die Annahmen von Maja Göpel in Verbindung mit Ansätzen des Transforamtionsmanagements berücksichtigt. Die Praxisziele strukturieren zum einen die Durchführung dieser Fallstudie im Hinblick auf die Realisierung eines solchen Formats und zum anderen ermöglichen sie, im Nachhinein eine Auswertung anhand der Daten. Die Auswertung dient der Überprüfung der Praxisziele und ist die Grundlage für die Bewertung des transformativen Charakters der Studienergebnisse.

Identifizierung relevanter Diskurse zum Wandel der Arbeit (PZ 1)

Als Forscher*innengruppe, mit dem Bestreben anhand eines Fallbeispiels Transformationsprozesse auf lokaler Ebene anzustoßen, gilt es sich zunächst selber in dem Oberthema einen Überblick zu verschaffen, um sich inhaltlich zu verankern (Rhodius & Pregernig, 2018). Entsprechend geht es in dieser Forschung zunächst darum, Wissen hinsichtlich globaler Prozesse des Wandels der Arbeit zu erschließen. Das Praxisziel verfolgt darüber hinaus einen möglichst fundierten Wissenstransfer zwischen Forschenden und Teilnehmenden des Workshops (auch untereinander), um diesen notwendiges *Systemwissen* zu vermitteln. Der Wissenstransfer soll dazu dienen, den verschiedenen Ansprüchen gerecht zu werden und die Ausgangslage sowie die Relevanz des Themas zu vermitteln, um zur Mitarbeit zu motivieren (ebd., S. 174-175 & S. 180).

Einbindung relevanter Akteur*innen (PZ 2)

Der Anspruch eines partizipativen Formats ist es, die Öffentlichkeit zu erreichen und einzubeziehen, um ihr Wissen als Alltagsexpert*innen zu bündeln (Rhodius & Pregernig, 2018, S. 175). Wer in diesem Zusammenhang mit Akteur*innen gemeint ist, definieren Seebacher, Alcántara und Quint (2018, S. 155) wie folgt: „Sehr allgemein beschrieben sind damit individuell oder kollektiv sozial Handelnde gemeint, die als natürliche oder juristische Personen, als nicht organisierte Gruppen oder als öffentlich-rechtliche verfasste Akteure auftreten." Idealerweise werden Akteur*innen aus allen für das Fallbeispiel relevanten Kontexten einbezogen (ebd.). Im Kontext der Reallaborforschung, anhand derer sich dieses Forschungsprojekt orientiert, kommt lokalem Wissen eine hohe Bedeutung zu. Wissensträger*innen, die „sich durch hohe Legitimität im Feld, gute Vernetzung und Kontrolle wichtiger Ressourcen (Fachwissen, lokales Wissen, gute Kontakte) aus [-zeichnen]" (Eckart et al., 2018, S. 122f.) werden als besonders relevante Akteur*innen bezeichnet. Da sich diese Fallstudie anhand des omnipräsenten gesellschaftlichen Themas Arbeit damit beschäftigt, wie die globalen Prozesse lokal gestaltbar werden können, wird zunächst angenommen, dass alle Eberswalder*innen relevante Akteur*innen ihrer Beschäftigungspraxis sind. Für eine systematisierte Einbindung der relevanten Akteur*innen bietet sich als theoretischer Bezugsrahmen das Modell der Quadruple Helix an, das die kollaborative Zusammenarbeit von Stakeholder*innen aus verschiedenen Kontexten als Treiber*innen von Innovationsprozessen versteht (Kriz, Bankins, & Molloy, 2017). Das Quadruple Helix Modell wird in Reallaboren zunehmend eingesetzt, da es feinfühlig auf ortsbezogene Zusammenhänge eingeht und gleichzeitig anerkennt, dass Veränderungsprozesse dynamisch sind und durch die Interaktion des Einzelnen gesteuert werden (ebd.). Die vier Typen von Helices, als repräsentative gesellschaftliche Bereiche, sind Wirtschaft, Politik, Wissenschaft, und Zivilgesellschaft, wobei jeder Typus als eine Vielzahl an einzelnen Akteur*innen zu verstehen ist (Seebacher et al., 2018, S. 157). In Folge dessen ist für dieses Praxisziel die handlungsweisende Annahme: *relevante Akteur*innen im Sinne eines Anstoßens von Transformation, können mit Hilfe des Modells der Quadruple Helix identifiziert werden*. Dieses Praxisziel steht im engen Zusammenhang mit den folgenden Praxiszielen, da die Identifizierung relevanter Akteur*innen dazu dient, mittels einer Befragung das gesamte Spektrum unterschiedlicher Meinungen und Interessen zum Fallbeispiel Wandel der Arbeit in Eberswalde abzubilden (Rhodius & Pregernig, 2018) und gleichzeitig der Akquise für die Durchführung des transformativen Partizipationsformats dient.

Identifizierung lokalspezifischer Diskurse über Arbeit in Eberswalde (PZ 3)

Für die Vorarbeit des zu entwickelnden Formats ist zu beachten, dass Ortsmerkmale und soziokulturelle Faktoren die Entwicklung und Interaktionen der Akteur*innen beeinflussen. Daher ist es bei regionalen Innovationsprozessen wichtig Lokalspezifika zu beachten und herauszuarbeiten (Kriz et al., 2017, S. 25f.). Um die Lokalspezifika für Eberswalde im Oberthema globaler Wandel der Arbeit zu identifizieren, gilt es, diese mit den Akteur*innen vor Ort herauszuarbeiten. Ziel ist es mittels einer Befragung von relevanten Akteur*innen einen Überblick über wichtige, lokale Problemstellungen zu gewinnen. Hierbei kann auf die Ergebnisse des PZ 2 zurückgegriffen werden. Bei der Methodenauswahl muss dabei berücksichtigt werden, welche Wirkung diese auf die befragten Akteur*innen haben kann, da die Befragung weitergedacht auch schon eine „Aktivierung der Akteure", im Sinne einer Akquise, bewerkstelligen soll (Rhodius & Pregernig, 2018, S. 170f.).

In der Durchführung des Workshops ist die Identifizierung lokalspezifischer Diskurse des Weiteren relevant, da diese, wie auch Praxisziele 4-6, eine maßgebliche Etappe hin zu lokalspezifischen Gestaltungsmöglichkeiten ist. Dementsprechend zielt die Identifizierung lokalspezifischer Diskurse über Arbeit in Eberswalde auf den Forschungsprozess von Reallaboren ab, welcher die Erlangung von *Systemwissen* vorsieht. Hierbei geht es um die Artikulation und Bewertung des Status quo aus Bürger*innensicht, sowie deren aktuelle Perspektive (Potenziale/ Chancen und Bedenken/ Ängste) auf die Zukunft und die Diskussion darüber in der Gruppe.

Teilnehmende begreifen sich als Systemakteur*innen (PZ 4)

Göpel argumentiert, dass Systeme und deren sinnstiftendes Element immer von Menschen als Systemakteur*innen gemacht werden und entsprechend auch von diesen verändert werden können (vgl. 2. Teil). Nur wenn sie sich ihrer Einflussmöglichkeiten auf das System als Systemakteur*innen bewusst sind, können sie als Treiber*innen von Veränderungen agieren. Ihr individueller Einsatz ist entscheidend für das Gelingen von gemeinsam gestalteter Transformation (Kriz et al., 2017). Die Annahme für die Formulierung dieses Praxisziels ist: durch einen *Mindshift* begreifen sich Teilnehmende als Systemakteur*innen, die das System selbst verändern können. Für die einzusetzende Methodik sind dabei einige Ansätze leitend: Es wird angenommen, dass die Entwicklung hin zu einem transformativen *Mindset* einen beziehungsbasierten, kontextrelevanten Prozess beschreibt, der den Aufbau von Bewusstsein, Verbundenheit und gegenseitigem Vertrauen zur Förderung von (sozialem) Lernen beinhaltet. Um einen erfolgreichen Prozess zu gewährleisten, muss der Vorbereitung und Einbeziehung der Akteur*innen ausreichend Aufmerksamkeit geschenkt werden (Kriz et al., 2017). Für das praktische Vorgehen mit den Akteur*innen kann das Konzept der *futures literacy* herangezogen werden, auf dessen Basis nach Maja Göpel (2016) Systeminnovationsprozesse entstehen können. Das Konzept der *futures literacy* beschreibt die aktive Vergegenwärtigung der Wirkkräfte von Grundannahmen vergangener und gegenwärtiger Systeme (hegemoniale Paradigmen) sowie deren Infragestellung.

Entwicklung lokalspezifischer Gestaltungsmöglichkeiten (PZ 5)

In dieser Phase kann in Anbindung an das PZ 4 das Konzept der *transformative literacy* weitergehend verfolgt werden. Die im PZ 4 beschriebene investigative Auseinandersetzung mit hegemonialen Paradigmen in bestehenden Systemen führt laut Göpel idealerweise dazu, dass Akteur*innen ihre Grundannahmen in Frage stellen und schließlich in Alternativen denken und handeln (vgl. 2. Teil). Es sollen gemeinsame Herausforderungen identifiziert werden, die alle relevanten Systemakteur*innen miteinbeziehen (Ahonen & Hämäläinen, 2012).

Aufbauend auf die *futures literacy* (PZ 4), als Grundvoraussetzung „for imagining the unknowable future, and on that basis, enabling us to critically reassess actions designed in the present" (World Social Sciences Report 2013, S. 8, zitiert nach Göpel, 2017, S. 114), ist die kollaborative Entwicklung lokalspezifischer Gestaltungsmöglichkeiten der *transformative literacy* der Akteur*innen entscheidend (vgl. Abbildung 2). Die *transformative literacy* bedeutet im Kontext dieser Fallstudie die lokalspezifische Bedarfsermittlung und die Fähigkeit, diese in Aufgabenbereiche zu übersetzen, um schließlich benötigte Ressourcen und andere lokal- und situationsspezifische Faktoren lösungsorientiert zu mobilisieren. Die Rolle der Forschenden ist es, die Aktivitäten dahingehend zu koordinieren (Ahonen & Hämäläinen, 2012, S. 24), Gestaltungsmöglichkeiten, durch die Formulierung von Strategien, Identifizierung von Handlungsfeldern und Ableitung konkreter Maßnahmen seitens der Akteur*innen, zu entwickeln.

Kompetenz transdisziplinärer Zusammenarbeit (PZ 6)

Dieses Praxisziel beschreibt den Modus, in welchem die vorangegangenen Ziele erarbeitet werden sollen, da ein zuträglicher Faktor für die Entwicklung eines transformativen *Mindsets* in sozialen Lernprozessen besteht (Göpel, 2016; Alcántara et al., 2018). Nach Kriz et al. (2017, S. 29) ist Vertrauen ein wesentlicher Faktor für die Kollaboration, Kooperation und Koordination innerhalb von Akteursgruppen, sowie deren Wirkungsweise und Erfolg. Vertrauen baut laut Robinson (1996) auf der Annahme auf, dass die Implementierung von anderen zukünftigen Handlungsweisen vorteilhaft ist (zitiert nach Kriz et al., S. 28). Dementsprechend ist diesem Ziel das vorherige Praxisziel (PZ 5), der gemeinsamen Entwicklung von lokalspezifischen Gestaltungsmöglichkeiten, vorangestellt, um eine erfolgreiche Zusammenarbeit zu erreichen. Weiterführend ist für eine Systeminnovation die lokale transdisziplinäre Zusammenarbeit unabdinglich, da sie lokalspezifisches Wissen zusammenträgt und dabei sensibel auf lokale institutionelle Normen und individuelle soziokulturelle Werte der lokalen Akteur*innen reagieren kann (Kriz et al., S. 26).

FORSCHUNGSZIEL: METHODENBEITRAG FÜR DIE TRANSFORMATIVE FORSCHUNG

So wie die Praxisziele, ist auch das Forschungsziel der allgemeinen Frage untergeordnet, wie globale Prozesse von Wandel lokal gestaltbar gemacht werden können. Der gewählte methodische Ansatz zur Beantwortung dieser Frage liegt in der Entwicklung eines transformativen Partizipationsformats. Das Forschungsziel widmet sich somit der Ergänzung und Erprobung des gegenwärtigen Forschungsstands mit einem Methodenbeitrag (transformatives Partizipationsformat) für die transformative Forschung. Dafür bedarf es einer Evaluation der Umsetzung der Praxisziele bezüglich der intendierten Wirksamkeit und des gewonnenen Transformationswissens.

Forschungsfrage

Wie eingangs beschrieben gibt es einen Bedarf nach der Auseinandersetzung mit globalen Prozessen von Wandel auf lokaler Ebene, um Lösungsansätze zu erarbeiten, die sich an den lokalen Bedürfnissen und Gegebenheiten orientieren mit dem Ziel, Bedenken, Ängsten und Skepsis bezüglich der Zukunft entgegen zu wirken.

Dem Forschungsziel entsprechend muss gefragt werden, ob die Entwicklung eines transformativen Partizipationsformats einen methodischen Beitrag für die transformative Forschung bietet. Das Format Workshop ist eine öffentliche Veranstaltung (Partizipation) und ist dadurch charakterisiert, dass die Teilnehmenden Themen und Lösungsansätze selbst erarbeiten (Dudenredaktion, n. d.). Durch die Rolle der Forschenden als Koordinator*innen bietet ein Workshop außerdem die Möglichkeit, durch zielgerichteten Wissenstransfer und Wissensintegration einen intendierten Effekt bei den Teilnehmenden zu erwirken: im Falle dieser Fallstudie die Beförderung eines transformativen *Mindsets* (im Hinblick auf die lokale Aneignung globaler Prozesse von Wandel). Es ergibt sich die Forschungsfrage:

Kann ein transformatives Partizipationsformat dazu beitragen, globale Prozesse von Wandel auf lokaler Ebene gestaltbar zu machen?

Dieser Forschungsfrage liegen folgende Annahmen zugrunde: Um globale Prozesse von Wandel gestaltbar zu machen bedarf es des Einbezugs lokaler Akteur*innen und deren persönlicher Entwicklung eines transformativen *Mindsets*.

Hypothesen

Für die Beantwortung der Forschungsfrage, sollen die folgenden drei Hypothesen überprüft werden. Diese spiegeln in der Umsetzung der Praxisziele berücksichtigte Ansätze für das Partizipationsformat wider.

Hypothese A
Ein Partizipationsformat muss transformativ sein, damit Gestaltungsmöglichkeiten und deren Weiterentwicklung zu Strategien als lokale Aneignung globaler Prozesse von Wandel ermöglicht wird.

Hypothese B
Die Komplexität der im transformativen Partizipationsworkshop vermittelten Ziele bedarf unterschiedlicher Formen der Wissensintegration und des Wissenstransfers.

Hypothese C
Methodische Ansätze des Transformationsmanagements können dazu dienen, lokale Gestaltungsmöglichkeiten innerhalb eines Oberthemas zu befördern.

Die aufgestellten Hypothesen werden mit Bezugnahme der umgesetzten Praxisziele und der von den Teilnehmenden ausgefüllten Feedbackbögen in Kap. 6 diskutiert.

4. TEIL
METHODE ZUR ENTWICKLUNG EINES TRANSFORMATIVEN PARTIZIPATIONSFORMATS

Anknüpfend an die inhaltliche Argumentation der sechs Praxisziele und des Forschungsziels, steht die methodische Entwicklung eines transformativen Partizipationsformats als Workshop im Mittelpunkt dieser Fallstudie. Die folgenden Abschnitte widmen sich dem Forschungsverlauf, der die Basis für die Entwicklung der zentralen methodischen Elemente generiert. Anschließend wird das konkrete Workshopprogramm in tabellarischer Darstellung mit den einzelnen Workshopphasen, eingesetzten Methoden und Erklärungen zur Durchführung eingeführt.

PROJEKTVORBEREITUNG: SYSTEMWISSEN

Um zunächst die Problem- und Zieldefinition der Fallstudie zu konkretisieren, fokussierten wir uns in der ersten Forschungsphase auf die Erschließung von relevantem *Systemwissen* einerseits zum Oberthema Wandel der Arbeit (global) und andererseits in Bezug auf die Lokalspezifik in Eberswalde (PZ 1-3).

Dokumentenanalyse

Als erstes Verfahren, um relevantes *Systemwissen* zu identifizieren (PZ 1) wurde die Dokumentenanalyse als nicht standardisierte qualitative Inhaltsanalyse (Mayring, 1999) aktueller Quellen zum Oberthema Wandel der Arbeit gewählt. Entsprechend wurden in dieser Phase Daten aus wissenschaftlichen und öffentlichen Medien zu globalen Prozessen vom Wandel der Arbeit gesammelt und untersucht. Im weiteren Projektverlauf wurden die Ergebnisse dieser Dokumentenanalyse für das Workshopformat zu einer Ausstellung weiterverarbeitet.

Sammlung sozioökonomischer Daten

Dieser ersten Datenlage über globale Prozesse vom Wandel der Arbeit wurde eine Bestandsaufnahme des Themas Arbeit in Eberswalde gegenübergestellt. Als erste Annäherung an lokalspezifische Diskurse der Arbeit in Eberswalde (PZ 3) wurden entsprechend sozioökonomische Daten hinsichtlich Stärken, Schwächen und Handlungsbedarfen, sowie wirtschaftliche Entwicklungsziele untersucht.

DATENSAMMLUNG IM FELD

Die städtischen quantitativen sozioökonomischen Daten sollten nun durch qualitative Daten im Hinblick auf die Identifizierung lokalspezifischer Diskurse ergänzt (PZ 3) werden, um die Lokalspezifik der Workshopkonzeption zu gewährleisten, indem sich die Forschenden mit den Besonderheiten der lokalen Rahmenbedingungen der Arbeit in Eberswalde vertraut machen. In dieser Fallstudie wurden alle qualitativen Daten durch die Befragung von Eberswalder*innen im Feld (Eberswalde) oder im Rahmen von deren Teilnahme am Workshop gewonnen.

Go-Along Interviews

Demnach wurden zunächst inspiriert von der Methode „Go-Along", Spaziergang-Interviews mit Passant*innen in Eberswalde geführt. Die leitfadengestützte Interviewmethode gilt als besonders geeignet für Forschungsfragen mit Lokalbezug, da sie den Forschenden einen besonderen Zugang zu lokalem und sozialem Wissen erleichtert (vgl. Carpiano, 2009). Die Durchführung innerhalb dieses Forschungsprojekts sah keine gemeinsamen, vom Befragten geplanten Spaziergang vor, jedoch fanden die Interviews mit den Passant*innen in deren Alltagsumgebungen in Eberswalde statt. Auffallend war in der Durchführung der Befragungsmethode, dass wenige der angesprochenen Passant*innen in Eberswalde bereit waren, mit uns über das Oberthema Wandel der Arbeit zu sprechen. Begründet wurde die Ablehnung eines Interviews vor allem mit der Selbsteinschätzung fehlender Expertise und Kompetenz in Bezug auf diesen Diskurs. Da diese Methode im Hinblick auf die Praxisziele insofern wenig erfolgreich war, flossen die wenigen Interviewergebnisse nicht im Besonderen in die weitere Datenanalyse ein. Für das weitere methodische Vorgehen bedeutete dies, dass Wege gefunden werden mussten, die Befragten und deren Wissen zu aktivieren.

Life-Work-Planning mit Vertreter*innen der Quadruple Helix in Eberswalde

Anknüpfend an diese Erkenntnis fiel die Methodenwahl auf den Leitfaden des Life-Work-Plannings, welcher auf den amerikanischen Arbeitsforscher Richard N. Bolles zurückgeht (vgl. R. N. Bolles, 1970). Der auf zehn Minuten angelegte Leitfaden stellt die Meinung der, in ihren Institutionen, Befragten als Expert*innen ihrer Praxis ins Zentrum und fragt ab, wie sie zu ihrem Beruf gekommen sind, was ihnen daran gefällt/ nicht gefällt, welche zukünftigen Herausforderungen sie auf sich und die Branche zukommen sehen und wie man diesen Herausforderungen begegnen könne. Zuletzt wird um eine Empfehlung gebeten, wem diese Fragen noch gestellt werden könne. Durchgeführt wurden die Interviews in Institutionen, die sich an der Systematisierung der repräsentativen Gesellschaftsbereiche der Quadruple Helix orientieren (vgl. 3. Teil). Im Rahmen des Fragenkatalogs, der mit Fokus auf den Wandel der Arbeit in Eberswalde angewandt wurde, konnten infolge sowohl persönliche als auch lokale systemische Einblicke in das Feld gewonnen werden (PZ 3). Durch die Fragenkatalog-Struktur gelang es, eine Vergleichbarkeit der qualitativen Daten für die Auswertung herzustellen und gleichzeitig durch die letzte Frage, wer noch geeignet sei an einem solchen Interview teilzunehmen, den Aufbau und die Aktivierung eines Netzwerkes vor Ort zu zu befördern (PZ 2).

ZENTRALE WORKSHOPELEMENTE

Die Auswahl und Entwicklung der methodischen Workshopelemente sind zentral für das Forschungsziel dieser Fallstudie, einen Beitrag zur transformativen Forschung zu leisten (vgl. 3. Teil) und operationalisieren die Praxisziele, die sich auf den Workshop beziehen (PZ 4-6). Dabei werden die Hypothesen anhand der Umsetzung dieser Praxisziele bewertet. Aufgrund dieser Erfordernisse waren besondere Herausforderungen die methodische Operationalisierung der verschiedenen Modi der Wissensintegration und die (Weiter-) Entwicklung eines transformativen *Mindsets* jedes/r Einzelnen, um sich der Gestaltungsmöglichkeiten des Wandels der Arbeit und der eigenen Sprech- und Innovationsfähigkeit diesem gegenüber bewusst zu werden. Diesen Herausforderungen wurde ausgehend von Hypothese C, explorativ mit der Integration methodischer Ansätze des Transformationsmanagements im Workshopdesign begegnet. Auf die zentralen Elemente der entwickelten Workshopmethode wird im Folgenden einzeln eingegangen, woraufhin das Workshopprogramm tabellarisch aufgeführt ist.

Canvas

Ein Beispiel für die explorative Integration von methodischen Ansätzen des Transformationsmanagements, ist die Entwicklung des Zukunft[s]Gestalten-Canvas. Dabei handelt es sich um ein Faltblatt, welches den Teilnehmenden analog zum Workshopprogramm die verschiedenen Phasen des Formats erklärt (vgl. Tabelle 1). Einerseits wurde durch die Visualisierungen und Erklärungen die Durchführung des Workshopprogramms hinsichtlich eines gelungenen Wissenstransfers erleichtert und andererseits die systematische Dokumentation der qualitativen Datenerhebung innerhalb des Workshops sichergestellt. Diese Dokumentation stellte die Entwicklung bis zu den im Workshop kollektiv erarbeiteten lokalspezifischen Lösungsansätzen der Teilnehmenden dar, weshalb wir sie im weiteren Forschungsverlauf *Datenentfaltung* nannten. Inspiriert war der Einsatz und die Gestaltung eines solchen begleitenden Faltblatts von dem *Future-Model-Canvas* der Agentur für Innovations-Strategie *Honeypump* (n. d.).

 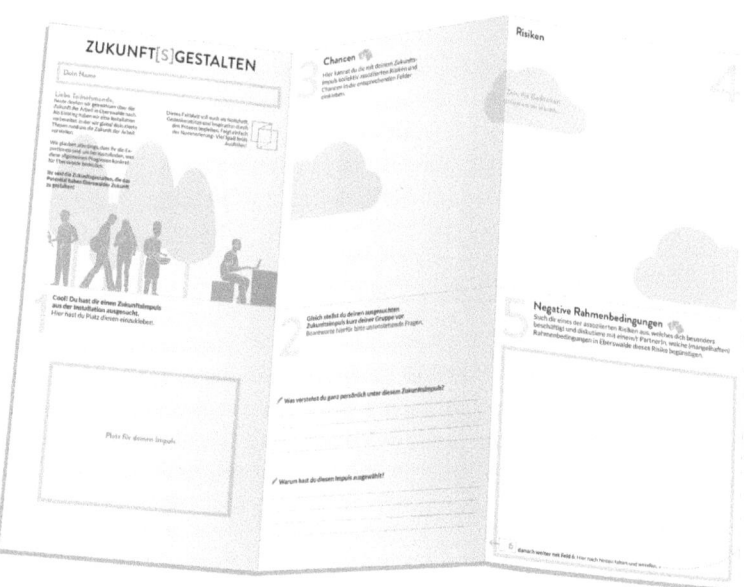

Abbildung 3: Darstellung Canvas. Über den QR-Code besteht Zugriff auf ein Erklär-Video, welches die einzelnen Teile näher beleuchtet.
Grafik: Fabian Fleckenstein & Catherine Eckenbach

Ausstellung

Um die Ergebnisse der Dokumentenanalyse für die Teilnehmer*innen weiterzuverarbeiten und zu systematisieren, wurde ein am Konzept der Wissensmesse orientiertes Ausstellungsformat gewählt. Die Wissensmesse dient grundsätzlich der Wissensvermittlung und soll darüber hinaus das Zusammenarbeiten von Akteur*innen „[...] aus Wissenschaft und Praxis unter dem Dach eines relativ breiten Oberthemas [...]" (Rhodius & Pregernig, 2018, S. 164) ermöglichen (PZ 6). Die Herausforderung bei der Kuration der Wissensmesse bestand darin, die Inhalte aus der Dokumentenanalyse zu komprimieren, portionieren und sprachlich zu adaptieren (z.B. Verwendung weniger Fremdwörter), um den (diversen) Workshopteilnehmer*innen einen niedrigschwelligen Zugang zum Oberthema Wandel der Arbeit zu ermöglichen. In diesem Prozess der Selektion und Simplifizierung des *Systemwissens* wurde versucht, keine maßgeblichen Abstriche bei der Tiefgründigkeit der Inhalte zu machen. Dennoch kann kein Anspruch auf Vollständigkeit und Kohärenz an die entwickelte Wissensmesse gestellt werden. Konkret umfasste die Wissensmesse im Rahmen dieser Fallstudie vier Plakate und 72 (von uns so benannte) Zukunftsimpulse. Die Plakate orientierten sich an der Form wissenschaftlicher Poster und boten über den Wissenstransfer hinaus im Rahmen einer Stimmungsbildabfrage die Möglichkeit, die persönliche Haltung zum Thema Arbeit 4.0 durch Klebepunkte auf einer Skala anzuzeigen. Die sogenannten Zukunftsimpulse sind ein selbstentwickeltes Format, welches Verschlagwortungen von zukünftigen Kompetenzen, Neuerungen und Wandel des Oberthemas auf DIN A7-Karten darstellt. Diese Zukunftsimpulskarten wurden so in der Ausstellung angebracht, dass sie leicht abnehmbar waren und stellen im Rahmen des Workshopprogramms den inhaltlichen Ansatzpunkt der *Datenentfaltung* jeder/s einzelnen Teilnehmer*in. Aus der durch diese Elemente evozierten Interaktion der Teilnehmenden mit der Ausstellung konnten weitere qualitative Daten zum Status Quo und den Zukunftsperspektiven in Eberswalde aus Bürger*innensicht erhoben werden (PZ 3).

Wissensintegration

Die Ermöglichung einer Wissensintegration wurde im Forschungsverlauf zu einer zentralen Anforderung für die Methodenentwicklung eines transformativen Partizipationsformats. Auf Basis des vielfältigen Methodenpools aus dem Transformationsmanagement (vgl. 2. Teil), wurde die Auswahl der Wissensintegrationsmethoden anwendungsspezfisch durch die qualitativen Daten aus dem Feld (PZ 1-3) ausgesucht. Vor allem die Erkenntnis, dass das Innovationspotenzial der Stadt sehr gering ist (vgl. 5. Teil), sowie dass Eberswalder Passant*innen sich nicht kompetent fühlen über den Wandel der Arbeit zu sprechen, spielten dabei eine Rolle.

Angewandte Methoden zur Ermöglichung von Prozessen der Wissensintegration, dienten im Workshop vor allem der Übung von inter- und transdisziplinärer Zusammenarbeit (PZ 6) auf Basis psychologischer Sicherheit durch ein Vertrauensverhältnis aller Workshopakteur*innen (inklusive der Forschenden).

Inspiriert aus der Trainings- und Design Thinking Literatur (vgl. Biech, 2005 / Plattner, Meinl & Weinberg, 2009) wurden entsprechende Methoden hauptsächlich in der Begrüßungs- und Kennenlernphase des Workshops verwendet. Dazu gehörte zunächst das sogenannte *Needsassessment* und der damit zusammenhängende *Erwartungsbaum*, das Kennenlernspiel *Kartesische Landkarte* und die Einführung von Grundsatz- und Gesprächsregeln der Zusammenarbeit. Diese Maßnahmen zielen auf den Aspekt der Nutzer*innenzentriertheit ab, um sich in der Interaktion spontan aufeinander einstellen zu können.

Neben der psychologischen Sicherheit ist für Prozesse der Wissensintegration auch das Vorhandensein einer klaren Prozessstruktur wichtig. Dementsprechend wurde die klare Einteilung des Workshops in Prozessphasen vorgenommen sowie eine im Design Thinking übliche entsprechende strikte zeitliche Taktung im Sinne eines sogenannten *Microtimings*.

Um im Rahmen der beschriebenen klar abgesteckten Prozessstruktur auch die behandelten Inhalte des Workshops möglichst unkompliziert prozesshaft behandeln zu können, wurden bunte Klebezettel als variables Notizmedium aller erarbeiteten Inhalte verwendet.

Dieser methodisch-konzeptionell erwirkte Zwang zum kollektiven Austauschen und Handeln und der daraus resultierende Modus des miteinander Agierens, Redens und Verhandelns durch wechselnde Gruppenkonstellationen des Workshops, sollte auf die Sensibilisierung der Teilnehmenden für die entstehenden Synergieeffekte hinwirken (vgl. Tabelle 1).

Mindset

Aufbauend darauf wurde das inhaltliche Workshopprogramm (vgl. Tabelle 1) an Göpels Theorie der Bewusstwerdung der eigenen Rolle als Systemakteur*in (PZ 3) als Basis für Systeminnovation ausgerichtet, mit dem Ziel bei den Teilnehmenden ein *transformatives Mindset* zu befördern. Jede/r Teilnehmende sollte demnach die Erfahrung machen, ausgehend von dem individuell ausgewählten Zukunftsimpuls seinen/ihren Befürchtungen statt mit passivem Reagieren mit proaktiver Visionsentwicklung (PZ 3) für Eberswalde zu begegnen. Die konkrete Methodik, um diesen *Mindshift* herbeizuführen, ist in Tabelle 1 dargestellt.

Visionsentwicklung

Um die Visionsentwicklung der Teilnehmenden zu systematisieren, wurden in der vorletzten Workshopphase orientiert an Göpels Forschung zu strategischen Systeminnovationsprozessen, die gesellschaftlichen Bereiche Gesellschaft/Kultur, Technologie, Ökologie, Ökonomie und Politik als Handlungsfelder eingeführt. Laut Göpel bedarf es eines ganzheitlichen Verständnisses der *Pfadabhängigkeiten* eines Systems d.h. das Mitdenken all dieser Gesellschaftsbereiche, um ein System strategisch und nachhaltig zu beeinflussen. Die Autorin beschreibt dieses ganzheitliche Verständnis als die Kompetenz der *transformative literacy* (PZ 5). Als Akronym abgekürzt sind diese Kategorien aus der Managementtheorie auch als STEEP bekannt. Für die Workshopphase (6), in der die ermittelten lokalspezifischen Bedarfe als Aufgabenbereiche gesellschaftlichen Handlungsfelder zugeordnet werden sollten (vgl. Tabelle 1), wurden diese Kategorien sternförmig auf Plakaten visualisiert und STEEP-Sterne genannt (Abbildung 4).

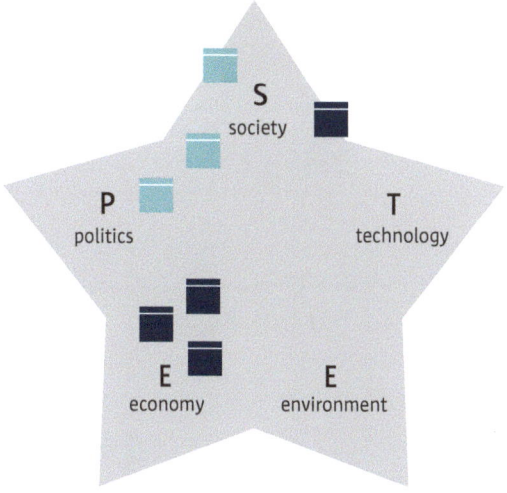

Abbildung 4: Schematische Darstellung des STEEP-Sterns
Eigene Darstellung

Zukunft[s]Gestalten-Tabelle

Auf dieser Verortung der Aufgabenbereiche in gesellschaftliche Handlungsfelder aufbauend, sollten die so entstandenen Grundgerüste einer Vision in der letzten inhaltlichen Phase des Workshops konkretisiert und operationalisiert werden. Dieser Prozess wurde methodisch angelehnt an das Stadt- und Regional-Planungsverfahren der Charette (Nanz & Fritsche, 2012). Unter der in Kategorien angeordneten Brainstorming-Frage (Abbildung 5), *welche idealen Rahmenbedingungen, durch welche Eberswalder Akteur*innen mit welchen Kompetenzen auf was für eine Art und Weise positiv verändert werden müssen*, wurde die kollektive Kreativität und Lokalexpertise der Teilnehmenden mobilisiert.

Die Ideengenerierung als Lokalisierung von Akteur*innen, Kompetenzen und Handlungsoptionen hinsichtlich neuer Systemstrukturen in Eberswalde wurden mit Klebezetteln auf einem Plakat festgehalten und stellte einen ersten Plan zur Umsetzung von Systeminnovation in Eberswalde durch die Teilnehmenden dar.

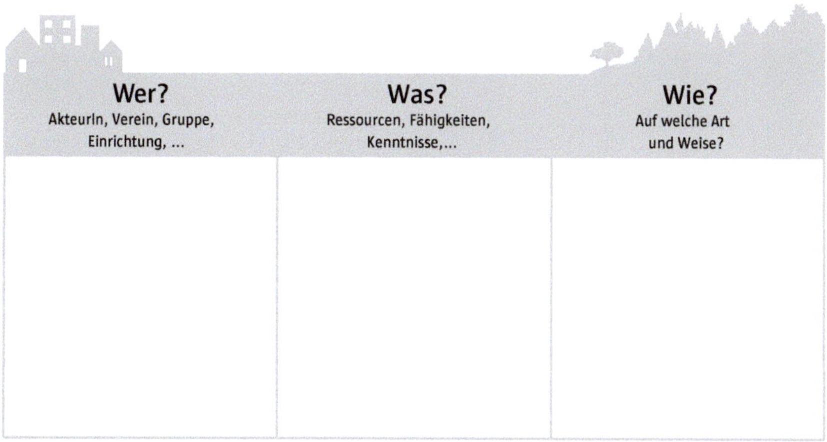

Abbildung 5: Die Zukunft[s]Gestalten-Tabelle, aufbauend auf das Regional-Planungsverfahren der Charette (Nanz & Fritsche, 2012)
Eigene Darstellung

Feedback der Teilnehmer*innen

Zum Abschluss des Workshops wird das Erwartungsmanagement (vgl. Tabelle 1) in Form des *Erwartungsbaum*s und der erneuten Stimmungsbildabfrage nochmal aufgegriffen, um den Teilnehmenden die Chance einer Reflektion zu geben, ob/ was ihnen der Workshop gebracht hat. Des Weiteren wurde mithilfe eines Feedbackbogens versucht, ein qualitatives Feedback der Teilnehmenden einzuholen (Feedbackbogen im Anhang). Die Daten des Feedbackbogens sind Grundlage der Auswertung zu PZ 4-6 und auch Teil der Diskussion des FZ.

WORKSHOPPROGRAMM

Aus der nachstehenden Tabelle gehen die Workshopphasen, alle eingesetzten Methoden und eine Erklärung zur Durchführung hervor.

Phase	Methode	Durchführung
1. Kennenlernen und kollektive Abstimmung über den Rahmen des Workshops	Vorstellungsrunde & Needs Assessment als Erwartungsbaum	Jede/r stellt sich mit seinen/ihren Erwartungen an den Tag vor. Die Forschungsgruppe schreibt parallel dazu Erwartungen auf grüne Klebezettel und klebt diese als Blätter auf ein Plakat auf dem ein leerer Baum dargestellt ist.
	Einführung Workshopatmosphäre	Kommunikations- und Grundregeln der Zusammenarbeit
	Kartesische Landkarte	Jede/r positioniert sich im Raum entsprechend der Beantwortung folgender Fragen: – *wie lange lebst du schon in Eberswalde?* – *wie zukunftsgewandt schätzt du Eberswalde ein?* – *wie viele Jahre bist du schon berufstätig?* – *wie weit ist dein Arbeitsweg?* – *wie viele Arbeitsstunden machst du die Woche?* – *wie zufrieden bist du momentan mit deiner Arbeitssituation?*
2. Vermittlung von Systemwissen: globale Prozesse von Wandel der Arbeit	Wissensmesse	Kurze Einführung in die Ausstellung mit anschließender individueller Auseinandersetzung und Interaktion in Form eines Stimmungsbildes zur Fragestellung: *„Wie stehst du zum Thema Arbeit 4.0?"* (Teilnehmende kleben ein Punkt in eine Visualisierung des Stimmungsspektrums). Abschließend sucht sich jede/r Teilnehmer*in einen Zukunftsimpuls aus.

Tabelle 1: Übersicht über die Workshop-Phasen, eingesetzten Methoden und Erklärungen zu deren Durchführung (Seite 1 von 3)
Eigene Darstellung

Phase	Methode	Durchführung
3. Zielsystem identifizieren und verstehen	Individuelles Vorstellen des Zukunftsimpulses	Canvasses werden ausgeteilt und erklärt. Teilnehmende kleben ihren ausgesuchten Zukunftsimpuls in den Canvas (Feld 1). Danach bearbeiten sie die folgenden Arbeitsaufträge (Feld 2): 1.) *„Was verstehst du ganz persönlich unter diesem Zukunftsimpuls?"* 2.) *„Warum hast du ihn dir ausgesucht?"*
	kollektives Assoziieren der Chancen und Risiken des Zukunftsimpulses	Im Anschluss assoziieren alle Teilnehmenden frei, welche Chancen und Risiken sie in diesem Impuls sehen, und halten das auf Klebezettel fest. Dann werden diese Assoziationen der/m jeweils Vortragenden gegeben und in die entsprechenden Bereiche auf des Faltblattes geklebt (Feld 3 und 4).
4. Futures literacy: Durchdringen der (eigenen) Systemstrukturen, die durch hegemoniale Paradigmen beeinflusst sind	Dialogische Diskussion über die negativen Rahmenbedingungen als Kontext für ausgesuchtes Risiko	Die Teilnehmenden wählen sich ein Risiko aus dem Faltblatt aus, welches sie für besonders wirkmächtig halten und diskutieren mit einem/einer Partner*in darüber, welche Rahmenbedingungen ihrer Meinung nach in Eberswalde dazu führen, dass dieses Risiko eintreten könnte. Diese identifizierten negative Rahmenbedingungen werden wieder auf Klebezettel notiert und in die Faltblätter geklebt (Feld 5).
5. Mindshift: radikales Umdenken der (eigenen) Systemstrukturen→ Entwicklung von Zielwissen	Dialogisches Umdenken: was wären positive Rahmenbedingungen?	Nach einem Partner*inwechsel findet das Herzstück (Mindshift) des Workshops in Form eines Umdenkens bestehender Systeme (negative Rahmenbedingungen) statt. Die Fragestellung lautet: *"Wie würden die identifizierten negativen Rahmenbedingungen in einer perfekten Welt aussehen?"* Die Ergebnisse der Diskussion werden wieder auf Klebezetteln festgehalten und in das Faltblatt geklebt (Feld 6).
6. Transformative literacy: Systematisierung der Visionen für neue Systemstrukturen und Einordnung in Handlungsfelder	STEEP-Stern	Die STEEP-Einordnung stellt hier die Systematisierung gesellschaftlicher Bereiche dar, in die die negativen und positiven Rahmenbedingungen eingeordnet werden. Jede Person stellt die ausgesuchte negative Rahmenbedingung und die daraus umgedachte positive Rahmenbedingung vor und klebt sie als Klebezettel in je eine Kategorie auf die entsprechenden STEEP-Stern Plakate (ab dieser Workshopphase dient der Canvas nur noch persönlichen Dokumentionszwecken, da alle Teilnehmenden gemeinsam an Plakaten weiterarbeiten; die Plakate bilden jeweils das Feld 7 des Canvas ab). Durch diesen Schritt soll deutlich werden, in welchen gesellschaftlichen Bereichen sich die Zwischenergebnisse ansiedeln lassen, um Eberswalder Handlungsfelder im Kontext des Wandels der Arbeit zu identifizieren und festzuhalten.

Tabelle 1: Übersicht über die Workshop-Phasen, eingesetzten Methoden und Erklärungen zu deren Durchführung (Seite 2 von 3)
Eigene Darstellung

Phase	Methode	Durchführung
7. Erarbeitung von Transformationswissen	Zukunft[s]-Gestalten-Tabelle	Ausgehend von dem STEEP-Stern der positiven Rahmenbedingungen, kann von einem Grundgerüst für eine Vision eines intendierten Wandels der Arbeit in Eberswalde gesprochen werden. Um die Vision zu konkretisieren und operationalisierbar zu machen wird die Lokalexpertise der gesamten Teilnehmenden genutzt. Ausgehend von den positiven Rahmenbedingungen und den gesellschaftlichen Bereichen, in die sie geordnet wurden findet nun ein kollektives Brainstorming statt: *"Welche idealen Rahmenbedingungen können durch welche Akteur*innen mit welchen Kompetenzen auf was für eine Art und Weise positiv verändert werden?"* Die Ideengenerierung als Lokalisierung von Akteur*innen, Kompetenzen und Handlungsoptionen hinsichtlich neuer Systemstrukturen werden mit Klebezetteln auf einem Plakat festgehalten (das Plakat bildet das Feld 8 des Canvas ab).
8. Abschluss	Erwartungsbaum	Die Rückkopplungen zu den anfangs gesammelten Erwartungen der Teilnehmenden werden auf rote Klebezettel geschrieben und ergänzen als Früchte den Erwartungsbaum.
	Abfrage Stimmungsbild	Forschungsgruppe lädt zur erneuten Stimmungsbild-Abfrage zur Fragestellung *"Wie stehst du zum Thema Arbeit 4.0?"*
	Feedbackbögen	Forschungsgruppe bittet um schriftliches Feedback anhand von Feedbackbögen

Tabelle 1: Übersicht über die Workshop-Phasen, eingesetzten Methoden und Erklärungen zu deren Durchführung (Seite 3 von 3)
Eigene Darstellung

5. TEIL
ANALYSE DER FORSCHUNGSDATEN

In diesem Teil wird die Umsetzung der Praxisziele anhand der Analyse der Forschungsdaten evaluiert, wohingegen im nachfolgenden sechsten Teil die Umsetzung des Forschungsziels diskutiert wird. Dem vorangestellt wird eine Übersicht der Forschungsdaten und die Darstellung der Analysemethodik.

ÜBERSICHT ÜBER DIE FORSCHUNGSDATEN

Die Erhebung der Daten ergab sich aus der angewandten Methodik zur Datenerhebung, die sich ihrerseits aus dem Forschungshintergrund ergab und welche die Praxisziele operationalisiert (Methodik der Datenerhebung vgl. 4. Teil). Die nachstehende Tabelle bietet eine Zusammenfassung aller Daten, die in dieser Fallstudie ausschließlich qualitativ erhoben wurden. Außerdem schlüsselt die Tabelle auf, wie die erhobenen Daten dazu dienen, die Umsetzung der einzelnen Praxisziele in der Analyse zu überprüfen.

Methoden zur Erhebung Qualitativer Daten	Art der Erhebung und Phase der Erhebung im Forschungsverlauf	Relevanz in der Analyse und für die Umsetzung von Praxiszielen (PZ)
Go-Along Interviews	leitfadengestützte Interviews als Datensammlung im Feld	keine weitere Auswertung in Analyse, unterstützen Feldzugang und Konzeption Forschungsvorgehen
Interviews nach Life-Work-Planning-Methode	Leitfadeninterviews als Kernmethode der Datensammlung im Feld	im Hinblick auf PZ 2 und PZ 3
Datenentfaltung der Workshopteilnehmenden einschließlich Ergebnisse aus STEEP-Stern und Zukunft[s]Gestalten-Tabelle	individuell-kollektiver Dokumentationsprozess von Assoziationen und Diskussionen der Teilnehmenden des Workshops mit Hilfe des Canvas analog zum Workshopprogramm	im Hinblick auf PZ 3, PZ 4 und PZ 5
Feedbackbögen der Teilnehmenden am Workshop	Feedbackbögen für Teilnehmende zur Bewertung des Workshopformats hinsichtlich Inhalt, Form und persönlichem Effekt	im Hinblick auf PZ 4 und PZ 6
Abfrage Stimmungsbild in Workshopausstellung	Klebepunktvergabe in die Visualisierung des Stimmungsspektrums	keine weitere Auswertung in Analyse, übernimmt Funktion im Rahmen der Workshopveranstaltung

Tabelle2: Zusammenfassung qualitativer Daten der Fallstudie (Auswahl)
Eigene Darstellung

METHODIK DER DATENANALYSE

Diese Forschung verfolgt den Leitgedanken einer strikten Trennung von Analyse und darauf folgender Auswertung qualitativer Daten. In ihrem Handbuchbeitrag geht Christiane Schmidt (2000) zwar auf das Verhältnis von Vorannahmen, Datenanalyse und Auswertung ein, wenn sie beschreibt, wie bspw. bereits in der Datenerhebungsphase Vorannahmen darüber entscheiden, welche Fragen gestellt werden oder wie Vorannahmen beim Umgang mit Interviewtexten den Verstehensprozess der Forschenden beeinflussen, dennoch sind Analyse und Auswertung der Daten zwei aufeinander aufbauende, in sich abgeschlossene Forschungsphasen.

Diese Forschungsarbeit bedient sich eines von Robert Emerson, Rachel Fretz und Linda Shaw (1995) sowie Walter Neuman (2014) strukturierten Blickes auf, und Umgang mit den Forschungsdaten, bestehend aus drei Schritten des Kodierens der Daten, um Verschlagwortungen zu generieren, Bezüge zwischen den Interviewten herzustellen und übergeordnete Themen zu erkennen. Die Analysearbeit wurde v.a. bei den Ergebnissen der Leitfadeninterviews nach der Life-Work-Planning-Methode, durch den Umstand erleichtert, dass sich die Antworten tabellarisch erfassen lassen und somit eine einfache Vergleichbarkeit der Aussagen der unterschiedlichen Befragten ergibt.

Die drei Schritte nach Robert Emerson, Rachel Fretz und Shaw (1995) sowie Neuman (2014)
Die drei Schritte des Erschließen, Ordnen, Verstehen und In Bezug Setzen sind das (1) open coding, das Bündeln von Textpassagen unter Kategorien, das (2) axial coding, das Generieren von Zusammenhängen im Material und das (3) selective oder focused coding, dem Rückkoppeln der Zusammenhänge und den Mustern mit dem eigentlichen Textmaterial aus den Interviews (Neuman, 2014, S. 477-512; Emerson, Fretz, & Shaw, 1995, S. 142-168).

Für die Auswertung durch die Forschenden schlägt Heinz Bude (2000, S. 574) dazu eine eingeübte methodische Dummheit vor, um die von Schmidt beschriebene Gefahr, Vorannahmen auf Aussagen zu projizieren, zu umgehen. Zugleich hilft dieser Modus, die eigene Position in der Forschung während der Datenerhebung gerade im Kontext von transformativer Forschung zu reflektieren (ebd.).

Das Ergebnis dieser strukturierten Analysearbeit in hermeneutischer Tradition sind Themencluster, welche im Folgenden zu den Schwerpunktthemen beim Wandel der Arbeit in Eberswalde weiter verdichtet wurden.

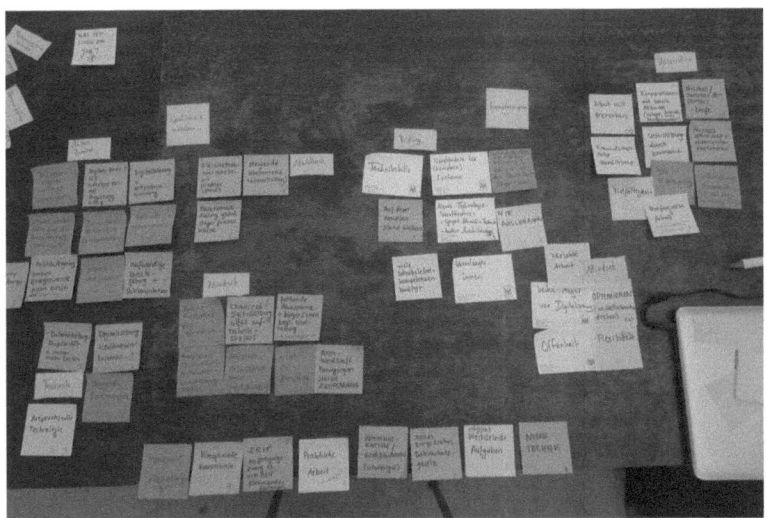

Abbildung 6: Datenanalyseprozess: Kodierte Datensätze in Themenclustern
Foto: Beatrix Unger

ERGEBNISSE MIT BEZUGNAHME AUF DIE PRAXISZIELE

Wie bereits im 3. Teil beschrieben, unterstehen die Praxisziele und deren Umsetzung einer Reihenfolge, da sie gewissermaßen einen notwendigen Zwischenschritt zur Beantwortung der Forschungsfrage darstellen. In den folgenden Abschnitten zu den einzelnen Praxiszielen wird darauf eingegangen, auf welcher Datenbasis die Einschätzung zur Umsetzung des Praxisziels argumentiert wird, welche Form die in die Auswertung einbezogenen Daten haben und wie diese Daten erhoben wurden.

Identifizierung relevanter Diskurse zum Wandel der Arbeit (PZ 1)

Das PZ 1 verfolgt die Aufbereitung des in der Dokumentenanalyse erlangten *Systemwissen*s und bildet den inhaltlichen Einstieg für die Teilnehmenden am Workshopformat in Form einer Ausstellung.

Das gewählte Ausstellungsformat der Wissensmesse umfasst vier Plakate, die inhaltlich die Trends und Treiber von globalen Prozessen von Wandel (Globalisierung, technologischer, demographischer und institutioneller Wandel) behandeln. Auf den Plakaten hängen 72 Zukunftsimpulse, die prognostizierte zukünftig relevante Kompetenzen und grundsätzlicher Neuerungen und Wandel beschreiben.

Die Kuratierung der Wissensmesse als Vorbereitung des Workshops erfolgte im Zusammenhang mit ihrer Funktion im Rahmen des transformativen Workshops.

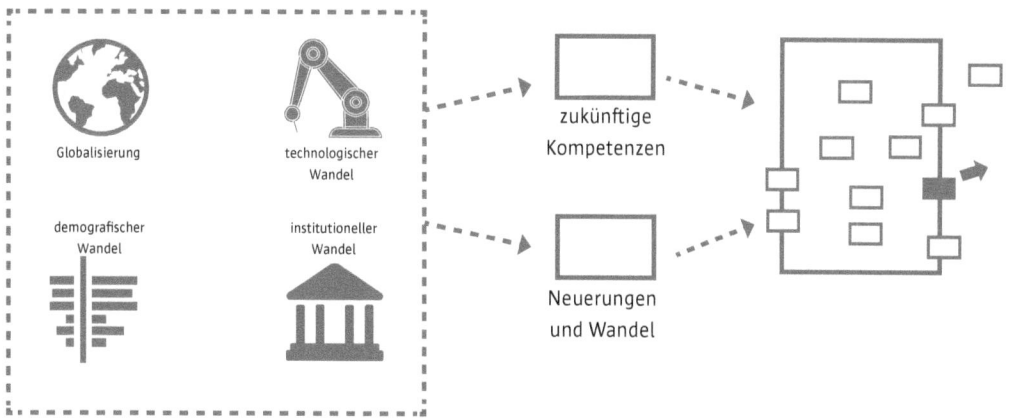

Abbildung 7: Schematische Darstellung der Ausstellungskuration und -funktionsweise
Eigene Darstellung

Einbindung relevanter Akteur*innen (PZ 2)

Der Übergang vom PZ 2 zum PZ 3 ist insofern fließend, als dass die einzubindenden relevanten Akteur*innen (PZ 2) gleichzeitig die Interviewparter*innen darstellen, die die Einblicke in lokalspezifische Diskurse über Arbeit in Eberswalde (PZ 3) liefern können. Für die Umsetzung des PZ 2 ist die Life-Work-Planning-Methode in Verbindung mit dem Quadruple Helix Modell die Basis für die Identifizierung der einzubindenen relevanten Akteur*innen. Dieser Abschnitt geht dezidert darauf ein, welche Akteur*innen relevant für eine Einbindung in die Fallstudie sind, um Einblicke in die lokalen Wissensbestände zu erhalten.

Für die Entscheidung, welche Interviewpartner*innen in Frage kämen, bedeutete dies, dass die Befragung einer Fachkraft im Verkauf einer Bäckerei ebenso relevant erschien wie die einer/s Abteilungsleiter(s)*in eines Maschinenbauunternehmens. Durch das qualitative Interviewverfahren nach der Life-Work-Planning-Methode konnten 13 relevante Akteur*innen ermittelt werden, fünf weitere durch anderweitig geschlossene Kontakte (vgl. 4. Teil) im Rahmen der Forschung zur Fallstudie. Die insgesamt 18 ermittelten relevanten Akteur*innen sind einem Gesellschaftsbereich zugeordnet, in dem sie durch eine Form der Beschäftigung als Träger lokalen Wissens und integriert in soziale Netzwerke eingebunden sind. Nicht alle relevanten Akteur*innen sind nur einem Helixtypus zugehörig. Wie schon im 3. Teil mit Seebacher et al. beschrieben, sind ihre z.T. unterschiedlichen in einer Person vereinigten Positionen zum Oberthema im Zusammenhang mit den verschiedenen persönlichen Wirkungskontexten der Akteur*innen zu sehen, z.B. wenn eine Person einen Beruf ausübt, gleichzeitig politisch aktiv ist und immer auch eine ganz persönliche Ansicht zum Thema hat. Problematisch stellte sich die Einbindung relevanter Akteur*innen des Bereichs Politik durch die Befragungsmethode dar, weil institutionelle und strukturelle Zwänge das freie Sprechen in spontanen Interviewsituationen für Angehörige dieses Bereichs sehr schwierig machen, denn sie sind zumeist auf eine Erlaubnis von Vorgesetzten angewiesen. Der Umstand einer Unterrepräsentation der Politikhelix zeigt sich in der nachstehenden tabellarischen Übersicht relevanter Akteur*innen.

Das PZ 2 verfolgte mit der Einbindung relevanter Akteur*innen auch das Ziel der Akquise, um Teilnehmer*innen für den transformativen Partizipationsformat zu gewinnen. Am Workshop nahmen vier relevante Akteur*innen aus Eberswalde teil. Leider vertrat kein/e Teilnehmer*in den Helixtypus Wirtschaft.

Identifizierung lokalspezifischer Diskurse über Arbeit in Eberswalde (PZ 3)

In Vorbereitung des transformativen Partizipationsformats wurden sozioökonomische Daten gesammelt, um die Lokalspezifik der Workshopkonzeption sicherzustellen. Aus dem Stadtentwicklungskonzept der Stadt Eberswalde (Stadt Eberswalde, 2014) geht hervor, dass Eberswalde durch einen hohen Beschäftigtenanteil im öffentlichen Dienst „prinzipiell weniger konjunktur- und krisenanfällig unabhängig ist" (Stadt Eberswalde, 2014, S.83).

Im privatwirtschaftlichen Sektor, der zudem „unterrepräsentiert" (ebd.) ist, wurde der regionale Schwerpunkt jedoch auf die Sektoren Metall, Energietechnik und Ernährungswirtschaft gelegt. All diese Sektoren sind in nicht unerheblicher Weise abhängig vom Weltmarkt und durch die Globalisierung von zunehmender Konkurrenz beeinflusst, auch, weil die Unternehmensstruktur in Eberswalde durch Zulieferer geprägt ist.

Helixtypus	Beruflicher Hintergrund bzw. Tätigkeit
Wirtschaft	Abteilungsleiter*in eines ortsansässigen Maschinenbauunternehmens (Schienenfahrzeuge)
	Fachkraft im Verkauf einer ortsansässigen Handwerksbäckerei
	Mitarbeiter*in eines ortsansässigen Maschinenbau- und Dienstleistungsunternehmens (Windenergie)
	Mitarbeiter*in eines ortsansässigen Maschinenbauunternehmens (Windenergie)
	Inhaber*in einer ortsansässigen Apotheke
Wirtschaft / Politik	Mitarbeiter*in bei der IHK Eberswalde
	Mitarbeiter*in bei der IHK Eberswalde
	Mitarbeiter*in eines ortsansässigen Maschinenbauunternehmens (Windenergie) und Kommunalpolitiker*in
Politik	Verwaltungsmitarbeiter*in bei Stadt Eberswalde und Kommunalpolitiker*in
Wissenschaft	Professor*in an der Hochschule für nachhaltige Entwicklung Eberswalde (HNEE)
	Student*in an der HNEE, Landschaftsnutzung und Naturschutz
	Student*in an der HNEE, Regionalplanung
	Absolvent*in der HNEE, Landschaftsnutzung und Naturschutz, arbeitssuchend
Wissenschaft / Zivilgesellschaft	Mitarbeiter*in Stadtbibliothek Eberswalde
Zivilgesellschaft	Seelsorger*in und Mitarbeiter*in der Ev. Kirche, Tätigkeit bei sozialem Träger
	Mitarbeiter*in bei städtischer Sozialeinrichtung (Stadtteilzentrum)
	Mitarbeiter*in eines ortsansässigen Projektkoordinationsbüros für Nachhaltigkeits- und Klimaprojekte und Mitinitiator*in von Co-Working Space in Eberswalde
	Mitarbeiter*in eines ortsansässigen Projektkoordinationsbüros für Nachhaltigkeits- und Klimaprojekte

Tabelle 3: Übersicht relevanter Akteur*innen. Grau hinterlegte haben am Workshop teilgenommen
Eigene Darstellung

Handlungsbedarfe ergeben sich in den Bereichen der Fachkräftesicherung und bei einem niedrigschwelligen Angebot von Qualifikationsmöglichkeiten, um junge Menschen in der Stadt zu halten und neue Menschen dazu zu gewinnen. Weiterhin ist die hohe Zahl an Arbeitslosen und Langzeitarbeitslosen ein wichtiges Handlungsfeld, die i.d.R. minderqualifiziert sind oder als nicht weiter qualifizierbar eingestuft werden. Eine weitere angeführte Schwäche ist die Einschätzung, dass Eberswalde kein forschungsintensiver Standort sei und somit über ein geringes Innovationspotenzial verfüge (Stadt Eberswalde, 2014).

Außerdem sollten qualitative Daten die Annäherung an das Thema Arbeit in Eberswalde ergänzen (vgl. 4. Teil). Die in die Forschung involvierten und als relevante Akteur*innen identifizierte Eberswalder*innen (PZ 2) verweisen in ihren Interviews zum Wandel der Arbeit auf Themen und Aspekte, die für ihr jeweiliges Leben in der Stadt Eberswalde besonders relevant erscheinen. Dabei wurden z.T. eher negative Aspekte, d.h. Bedenken oder gar Ängste, aber auch eher positiv konnotierte Aspekte wie Wünsche oder Bedürfnisse genannt. Diese Aspekte sind Problembeschreibungen und stellen *Systemwissen* dar, welches den notwendigen Ausgangspunkt für die Entwicklung von Zielwissen darstellt, um Visionen von möglichen oder gewünschten Zukünften zu erarbeiten.

Die drei den Aspekten übergeordneten Schwerpunktthemen stellen das Analyseergebnis der Auswertung der Forschungsdaten (Interviews aus Life-Work-Planning-Methode) dar, wobei die in der nachstehenden Tabelle aufgeführten positiv und negativ assoziierten Aspekte ebenfalls durch Kodierung verstichwortete Interviewsequenzen darstellen. Die Schwerpunktthemen lauten 1. Verständnis von Arbeit im Umbruch, 2. (Weiter-) Entwicklung von (persönlichen) Kompetenzen und 3. Adaption von sozioökonomischen Systemen.

Teilnehmende begreifen sich als Systemakteur*innen (PZ 4)

Ausgangspunkt für die Bewertung der Umsetzung dieses Praxisziels sind einerseits Textsequenzen aus den Feedbackbögen des Workshops und andererseits die Diskussionsverläufe in Gesprächen zwischen den Teilnehmenden im Workshop, die sich anhand der Workshopdokumentstion, der sog. *Datenentfaltung* nachvollziehen lassen (zu Methoden der Workshopdokumentation mittels des Canvas vgl. 4. Teil).

Das Gefühl eigener Handlungsfähigkeit bzw. selbst Einfluss auf das System nehmen zu können lässt sich in den Feedbackbögen nachvollziehen, so schreibt eine teilnehmende Person in Hinblick auf die Workshopmethodik: *„[...] ich habe jetzt das Gefühl, selbst mitgestalten zu können, mehr als vorher."* Andererseits erklärt ein/e Teilnehmer*in, dass bestimmte Themen im Workshop fehlten und daher ein Systemzusammenhang offen blieb: *„Es fehlte der Bezug zur globalen Ökonomie, die auf Ausbeutung von Natur / Menschen in weniger*

Analyseergebnisse	von Interviewten genannte Aspekte	
Schwerpunktthemen Handlungsfelder	positiv assoziierte Aspekte: im Modus des (selbst) transformieren Potentiale, Chancen, etc.	negativ assoziierte Aspekte: im Modus des transformiert werden Bedenken, Ängste, etc.
1. Verständnis von Arbeit im Umbruch besonders: Lohnarbeit vs. Beschäftigung	– Freiheit – Flexibilität – Vielfalt – Potentialentfaltung – Komplexität (anspruchsvoll, spannend etc.)	– Überforderung – zu hohe Anforderungen – Unsicherheit – (Leistungs-) Druck – Komplexität (lähmend, begrenzend etc.) – unfaire Vergütung – Lohnarbeit = Identität

Tabelle 4: Übersicht der Schwerpunktthemen und ihnen zugrunde liegende, positiv und negativ assoziierte Aspekte (Seite 1 von 2)
Eigene Darstellung

Analyseergebnisse	von Interviewten genannte Aspekte	
Schwerpunktthemen Handlungsfelder	positiv assoziierte Aspekte: im Modus des (selbst) transformieren Potentiale, Chancen, etc.	negativ assoziierte Aspekte: im Modus des transformiert werden Bedenken, Ängste, etc.
2. (Weiter-)Entwicklung von (persönlichen) Kompetenzen	– technische Fähigkeiten – Zusammenarbeit (Teamfähigkeit) – Offenheit	– Bildungssystem (Status Quo) – Angst und Skepsis vor Neuem
3. Adaption von sozioökonomischen Systemen v.a. Sozial-, Steuer-, Rechts- und Wirtschaftssysteme	– neue gesellschaftliche Maximen (soziale, ökonomische, ökologische) – Bedingungsloses Grundeinkommen	– Rückzug Staat (Verantwortung, Präsenz, Wirken etc.) – lokale Auswirkungen durch Abhängigkeit von globalen Märkten – Bürokratie (u.a. Hürden, Komplexität etc.)

Tabelle 4: Übersicht der Schwerpunktthemen und ihnen zugrunde liegende, positiv und negativ assoziierte Aspekte (Seite 2 von 2)
Eigene Darstellung

selbstbestimmten Gesellschaften beruht. Wie können wir Arbeit organisieren ohne von einem steten Zufluss von Rohstoffen abhängig zu sein?" Dennoch hat die selbe Person durch den Workshop das Gefühl gehabt, „[...] gemeinsam für eine Sache zu kämpfen", d.h. unter Umständen also das Gefühl erlangt oder verstärkt zu haben, für die Transformation eines Zielsystems in einer „Allianz" mit den anderen Teilnehmenden kollaborativ zu agieren. Mit anderen Worten sind die Teilnehmenden des Workshops Teil eines Mikrosystems, welches im übergeordneten Mesosystem etwas bewirken kann (vgl. 2. Teil).

Dass sich die Teilnehmenden des Workshops selbst als Systemakteur*innen verstanden, konnte z.B. an einer interessanten Wendung in einer Plenumsdiskussion während der Arbeit an der Zukunft[s]Gestalten-Tabelle nachvollzogen werden. So wurde das Jobcenter als Kristallisationspunkt für das Thema Arbeit auf lokaler Ebene identifiziert, da es die Funktionen der Arbeitsvermittlung, der Vermittlung zum Erwerb zusätzlicher Kompetenzen vereint und als potentielle Koordinationsstelle für Ehrenamt wirken könnte (Idee der Teilnehmenden). Eingebunden in ein nationales System erschien es den Teilnehmenden zunächst sehr unwahrscheinlich, Einfluss auf die Arbeitsweise des ortsansässigen Jobcenters nehmen zu können. Nach einiger Zeit der Diskussion erkannten die Teilnehmenden jedoch, dass das Jobcenter ein durch Systemakteur*innen (Mitarbeitende des Jobcenters) gestaltetes System darstellt. Die Diskutierenden fassten somit die Möglichkeit ins Auge, durch das Aktivieren ihrer sozialen Beziehungen, bspw. durch Weiterbildung der Angestellten des Jobcenters in Eberswalde, Einfluss auf den Ermessensspielraum der lokal ausführenden Jobcentermitarbeitenden nehmen zu können. Die Teilnehmenden erkannten also ihren Einfluss auf das Zielsystem (Jobcenter), weil sie als relevante Akteur*innen Teil des lokalen sozialen Beziehungsnetzwerks sind .

Entwicklung lokalspezifischer Gestaltungsmöglichkeiten (PZ 5)

Die Datenbasis für die in diesem Abschnitt aufgeführten, lokalspezifischen Gestaltungsmöglichkeiten bilden die Diskussionsbeiträge der Workshopteilnehmenden im Zuge der kollaborativen Zusammenarbeit an der Zukunft[s]Gestalten-Tabelle, welche während des Workshops mithilfe von Klebezetteln auf einem Plakat festgehalten wurden (vgl. Abbildung 5). Die drei mittels der im 4. Teil eingeführten Methodik von den Teilnehmer*innen entwickelten Ideen können als lokalspezifische Gestaltungsmöglichkeiten im Kontext globaler Prozesse des Wandels der Arbeit bezeichnet werden und sind nachstehend tabellarisch aufgeführt.

Die im Prozess der Erarbeitung von Transformationswissen diskutierten, zuvor von den Teilnehmenden aus dem STEEP-Stern abgeleiteten Handlungsfelder nehmen v.a. Bezug auf das Schwerpunktthema „Verständnis von Arbeit im Umbruch", welches im Rahmen der Vorbereitung und Konzeption des Workshops während der Umsetzung des PZ 3 als ein wichtiges Thema im Eberswalder Diskurs über Arbeit identifiziert wurde.

Kompetenz transdisziplinärer Zusammenarbeit (PZ 6)

Die Auswertung, ob das Praxisziel der Vermittlung der Kompetenz transdisziplinärer Zusammenarbeit durch das Workshopformat an die Teilnehmenden vermittelt werden konnte, basiert maßgeblich auf der Analyse der Feedbackbögen.

Es gibt eine einhellige Meinung unter den Teilnehmenden, die zeigt, dass die Kompetenz zur Transdisziplinären Zusammenarbeit durch den Workshop vermittelt werden konnte. Grundsätzlich bewerten alle die Erfahrung mit der transdisziplinären Zusammenarbeit im Workshop sehr positiv. Ein/e Teilnehmer*in bemerkt im Feedbackbogen, wie „[...] wichtig [es ihr/ihm sei,] verschiedene Perspektiven einzunehmen." Auch die dafür gewählten Methoden wurden durchweg positiv bewertet, da es gut sei, „[...] mal mit jedem zu tun zu haben + sich auszutauschen, auch dank der kleinen Gruppe.". Die Zusammenarbeit im Workshop wird, wie zuvor bereits aufgegriffen, sogar als so stark beschrieben, dass das Gefühl entstand „[...] gemeinsam für eine Sache zu kämpfen." Einschränkend registriert jedoch ein/e Teilnehmer*in nicht nur das Fehlen von „WirtschaftsvertreterInnen" (vgl. Tabelle 3), sondern wünscht sich mehr arbeitslose Teilnehmende. Die Erwähnung dieses Umstandes verdeutlicht jedoch, dass die Konzeption und damit verbundene Wirksamkeit des Workshopformats von dem/der Teilnehmer*in erschlossen werden konnte und deutet weiter an, dass die Teilnehmenden durch den Workshop möglicherweise weiter für die Kompetenz transdisziplinärer Zusammenarbeit sensibilisiert werden konnten.

	Idee	Erklärung und Kontextualisierung
1	Einführung der Veranstaltung einer **langen Nacht des Ehrenamts** für eine größere Honorierung und Wertschätzung des Ehrenamts in Eberswalde.	Das Themenfeld Ehrenamt fungiert dabei als Handlungsfeld und als Brücke im Kontext eines Paradigmenwechsels beim Verhältnis von Lohnarbeit und neuen Vorstellungen des Konzepts von Beschäftigung.
2	Die Fortsetzung der bereits bestehenden **Imagefilmkampagne der Stadt Eberswalde**, um die Erweiterung vielfältiger Lebensrealitäten der Stadtbewohner*innen.	Dadurch sollen verschieden (neue) Lebens- und Arbeitsmodelle Anerkennung gewinnen und in der Öffentlichkeit nach innen und außen präsentiert werden, um den lokalspezifischen fortschreitenden Wandel der Arbeit mit Einfluss auf die Alltage der Bewohner*innen nachvollziehbar zu machen.
3	Die **Weiterentwicklung des Jobcenters in Eberswalde** als Koordinationsstelle für Beschäftigung, die über Lohnarbeit hinaus geht.	Diese Idee soll durch die Weiterbildung der Mitarbeitenden des Jobcenters in Eberswalde. umgesetzt werden. Dabei wollen die Teilnehmenden auf ihre sozialen lokale Netzwerke zurückgreifen.

Tabelle 5: Ideen als lokalspezifische Gestaltungsmöglichkeiten sowie Erklärung und Kontextualisierung
Eigene Darstellung

6. TEIL

DISKUSSION - ERGEBNISSE BEZÜGLICH DES FORSCHUNGSZIELS

Dieser Teil diskutiert, inwieweit die vorliegende Fallstudie das Ziel erreichen konnte, einen Beitrag zur transformativen Forschung zu leisten und steht im Kontext der lokalen Gestaltbarmachung globaler Prozesse. Die zu beantwortende Forschungsfrage dieser Fallstudie lautet: Kann ein Workshop als transformatives Partizipationsformat dazu beitragen, globale Prozesse von Wandel auf lokaler Ebene gestaltbar zu machen?

Die untergeordneten drei Hypothesen, speisen sich aus dem Forschungsstand und werden im Folgenden anhand des entwickelten und getesteten Formats in Verbindung mit den vorangestellten Praxiszielen diskutiert.

Hypothese A

Ein Partizipationsformat muss transformativ sein, damit Gestaltungsmöglichkeiten und deren Weiterentwicklung zu Strategien als lokale Aneignung globaler Prozesse von Wandel ermöglicht wird.

Annahme für Hypothese A ist laut Forschungsstand (vgl. 2. Teil): Für lokale Gestaltungsmöglichkeiten als Aneignung von globalen Prozessen des Wandels geht es im Kern um die *transformative literacy* der relevanten Akteur*innen, um Transformation im Sinne der lokalen Bedürfnisse und Wünsche zu gestalten. Das gewählte Format Workshop ergab sich aus den Anforderungen des Seminarrahmens dieser Fallstudie, und begründet sich zudem in seiner Definition als partizipative Veranstaltung (vgl. 3. Teil).

Der Einbezug der Öffentlichkeit durch Partization ist wiederum eine Voraussetzung für eine Reallaborforschung. Auf den Aspekt des transformativen Charakters des Formats zielt in der Umsetzung das Praxisziel 4 und 5 ab. Die Erarbeitung der *futures literacy* in PZ 4 war eine nötige Vorarbeit, um in PZ 5 durch die *transformative literacy*, welches durch den *Mindshift* aktiviert wird, die Artikulation von lokalen Gestaltungsmöglichkeiten zu ermöglichen.

Aus Sicht der Ergebnislage kann eine erfolgreiche Entwicklung von Ideen als lokalspezifische Gestaltungsmöglichkeiten durch den transformativ angelegten Workshop festgestellt werden. Allerdings bedarf es für die Weiterentwicklung dieser Gestaltungsmöglichkeiten zu Strategien einer zeitlichen Ausweitung des transformativen Partizipationsformat (vgl. 8. Teil).

Hypothese B

Die Komplexität der im transformativen Partizipationsformat vermittelten Ziele bedarf unterschiedlicher Formen der Wissensintegration und des Wissenstransfers.

Die in der Hypothese angesprochene Komplexität spiegelt sich in den PZ 4-6 wieder. Sie ergibt sich aus der Anforderung an die Teilnehmenden, *Systemwissen* zum Thema Wandel der Arbeit zu erschließen, die unterschiedlichen innewohnenden Dimensionen zu erkennen und miteinander in Bezug setzen zu können (*transformative literacy*, vgl. 2. Teil). Auf persönlicher Ebene sieht das Format ferner vor, durch einen *Mindshift* konfrontative Prozesse mit eigenen routinierten Denkweisen zu vollziehen. Gleichzeitig ist das Format auf eine kollaborative Erfahrung ausgerichtet, mit dem Ziel, Kompetenzen für transdisziplinäre Zusammenarbeit zu vermitteln. Hierbei müssen in einer divers angelegten Teilnehmendenschaft unterschiedliche Wissensbestände, Gewohnheiten des Erschließens von Thematiken und Interagierens bedient werden, um soziales Lernen zu ermöglichen.

Um mit der Komplexität der erwähnten Ziele umzugehen, wurde sich bei der Konzeption des Workshopprogramms verschiedener methodischer Ansätze zur Ermöglichung von Prozessen der Wissensintegration bedient (PZ 6). Im Rahmen dessen wurden zwei Werkzeuge entwickelt, die innerhalb des Workshops zum Einsatz kamen: (1) Für die 2. Phase des Workshops (Tabelle 1) diente die im 4. Teil beschriebene Ausstellung dem Wissenstransfer von gewonnenem *Systemwissen* der Forschenden (PZ 1) zu den Teilnehmenden. (2) Der Zukunft[s]Gestalten-Canvas ist visueller und haptischer Leitfaden durch den Workshop und bietet methodische Transparenz für die Teilnehmenden. Er ist Träger der im Workshop generierten Daten zur Dokumentation und ermöglicht

Nachvollziehbarkeit des individuellen und kollektiven Prozesses für die Analyse und Auswertung. Die Wirkung des Canvas wurde im Feedbackbogen mit den Worten: *„der Canvas mit all seinen Arbeitsflächen ist perfekt, so komplex und doch so kompakt"* anerkannt.

Bei der praktischen Erfahrung in der Rolle der Forschenden wurde deutlich, dass eine wesentliche Herausforderung und Aufgabe für die Forschenden im gelungenen Wissenstransfer und der Unterstützung der Wissensintegrationsprozesse besteht. Hierbei kommt der Visualisierung eine zentrale Bedeutung für die Orientierung und Fassbarkeit komplexer Zusammenhänge zu.

Hypothese C

Methodische Ansätze des Transformationsmanagements können dazu dienen, lokale Gestaltungsmöglichkeiten innerhalb eines Oberthemas zu befördern.

Transformationsmanagement bedient sich vielseitiger Veränderungsmanagementansätze aus der Organisationsentwicklung und erlaubt diese auf komplexe Systeme, wie Stadt und Gesellschaft zu übertragen (vgl. 2. Teil). In der Umsetzung dieser Fallstudie wurde sich stark an der Reallaborforschung als eine Praxis des Transformationsmanagements orientiert. Methoden aus dem Design wie Design Thinking und User Experience Design wurden zum Zwecke der Teamarbeit, Erarbeitung von Lösungen und einer Fokussierung auf Nutzer*innenzentriertheit in das Workshopformat integriert (vgl. Tabelle 1).
Die Auswahl und Kombination der methodischen Ansätze eignete sich für die Entwicklung eines transformativen Workshops zur Bearbeitung eines Oberthemas (globale Prozesse des Wandels) um lokale Gestaltungsmöglichkeiten zu entwickeln.

Das 3-Phasen Modell und die Theorie U weisen Ähnlichkeiten zu dem im Rahmen dieser Fallstudie entwickelten Workshopprogramm mit seinen acht Phasen auf. In Tabelle 6 gegenübergestellt, lassen sich die Phasen des Zukunfts[s]Gestalten-Workshops sowie die Phasen der Theorie U entsprechend dem Dreischritt der Pioniertheorie von Organisationsentwicklung, dem 3-Phasen-Modell, nachvollziehen.

3-Phasen-Modell (Lewin, 1947)	Theorie U (Scharmer, 2007)	Zukunft[s]Gestalten-Workshop
– Auftauen (unfreezing)	– Zuhören – Hinsehen – Hinspüren	– Ankommen – Systemwissen – Zielsystem definieren – Futures literacy
– Bewegen (moving)	– Gegenwart (vor)spüren (Presencing)	– Mindshift, Zielwissen
– Einfrieren (refreezing)	– Fassbar machen – Konkretisieren – Prototypisieren – Implementieren	– Transformative literacy – Transformationswissen, – Gestaltungsmöglichkeiten – Abschluss

Tabelle 6: Ähnlichkeiten der Konzeptionen von Formaten für Wandel und Transformation: 3-Phasen-Modell, Theorie U und Zukunft[s]Gestalten-Workshop
Eigene Darstellung

Diese Ähnlichkeiten deuten somit weitere vielversprechende Synergien an, die bei der Weiterentwicklung des Workshopformats genutzt werden sollten.

Das Verfolgen der Hypothese C war hilfreich für die Entwicklung des vorgestellten Methodensets. Sie bleibt relevant bei einer Weiterentwicklung und Anpassung des Formats im Falle einer erneuten Durchführung (vgl. 8. Teil).

Beantwortung der Forschungsfrage: Kann ein Workshop als transformatives Partizipationsformat dazu beitragen, globale Prozesse von Wandels auf lokaler Ebene gestaltbar zu machen?

Diese Fallstudie ist den Weg gegangen, eine Zweiteilung der Praxisziele vorzunehmen (vgl. 3. Teil). Zunächst dienten die PZ 1-3 der Vorarbeit zur Konzeption des Workshops durch ein Vertrautmachen mit Lokalspezifika und dem Oberthema. Im Anschluss konnte auf Basis der theoretischen Annahmen der Transforamtionswissenschaft und der Einbindung von methodischen Ansätzen des Transformationsmanagements (PZ 4-6), ein transformatives Partizipationsformats entwickelt werden.

Das Projekt liefert insofern einen Beitrag für die transformative Forschung in Form eines Methodiksets. Das Ergebnis dieser Fallstudie ist ein eintägiges Workshopkonzept, welches den Charakter eines Anstoßes zur Transformation für die lokale Gestaltbarmachung globaler Prozesse des Wandels hat. Für eine Implementierung der entwickelten Gestaltungsmöglichkeiten bedarf es einer Ergänzung des Workshopprogramms um weitere Phasen. Für die Konzeption dessen kann auf die PZ 4-6, respektive der darin behandelten Forschungshintergründe, zurückgegriffen werden.

Im Hinblick auf eine erneute Durchführung ergibt sich die Notwendigkeit, das Format entsprechend zu adaptieren. Zu diesem Zweck kann an den PZ 1-3 festgehalten werden, da sie wegweisend erschienen, um auch eine Anpassung an andere Rahmenbedingungen zu operationalisieren.

7. TEIL
GRENZEN DER FALLSTUDIE

Im Rahmen des Projektes traten Grenzen für die Aussagekraft der Fallstudie auf, die den zeitlichen Rahmen, den Fokus der Forschung, die Methoden und die Datengrundlage betrafen, auf die im Folgenden näher eingegangen werden soll.

Zeitlicher Rahmen

Der zeitliche Rahmen des Projektes war auf 26 Wochen festgesetzt. Daher müssen die Ergebnisse der Fallstudie im Kontext dieses eher kurzen Zeitraums bewertet werden. Somit ist der Projektstand zum Zeitpunkt dieser Publikation nur als vorläufig abgeschlossen zu sehen und sollte daher weitergehend beforscht werden. Als eintägige Veranstaltung konnte der Workshop nur ein Anstoß für die Aneignung globaler Prozess zum Wandel der Arbeit in Eberswalde sein. Die sich aus diesem Umstand ergebenden möglichen Fortführungen der Fallstudie greift der 8. Teil auf.

Fokus der Forschung

Im Forschungsziel wird verfolgt, einen methodischen Beitrag zu liefern. Zwar wurden am Rande der Umsetzung der Praxisziele Diskurse zur Arbeit (und deren Zukunft) in Eberswalde identifiziert, weil diese für die Konzeption des Workshops wichtig waren. Allerdings liegt der Fokus der Fallstudie nicht auf Aussagen über die Zukunft der Arbeit in Eberswalde, vielmehr soll erforscht werden, wie die Eberswalder*innen befähigt werden können, die Zukunft der Arbeit in ihrer Stadt selbst mitzugestalten. Möglicherweise bietet das Format jedoch Ansatzpunkte zur weitergehenden inhaltlichen Erforschung (vgl. 8. Teil).

Methode

Als problematisch stellte sich in der Methodenentwicklung die Identifizierung relevanter Akteur*innen heraus. Der Reallaboransatz hat den Anspruch, in einem Partiziptionsformat einen Rahmen zu schaffen, der möglichst viele lokale Akteur*innen miteinschließt. Trotzdem muss für die praktische Umsetzung dieses Grundsatzes ein Verfahren zur Einbindung relevanter Akteur*innen gefunden werden. Diese Fallstudie bediente sich deshalb u.a. des Modells der Quadruple Helix. Daraus ergibt sich in Bezug auf die Einbindung bzw. Akquise relevanter Akteur*innen ein Dilemma in Form eines Interessenskonflikts: als Systematisierungsinstrument ermöglicht das Quadruple Helix Modell Multiperspektivität und berücksichtigt die Einbindung verschiedener Gesellschaftsbereiche. Die damit denkbare Einschränkung der Gruppe potenzieller Akteur*innen steht dem zuvor beschriebenen Grundsatz der Reallaborforschung entgegen.

Der Versuch, die Akquise relevanter Akteur*innen mittels der Life-Work-Planning-Methode in Verbindung mit dem Quadruple Helix Modell zu realisieren, erzielte leider nicht den gewünschten Erfolg. Von 13 nach diesem Verfahren akquirierten und im Nachhinein mit Dankespostkarte und E-Mail eingeladenen Personen, nahm nur eine am Workshop teil, die drei anderen Teilnehmer*innen wurden nur indirekt durch die beschriebene Methode oder anderweitig erreicht.

Datengrundlage

Im Rahmen dieser Fallstudie können, wie im 5. Teil dargestellt, auf inhaltlicher Ebene nur qualitative Aussagen gemacht werden.

Die Durchführung des Workshops am 16.06.2018 in Eberswalde erfolgte in einem Kreis von fünf Teamer*innen und vier Teilnehmer*innen. Die im Workshop erhobene Datengrundlage von nur so wenigen Teilnehmenden hat folgende Implikationen. Zum einen steht die Beteiligung nicht in Relation zum Thema Arbeit, da es omnipräsent ist. Zum anderen gelang es nicht, die angestrebte Vertretung aller Gesellschaftsbereiche entsprechend der Quadruple Helix zu komplementieren, da kein/e Vertreter*in der Wirtschaft anwesend war. Ferner ist zu bedenken, dass die Teilnehmendenschaft v.a. akademischen Hintergrund hatte und eine heterogenere Gruppe erstrebenswert wäre.

Die vorangegangenen Faktoren müssen bei Schlussfolgerungen zur Fallstudie und der Einschätzung ihres Beitrags zur transformativen Forschung mitgedacht werden. Daher sollte das Format erneut durchgeführt und auf Grundlage einer breiteren Stichprobe überprüft werden.

8. TEIL
AUSBLICK

Diese Fallstudie widmete sich der eingangs beschriebenen Gegenwartsdiagnose eines ansteigenden Maßes an Orientierungslosigkeit und Zukunftsängsten von Bürger*innen aufgrund erhöhter Komplexität in ihren Alltagserfahrungen im Kontext der beschleunigten Veränderungsdynamik einer globalisierten Welt.

Der Wunsch der Forschenden, dieser Orientierungslosigkeit und Zukunftsangst durch Selbstermächtigung entgegenzuwirken, ergab die übergeordnete Fragestellung: wie können globale Prozesse von Wandel lokal gestaltbar werden? Durchgeführt wurde die Fallstudie in Eberswalde anhand des gegenwärtig für besonders relevant befundenen Prozess des Wandels der Arbeit.

Das Forschungsziel, der Entwicklung eines Methodenbeitrags für die transformative Forschung, um einen globalen Prozess von Wandel lokal gestaltbar zu machen konnte mit gewissen Einschränkungen erreicht werden (vgl. 6 & 7. Teil).

Darüber hinaus bedarf das Projekt in Anknüpfung an die dargestellten Grenzen (vgl. 7. Teil) einer methodischen Weiterführung zur Erfüllung der übergeordneten Forschungsfrage. Nachdem der Workshop als Anstoß begriffen wurde, sollten anschließend daran die Verstetigung und das Übersetzen lokaler Gestaltungsmöglichkeiten in praktische Maßnahmen im Vordergrund des Projekts stehen: eine entsprechende sogenannte Szenarienentwicklung und die Ableitung von notwendigen Handlungsschritten (mittels Foresight-/Backcasting-Methoden) stellt über die Generierung von Zielwissen hinaus einen wesentlicher Bestandteil des Reallaboransatzes dar (vgl. 2. Teil).

Die erfolgreiche Verwendung von Ansätzen des Transformationsmanagements legt außerdem nahe, weitere Methoden anderer Disziplinen einzubeziehen, um langfristig eine autonome Transformationsgestaltung der Bürger*innen zu begünstigen.

Begründet durch den methodischen Beitrag des Partizipationsformats, eröffnen sich neue Perspektiven und Forschungsfragen für die transformative Forschung. So könnte beispielsweise untersucht werden, ob das Format auf andere Oberthemen (Schnittstellenthemen wie beispielsweise Bildung oder Pflege) übertragen werden kann.

Mit Blick auf die geringe Teilnehmendenzahl, die dennoch konstruktive Ergebnisse im Rahmen dieses Projektes liefern konnte, könnte ferner untersucht werden, welches die optimale Gruppengröße eines transformativen Partizipationsformats ist, um eine bestmögliche Entwicklung lokalspezifischer Gestaltungsmöglichkeiten zu erzielen.

Als dritter Ausblick könnte untersucht werden, was es zu einer Aneignung von globalen Trends auf lokaler Ebene braucht, ohne dass eine weitere Moderation vonnöten ist.

QUELLEN- UND LITERATURVERZEICHNIS

Ahonen, L., Hämäläinen, T. (2012). CLIQ: A practical approach to the Quadruple Helix and more open innovation. In S. MacGregor & T. Carleton (Hrsg.), Sustaining Innovation. Innovation, Technology, and Knowledge Management. (S. 15-29). New York: Springer.

Alcántara, S., Arnold, A., Lindner, D., Busch, S., Dietz, R., Friedrich, M., Ritz, C., & Sonnberger, M. (2018). Zwischen Wunsch und Wirkung – Ein transdisziplinärer Visionsworkshop mit Bürgerinnen und Bürgern. In R. Defila & A. Di Giulio (Hrsg.), Transdisziplinär und transformativ forschen. (S. 269-300). Wiesbaden: Springer.

Biech, E. (2005). Training for Dummies. Indianapolis: Wiley.

Bolles, R. N. (1970). What color is your parachute? A practical manual for job hunters and career changers. Berkeley, Calif.: Ten Speed Press.

Borner, J., Kraft, A. H. (2018a). Die Reallabormethode in der Anwendung. Berlin: KMGNE.

Borner, J., Kraft, A. H. (2018b). Konzeptpapier zur Reallabor-Methode im ENavi-Projekt. Berlin: KMGNE.

Bude, H. (2000). Die Kunst der Interpretation. In U. Flick, E. v. Kardorff & I. Steinke (Hrsg.), Qualitative Forschung. Ein Handbuch. (S. 569-577). Reinbek bei Hamburg: Rowohlt.

Bundesministerium für Arbeit und Soziales (BMAS) (2015). Grünbuch Arbeiten 4.0 - neue Perspektiven für unsere Arbeitsgesellschaft. Verfügbar unter https://www.bmas.de/SharedDocs/Downloads/DE/PDF-Publikationen-DinA4/gruenbuch-arbeiten-vier-null.pdf;jsessionid=A734DE30AF5D73519FC7B538C-4C2DAF8?__blob=publicationFile&v=2 (letzter Zugriff: 11. August 2019)

Bundesministerium für Arbeit und Soziales (BMAS) (2017). Weißbuch Arbeiten 4.0 - Arbeit weiterdenken. Verfügbar unter https://www.bmas.de/SharedDocs/Downloads/DE/PDF-Publikationen/a883-weissbuch.pdf?__blob=publicationFile (letzter Zugriff: 11. August 2019)

Bundesministerium für Arbeit und Soziales (BMAS) (2016). Wertewelten Arbeiten 4.0. Verfügbar unter https://www.arbeitenviernull.de/fileadmin/Wertewelten/Wertestudie_Arbeiten_4.0-1.pdf (letzter Zugriff: 11. August 2019)

Bundesministerium für Bildung und Forschung (BMBF) (2017). Wissenschaftsjahr 2018 - Arbeitswelten der Zukunft. Verfügbar unter https://www.bmbf.de/de/wissenschaftsjahr-2018---arbeitswelten-der-zukunft-5331.html (letzter Zugriff: 11. August 2019)

Carayannis, E. G. & Campbell, D. F. J. (2009). 'Mode 3' and ' Quadruple Helix': toward a 21st century fractal innovation ecosystem. International Journal of Technology Management, 46, 201-234.

Carpiano, R. M. (2009). Come take a walk with me: The „Go-Along" interview as a novel method for studying the implications of place for health and well-being. Health & Place, 15(1), 263-272.

Defila, R., & Di Giulio, A. (2018). Reallabore als Quelle für die Methodik transdisziplinären und transformativen Forschens – eine Einführung. In R. Defila & A. Di Giulio (Hrsg.), Transdisziplinär und transformativ forschen. (S. 9-35). Wiesbaden: Springer.

Dudenredaktion (n. d.). „Workshop" auf Duden Online. Verfügbar unter https://www.duden.de/rechtschreibung/Workshop (letzter Zugriff: 11. August 2019)

Eckart, J., Ley, A., Häußler, E., & Erl, T. (2018). Leitfragen für die Gestaltung von Partizipationsprozessen in Reallaboren. In R. Defila & A. Di Giulio (Hrsg.), Transdisziplinär und transformativ forschen. (S. 105-135). Wiesbaden: Springer.

Eichhorst, W. & Buhlmann, F. (2015). Die Zukunft der Arbeit und der Wandel der Arbeitswelt. IZA Standpunkte, 77, 1-18.

Ellerby, L. (2009). Analysis, plus synthesis: Turning data into insights. Verfügbar unter https://www.uxmatters.com/mt/archives/2009/04/analysis-plus-synthesis-turning-data-into-insights.php (letzter Zugriff: 11. August 2019)

Emerson, R. M., Fretz, R. I., & Shaw, L. L. (1995). Writing ethnographic fieldnotes. Chicago: University of Chicago Press.

French, W., & Bell, C. H. Jr. (1977). Organization development. Englewood Cliffs, NJ: Prentice-Hall.

Göpel, M. (2016). *The great mindshift*: How a new economic paradigm and sustainability transformations go hand in hand. Springer Open.

Göpel, M. (2017). Shedding some light on the invisible: The transformative power of paradigm shifts. In T. Henfrey & G. Maschowski (Hrsg.), Resilience, community action and social transformation. Lissabon: Permanent Publications.

Haufler, D. (2018). Von der Plage zur Berufung. In Atlas der Arbeit - DGB. Verfügbar unter http://www.dgb.de/atlas-der-arbeit/++co++bf7e3e4a-51c1-11e8-b5ad-52540088cada (letzter Zugriff: 11. August 2019)

Helming, K., Kopfmüller, J. & Walz, R. (2016). Forschen in gesellschaftlicher Verantwortung. Nachrichten der ARL: Magazin der Akademie für Raumforschung und Landesplanung, 2, 26-29.

Heuser, U. J., Lobenstein, C., Rudzio, K. & Wefing, H. (2018). Zukunft der Arbeit: Was machen wir morgen? | ZEIT Arbeit. Die Zeit. Verfügbar unter https://www.zeit.de/2018/18/zukunft-arbeit-kuenstliche-intelligenz-herausforderungen (letzter Zugriff: 11. August 2019)

Heyen, D. A., Brohmann, B., Libbe, J., Robert, R., & Trapp J. H. (2018). Stand der Transformationsforschung unter besonderer Berücksichtigung der kommunalen Ebene - Papier im Rahmen des Projekts „Vom Stadtumbau zur städtischen Transformationsstrategie" im Forschungsprogramm „Experimenteller Wohnungs- und Städtebau" (ExWoSt). Verfügbar unter https://www.bbsr.bund.de/BBSR/DE/FP/ExWoSt/Forschungsfelder/2017/stadtumbau-transformationsstrategie/synthesepapier-transformationsforschung.pdf?__blob=publicationFile&v=8 (letzter Zugriff: 11. August 2019)

Heylighen, F. (2002). Complexity and information overload in society: Why increasing efficiency leads to decreasing control. The Information Society, 1-44.

Honeypump (n. d.). Future Model Canvas. Verfügbar unter: http://futuremodelcanvas.com/

Johansen, B., Euchner, J. (2013). Navigating the VUCA world. Research-Technology Management, 56(1), 10-15.

Katzenbach C. & Larsson, S. (2017). Imagining the digital society - metaphors from the past and present. Encore. The annual magazine on internet and society research, 9-10.

Kotter, J. P. (1996). Leading Change. Boston: Harvard Business School Press.

Kriz, A., Bankins, S., Molloy, C. (2018). Readying a region: Temporally exploring the development of an Australian regional Quadruple Helix. R&D Management, 48. Aufl., 1, 25-43.

Lewin, K. (1947). Frontiers in group dynamics. Concept, method and reality in social science. Social equilibria and social change. Sage Journals, 1, 5–41.

Lewin, K. (1982). Aktionsforschung und Minderheitenprobleme. In C.-F. Graumann. (Hrsg.): Kurt-Levin-Gesamtausgabe. Band 7. Bern: Huber.

Mayring, P. (1999). Einführung in die qualitative Sozialforschung. Weinheim: Beltz.

Nanz, P., & Fritsche, M. (2012). Handbuch Bürgerbeteiligung: Verfahren und Akteure, Chancen und Grenzen. Bundeszentrale für Politische Bildung.

Nerdinger, F. W., Blickle, G., & Schaper, N. (2014). Arbeits- und Organisationspsychologie. Berlin: Springer.

Neuman, W. L. (2014). Social research methods: Qualitative and quantitative approaches (7. Aufl.). Essex: Pearson education.

Plattner, H., Meinel, C., & Weinberg, U. (2009). Design Thinking: Innovation lernen - Ideenwelten öffnen. München: mi-Wirtschaftsbuch.

Prytula, M., Schröder, T., Dörk, M., Ortgiese, M., Michel, A., Neuroth, H., & Lehmann, J. (2016). Transformation lernen: Der Masterstudiengang Urbane Zukunft an der Fachhochschule Potsdam. Transforming Cities, 3, 76-79.

Rhodius, R., & Pregernig, M. (2018). Per „Wissensmesse" zum Forschungsprogramm – Arbeitsphasen und Abstimmungsprozesse zwischen Wissenschaft und Praxis. In R. Defila & A. Di Giulio (Hrsg.), Transdisziplinär und transformativ forschen. (S. 163-194). Wiesbaden: Springer.

Schmidt, C. (2000). Analyse von Leitfadeninterviews. In U. Flick, E. v. Kardorff & I. Steinke (Hrsg.), Qualitative Forschung. Ein Handbuch. (S. 447-456). Reinbek bei Hamburg: Rowohlt.

Schneidewind, U & von Wissel, C. (2015). Transformative Wissenschaft. Warum Wissenschaft neue Formen der Demokratisierung braucht. In Forum Wissenschaft, 4, (S. 4-8). BdWi

Seebacher A., Alcántara S., Quint A. (2018). Akteure in Reallaboren – Reallabore als Akteure. In R. Defila & A. Di Giulio (Hrsg.), Transdisziplinär und transformativ forschen. (S. 155-162). Wiesbaden: Springer.

Stone, P., Brooks, R., Brynjolfsson, E., Calo, R., Etzioni, O., Hager, G., ... & Leyton-Brown, K. (2016). Artificial intelligence and life in 2030. One hundred year study on artificial intelligence: Report of the 2015-2016 Study Panel. Verfügbar unter https://ai100.stanford.edu/sites/default/files/ai100report-10032016fnl_singles.pdf (letzter Zugriff: 11. August 2019)

Schäpke, N., Stelzer, F., Bergmann, M., Singer-Brodowski, M., Wanner, M., Caniglia, G., & Lang, D. J. (2017). Reallabore im Kontext transformativer Forschung: Ansatzpunkte zur Konzeption und Einbettung in den internationalen Forschungsstand. IETSR discussion papers in transdisciplinary sustainability research.

Scharmer, C. O. (2007). Theory U: Leading from the future as it emerges. Cambridge: Berrett-Koehler.

Schneidewind, U. (2013). Wandel verstehen: auf dem Weg zu einer „*Transformative Literacy*" In H. Welzer & K. Wiegandt (Hrsg.), Wege aus der Wachstumsgesellschaft. (S. 115-140). Frankfurt am Main: Fischer.

Senge, P. M. (2001). Die fünfte Disziplin: Kunst und Praxis der lernenden Organisation. Stuttgart: Klett.

Stadt Eberswalde (2014, April). Strategie Eberswalde 2030 - Integriertes Stadtentwicklungskonzept. Verfügbar unter https://www.eberswalde.de/fileadmin/bereich-eberswalde/user/ewschwarz/INSEK/INSEK.pdf (letzter Zugriff: 11. August 2019)

The Editors of Encyclopaedia Britannica (n. d.). Moore's law. In: Encyclopædia Britannica. Verfügbar unter https://www.britannica.com/technology/Moores-law

WBGU (2011). Welt im Wandel - Gesellschaftsvertrag für eine große Transformation. Berlin: WBGU.

ABBILDUNGEN

Abbildung 1: Mindsets in the multilevel perspective on transformations
Göpel, M. (2016). *The Great Mindshift*: How a New Economic Paradigm and Sustainability Transformations go Hand in Hand. Springer Open, 47

Abbildung 2: Transformative Literacy—5 P's to map SETSs
Göpel, M. (2016). *The Great Mindshift*: How a New Economic Paradigm and Sustainability Transformations go Hand in Hand. Springer Open, 157

Abbildung 3: Darstellung Canvas
Grafik: Fabian Fleckenstein, Catherine Eckenbach

Abbildung 4: Schematische Darstellung des STEEP-Sterns
Eigene Darstellung

Abbildung 5: Die Zukunft[s]Gestalten-Tabelle, aufbauend auf das Regional-Planungsverfahren der Charette (Nanz & Fritsche, 2012)
Eigene Darstellung

Abbildung 6: Datenanalyseprozess: Kodierte Datensätze in Themenclustern
Foto: Beatrix Unger

Abbildung 7: Schematische Darstellung der Ausstellungskuration und -funktionsweise
Eigene Darstellung

TABELLEN

Tabelle 1: Übersicht über die Workshop-Phasen, eingesetzten Methoden und Erklärungen zu deren Durchführung
Eigene Darstellung

Tabelle2: Zusammenfassung qualitativer Daten der Fallstudie (Auswahl)
Eigene Darstellung

Tabelle 3: Übersicht relevanter Akteur*innen
Eigene Darstellung

Tabelle 4: Übersicht der Schwerpunktthemen und ihnen zugrunde liegende, positiv und negativ assoziierte Aspekte
Eigene Darstellung

Tabelle 5: Ideen als lokalspezifische Gestaltungsmöglichkeiten sowie Erklärung und Kontextualisierung
Eigene Darstellung

Tabelle 6: Ähnlichkeiten der Konzeptionen von Formaten für Wandel und Transformation: 3-Phasen-Modell, Theorie U und Zukunft[s]Gestalten-Workshop
Eigene Darstellung

VON SYSTEMWISSEN ZU HANDLUNGSWISSEN – VISUALISIERUNG UND MODELLIERUNG ALS HEBEL ZUR ERMÄCHTIGUNG ZIVILER INTERESSEN

Wie können Visualisierungs- und Modellierungsmethoden eingesetzt werden um
a) lokales Wissen zu sammeln, zu strukturieren, zu vernetzen und
b) das gewonnene Systemwissen weiterzuentwickeln und
handhabbar zu machen?

AUTOR*INNEN
Daniel Almgren Recén
Kristin Bauer
Anika Lenke
David Siedke
Nele Trautwein
Valentina Troendle

1. TEIL
EINLEITUNG

Partizipation und Bürger*innenbeteiligung sind im Vokabular von Stadtentwicklung, staatlichen Einrichtungen und zivilgesellschaftlichen Initiativen heute fest etabliert. Ein genauer Blick zeigt, dass diese populären Schlagwörter im Detail mit unterschiedlichen Erwartungen verknüpft sind: Aus der Perspektive der Bürger*innen können Partizipations- und Beteiligungsverfahren sowohl das Potenzial zur politischen Selbstermächtigung bergen, als auch im Unbefriednis einer leeren Worthülse resultieren. Für, beispielsweise, politische Institutionen wiederum werden sie zur Förderung der Transparenz eines Planungsvorhabens, als Methode in der Entscheidungsfindung oder zur Legitimation von kontroversen Vorhaben genutzt. Das Werben mit Bürger*innenbeteiligung zeigt hier, dass Partizipation längst etablierte Kultur im Feld der Stadtentwicklung ist und dass das partizipativ-transdisziplinäre Arbeiten, beispielsweise dem Land Brandenburg und dem Bundesministerium für Bildung und Forschung, zum Obligatorium geworden ist (vgl. BMBF, 2016). Die dabei zu verzeichnenden Erfolge scheinen jedoch oft sowohl schwer zu messen, als auch für Beteiligende wie Beteiligte gleichermaßen ernüchternd - ein Konflikt, der sich als eine Umsetzungslücke zwischen Vision und Handeln beschreiben lässt, die einer nachhaltigen Stadtentwicklung im Wege steht (vgl. Billger et al., 2016, S. 2).

Nicht nur in der praktischen Stadtentwicklung, auch im wissenschaftlichen Diskurs scheint sich die Diskussion um Partizipation und ihre Potentiale und Grenzen hartnäckig zu halten. Angestoßen wurden diese bereits 1969, als Sherry Arnstein mit der „Ladder of Citizen Partizipation" ein Manifest zur Beteiligungskultur und Bürger*innenermächtigung in der Stadtplanung formulierte, das gleichzeitig ein systematisches Verständnis von Partizipation ermöglichte und auf Missinterpretationen des Konzepts hinwies: Würde in städtischen Beteiligungsverfahren zwar über Prozesse informiert und Bürger*innen für ein Vorbringen ihrer Anliegen, Ansichten und ihr lokales Wissen konsultiert, ohne jedoch weiteren Einfluss auf den Verlauf des Gesamtprojekts zu haben, ließen sich solche Verfahren laut Arnstein als Alibipolitik im Sinne einer Scheinermächtigung betrachten. Im Gegensatz dazu stehe die tatsächliche Gestaltungsmacht der Bürger*innen, hier „citizen control" genannt (Arnstein, 1969).

Um diese Gestaltungsmacht nicht nur erlangen, sondern auch ergreifen zu können, so die Hypothese der Projektgruppe, würden insbesondere Bürger*innen und zivilgesellschaftliche Akteur*innen oft das Systemwissen missen, welches für die Erfassung von realen Handlungsräumen notwendig sei. Es falle schwer, in transdisziplinär-partizipativen Planungsprozessen auf Augenhöhe zu kommunizieren, wenn es an einer gemeinsamen Wissensbasis mangele und ein geteiltes Vokabular fehle (vgl. Fischer, 2000, S. 29ff). Auch können die Perspektiven der Prozessbeteiligten subjektiv-emotional geprägt sein, was sich wiederum kontraproduktiv auf eine ganzheitliche Lösung auswirken kann. Um tatsächliche „citizen control" (Arnstein, 1969) zu ermöglichen, werden analytisches Systemwissen und auch die kontextabhängige Einordnung systemischer Abhängigkeiten und persönlicher Perspektiven benötigt. Damit lokale Akteur*innen unabhängiger von schablonenhaften Lösungen und zu Mitproduzenten neuer Ansätze werden können, bedarf es einer transparenten und auch wissensvermittelnden Ablaufgestaltung, in der informierte Akteur*innen ihre Interessen einordnen und in den Prozess einbringen können.

Vor diesem Hintergrund dokumentiert dieser Bericht ein studentisches Forschungsprojekt, welches partizipative Visualisierung und Modellierung als Methoden zur Generierung und Vermittlung lokalen Systemwissens erprobte. Dies sollte zivilgesellschaftlichen Akteur*innen das Formulieren von und die Reflektion über Ideen ermöglichen und sie anleiten, diese als ortsspezifische Vorhaben im bestehenden stadtpolitischen, gesellschaftlichen und historischen System zu verorten. Der Fokus lag dabei auf partizipativen Visualisierungs- und Modellierungmethoden als Katalysator für Dialog und Austausch und zur Unterstützung transdisziplinärer Wissensvermittlung und -integration (vgl. Bousquet & Voinov, 2010). Die Projektgruppe verfolgte das Ziel, ein methodisches Workshopkonzept zu entwickeln, das Bürger*innen und zivilgesellschaftliche Akteur*innen ermächtigt und, einer Blaupause gleichend, auf ähnlich strukturierte und situierte Städte und deren jeweils stadtentwicklungs-relevante Themen übertragen werden kann.

Im Hinblick darauf formulierte die Projektgruppe folgende übergeordnete Forschungsfrage:

Wie können die Methoden Visualisierung und Modellierung eingesetzt werden um
  a) lokales Wissen zu sammeln, zu strukturieren, zu vernetzen und
  b) das gewonnene Systemwissen weiterzuentwickeln und handhabbar zu machen?

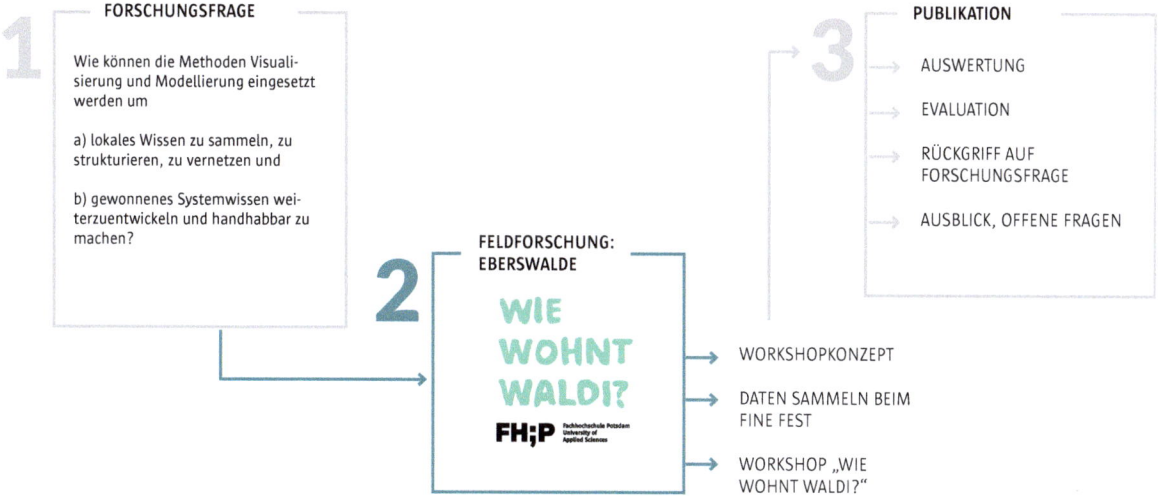

Abbildung 1: Übersicht über das Forschungsprojekt
Grafik: Kristin Bauer

Der Forschungsfrage wurde sowohl theoretisch in Auseinandersetzung mit relevanter Literatur, als auch mit Methoden praxisnaher Feldforschung in Eberswalde nachgegangen. Auf Basis ortsbezogener Recherchen und im Austausch mit Kontakten vor Ort entwickelte die Projektgruppe das Pilotprojekt *Wie Wohnt Waldi?*, das sich in das dreiphasige Forschungsdesign zur Beantwortung der Forschungsfrage einbettete (Abbildung 1). Innerhalb des Pilotprojektes wurden Methoden der partizipativen Visualisierung und Modellierung angewandt und auf ihren Beitrag zu Systemwissen und *Vernetzung der Teilnehmer*innen* überprüft.

Ein im Pilotprojekt durchgeführter Stakeholder-Workshop verfolgte konkret die Fragen:

Welchen Handlungsspielraum gibt es in Eberswalde zur Förderung sozial nachhaltigen Wohnens? Welche Handlungsempfehlungen lassen sich daraus ableiten?

Recherchen ergaben, dass diese Fragen durch eine Trendwende hin zu Zuzug nach Eberswalde und einem damit einhergehenden Steigen der Mieten in den letzten Jahren an Relevanz gewannen (siehe 2. Teil). Auch beschäftigen sich in Eberswalde diverse zivilgesellschaftliche Initiativen mit dem Thema Wohnraum und Flächennutzung, sodass die Ermächtigung zur politischen Beteiligung hier von besonderem Interesse schien. Die Expertise der Engagierten half der Projektgruppe außerdem dabei, den Mehrwert der gewählten Workshop-Methoden für den betreffenden Kontext und Rahmen einzuschätzen, was einen Gewinn für die spätere Evaluation der Inhalte und des Aufbaus des Workshops darstellte.

Im weiteren Verlauf gliedert sich die Projektdokumentation wie folgt: Um einen Überblick über die im Pilotprojekt behandelten Themen zu schaffen, werden im 2. Teil Grundlagen zum Phänomen Gentrifizierung erläutert und diesbezüglich aktuelle Herausforderungen in Eberswalde umrissen. Außerdem wird auf den wissenschaftlichen Diskurs zu Visualisierungs- und Modellierungsmethoden in transdisziplinär-partizipativen Prozessen eingegangen sowie die Relevanz von lokalem Wissen und Systemwissen in diesem Kontext dargelegt. Darauf aufbauend werden das Forschungsdesign und die Methodenauswahl des *Wie Wohnt Waldi?*-Projekts und die Evaluationsmethoden zur Bewertung des Workshops vorgestellt. Die konkreten Projektergebnisse und die durch Meta-Analyse entstandenen Evaluationsergebnisse werden dargelegt und vor dem Hintergrund der Forschungsfrage diskutiert. Als Ausblick werden Ansätze zur weiterführenden studentischen Forschung thematisiert, beispielsweise die Frage zur Relevanz lokalen Wissens in der Wissenschaft, die Möglichkeiten von Wirkungsforschung zu Workshopinterventionen und die Evaluierung partizipativer Modellierung und Visualisierung sowie optionale Weiterentwicklungen des Projekts, beispielsweise im Hinblick auf Systemmodellierung. Die Arbeit schließt mit einem Fazit ab, das die Ergebnisse zusammenfasst und offene Fragen formuliert.

2. TEIL
FORSCHUNGSHINTERGRUND

Im Folgenden werden der Kontext der Themen *Wohnen im Wandel und Gentrifizierung* dargelegt, die thematische Dreh- und Angelpunkte des vor Ort durchgeführten Pilotprojekts waren. In Reaktion auf die beschriebene Situation wurde ein thematisch und an Zielgruppen orientiertes Projektdesign entwickelt, welches mit Methoden interaktive Visualisierung und partizipativer Modellierung arbeitete. Im Zusammenhang damit wird auf die Relevanz lokalen Systemwissens für Transformationsprozesse und partizipativ-transdisziplinäre Stadtentwicklung und -forschung eingegangen sowie an beispielhafte Visualisierungs- und Modellierungs-Ansätze angeknüpft.

WOHNEN IM WANDEL UND GENTRIFIZIERUNG

Die Verfügbarkeit von Wohnraum in deutschen (Groß-)Städten ist ein immer wieder heiß diskutiertes Thema, das meist im Kontext von steigenden Mietpreisen und der resultierenden Verdrängung von *Alteingesessenen* betrachtet wird. Die historische Entwicklung dieses Begriffs geht auf Ruth Glass zurück, die 1964 den langsamen Austausch der ursprünglichen Bewohner*innen in den einst heruntergekommenen Arbeitervierteln Londons durch eine wohlhabende Mittelschicht beschrieb und die damit einhergehende Aufwertung von Bestandsgebäuden feststellte. Sei dieser Prozess einmal in Gang gebracht, entwickele er sich automatisch weiter: über ganze Nachbarschaften, bis der gesamte soziale Charakter der Gegend ein anderer sei (Glass, 1964). Auch wenn die Studien von Glass in den Folgejahren zunächst keine globale Bedeutung erlangten, wurden die von ihr beschriebenen Veränderungen auch in Großstädten der USA verstärkt wahrgenommen. In den 1970er Jahren wurden die beschriebenen Veränderungen von Nachbarschaften jedoch hauptsächlich mit der Rückkehr der Mittelschicht aus dem Umland in die Städte in Verbindung gebracht (Eckardt, 2018). Besonders in den USA, aber auch in Deutschland ließ sich zuvor, seit den 50er Jahren, ein Suburbanisierungsschub verzeichnen. Das eigene Haus im Grünen, außerhalb der chaotischen Stadt, war zum Idealbild für ein ruhiges und traditionelles Familienleben geworden (vgl. Jarvis, Cloke & Kantor, 2009, S. 133). Jedoch veränderte sich im Laufe der zweiten Hälfte des zwanzigsten Jahrhunderts das Bild. Frauen traten verstärkt als Akteurinnen auf dem Arbeitsmarkt auf und das traditionelle Familienbild verlor an Bedeutung. Neue Lebenskonzepte entstanden und gewannen an Akzeptanz, die zuvor gesellschaftlich kaum toleriert wurden. Monika Alisch betont 2013, dass die urbane Peripherie hauptsächlich von Familien bewohnt sei, die eher dem traditionellen Bild entsprechen würden, während in der Stadt viele wahrgenommen neue Haushaltsformen, wie Alleinlebende, Alleinerziehende, Wohngemeinschaften, Unverheiratete, Patchwork-Familien usw. entstünden (vgl. Alisch 2013, S. 97, 128). Mit diesen neuen Lebensmodellen veränderte sich auch die Vorstellung vom idealen Wohnumfeld. Die Menschen zogen vermehrt in die Städte, wo die Infrastruktur das nahe Wohnen und Arbeiten ermöglichte. Die steigende Zahl von Menschen, die in zentraler Lage wohnen wollen, verstärkt seither, neben einer Vielzahl anderer Einflüsse, den Entwicklungsdruck der Innenstädte (vgl. Holm, 2012, S. 243).

> **Andere Einflüsse auf den Entwicklungsdruck der Innenstädte**
> Hierbei ist einzuräumen, dass dieser Ansatz einer von vielen weiteren ist, Gentrifizierung zu erklären. Siehe z.B. auch die ökonomische Kontextualisierung der Rent-Gap-Theorie (Smith, 1979).

Philipp Clay entwickelte 1979 ein Vierphasen-Schema, um das Phänomen Gentrifizierung zu beschreiben, zu systematisieren und den Zusammenhang zwischen dem Prozess und dem **steigenden Zuzug in die Stadt** zu untersuchen (vgl. Eckardt, 2018, S. 5). Hierfür benannte er vier verschiedene Stadien eines Gentrifizierungsprozesses und die Akteur*innen, die diese maßgeblich beeinflussen:

Während der *ersten Phase* der Gentrifizierung ziehen *Pioniere* (z.B. Künstler*innen, Studierende und Berufseinstieger), die in der Regel über wenig finanzielle Mittel, dafür aber über kulturelles Kapital verfügen, in eine Nachbarschaft, in der es günstigen Wohnraum oder auch viel Leerstand gibt. Die *Pioniere* eignen sich diese Nachbarschaft nach und nach an (vgl. Eckardt, 2018, S. 6). Der Sozialwissenschaftler Andrej Holm beschreibt die Entstehung von unkommerziellen Projekten, die Eröffnung von Gastronomie etc. als „typisch" für diese Phase (Holm, 2010, S. 70). Die *zweite Phase* der Gentrifizierung beschreibt die „symbolische Aufwertung" (ebd.) der Nachbarschaft. Die Identität der Gegend hat sich verändert und die *Pioniere* steuern diese nun gezielt an. Die ersten Aufwertungsprozesse der vorher vernachlässigten Umgebung sind zu verzeichnen. In der *dritten Phase* wird der Nachbarschaft eine verstärkte mediale Aufmerksamkeit zuteil, die durch die ökonomische Aufwertung der Gegend begleitet wird. Einkommensstarke *Gentrifizierer* ziehen zu und investieren in die Aufwertung von Immobilien und Infrastruktur. Die Verdrängung von *alteingesessenen* Bewohner*innen nimmt zu. In der *vierten Phase* ist die Umgebung beinahe vollständig gentrifiziert. Die *Gentrifizierer* bestimmen das Geschehen in der Nachbarschaft. Die *alteingesessenen* Bewohner*innen des Viertels wurden weitestgehend verdrängt und wohnen nicht mehr dort (vgl. Eckardt, 2018).

> **Zuzug in die Stadt: weitere Velaufsmodelle zur Beschreibung von Gentrifizierungsprozessen**
> weitere Verlaufsmodelle zur Beschreibung von Gentrifizierungsprozessen, die sich später durchgesetzt haben: *das Vier-Phasen-Modell* von Friedrichs (1998) und der *Doppelte-Invasions-Sukzessions-Zyklus* von Dangschat (1988) (zit. nach Üblacker, 2015, S. 30).

Gentrifizierung wird in der Wissenschaft meist als Großstadtphänomen beschrieben. Jan Üblacker erläutert, dass in der Gentrifizierungsforschung in Deutschland zwischen den Jahren 1980 bis 2004 insbesondere Berlin, Hamburg, München, Köln und Frankfurt thematisiert wurden. Bemerkenswert sei jedoch die Abkehr von einem obligatorischen Metropolen-Bezug, wie ein Blick auf den insbesondere **seit 2010 entstandenen Zuwachs** an Qualifikationsarbeiten zu Gentrifizierung zeigt (vgl. Üblacker, 2015). Unter den 327 von Üblacker untersuchten Arbeiten finden sich auch Gentrifizierungsstudien zu Städten wie Wittenberg, Görlitz, Wolfenbüttel, etc., also zu Städten, die ca. 50.000 Einwohner*innen zählen und somit zu den Mittelstädten gehören. Auch Fehlberg und Mießner betonen, dass nicht nur in Großstädten die Anspannung der Wohnungsmärkte in den letzten Jahren gewachsen sei. In Universitätsstädten mit mehr als 50.000 Einwohner*innen seien die Mietpreise zwischen 2008 und 2013 um 13% gestiegen (Fehlberg & Mießner, 2015).

> **Zuwachs seit 2010**
> Jan Üblacker betont, dass unter den 56 von ihm recherchierten Arbeiten bzgl. Gentrifizierung in Berlin nur drei Arbeiten vor 2000 entstanden sind.

Blick nach Eberswalde

Eberswalde umfasst 41.380 Einwohner*innen (Stadt Eberswalde, 2017) und gilt somit als kleinere Mittelstadt mit einer Hochschule. Im Jahr 1989 zählte die Stadt 54.964 Einwohner*innen (Landesbetrieb für Datenverarbeitung und Statistik Land Brandenburg, 2006), in den Jahren nach der Wende kämpfte sie mit verstärkten Abzug der Bevölkerung und zählte im Jahr 2013 nur noch 38.960 Einwohner*innen (Stadt Eberswalde, 2014). Die Bevölkerungsprognosen des *Integrierten Stadtentwicklungskonzepts INSEK* aus dem Jahr 2014 gingen von einer weiteren Schrumpfung in den Folgejahren aus (ebd.). Es zeigt sich jedoch, dass die Zahlen in den letzten Jahren wieder steigen. In der aktuellen Fortschreibung der Stadtumbaustrategie (Stadt Eberswalde, 2018) wird eingeräumt, dass das positive Wanderungssaldo (Zuzug aus Berlin aufgrund des dort angespannten Wohnungsmarktes, aus dem Barnimer Umland und von geflüchteten Menschen) im INSEK 2014 noch nicht abzusehen gewesen war. Insbesondere die Innenstadt Eberswalde hat einen starken Zuwachs zu verzeichnen. Die Leerstandsquote sank hier von 19% im Jahr 2005 auf 11,5% im Jahr 2016. Seit 2014 sind hier zahlreiche Sanierungsmaßnahmen getroffen worden und die Mietpreise gestiegen. Auch überwiegt im Vergleich zu anderen Stadtteilen deutlich die Anzahl der Wohnungseinheiten im Besitz privater Eigentümer*innen, wohingegen beispielsweise die Wohneinheiten im *Brandenburgischen Viertel* nahezu ausschließlich Eigentum der Wohnungsbauunternehmen Eberswaldes sind. Selbst wenn, wie oben erläutert, Gentrifizierung in der Forschung meist mit Großstädten in Verbindung gebracht wird, ist sie doch auch Thema in Eberswalde: Verschiedene Initiativen wie *Recht auf Stadt Eberswalde* beschäftigen sich mit den steigenden Mietpreisen. Im Januar 2018 fand im *Bürgerbildungszentrum Amadeus Antonio* der „Machbarschaftstag" statt, organisiert von zivilgesellschaftlichen Initiativen, der Hochschule für nachhaltige Entwicklung und der Stadt. Diskutiert wurden hier u.a. auch über sozialgerechten Wohnraum und gemeinnützige Gebäudenutzung (vgl. *Transition Thrive* Eberswalde, 2018). Die offenkundige Relevanz und Aktualität des Themas Wohnen nahm sich die Projektgruppe zum Anlass, das Pilotprojekt *Wie Wohnt Waldi?* zu entwickeln.

PARTIZIPATIV-TRANSDISZIPLINÄRE STADTENTWICKLUNG

Dass die Partizipation von Bürger*innen in der Stadtplanung über Jahrzehnte hinweg diskutiert wird und nicht an Relevanz verliert, wurde im akademischen Diskurs seit Arnstein (1969) wiederholt bewiesen und nicht zuletzt durch knapp 17.000 Zitationen ihrer *Ladder of Citizen Participation* in wissenschaftlichen Publikationen verdeutlicht, einzusehen auf der größten Recherche-Plattform zu wissenschaftlicher Literatur, Google Scholar (Stand August 2018). Von der Frage, was Partizipation bedeutet, vermag und vermisst, entwickelte sich der Diskurs beständig weiter. Gegenwärtig scheint der Trend von einem Werben für partizipativ-transdisziplinäre Konzepte bestimmt und wird die Relevanz eines gezielten Einbezugs von Wissenschaftler*innen, lokalen Anwohner*innen und zivilgesellschaftlichen Stakeholder*innen in transparente Planungsprozesse und die Evaluation von Entscheidungen betont (siehe Abelson, Forest, Eyles, Smith, Martin, & Gauvin, 2001; Alcánatara, Arnold, Busch, Dietz, Friedrich, Lindner, Ritz, & Sonnenberger, 2018; Billger, Thuvander, & Stahre Wästberg, 2016; Corburn, 2003; Fischer, 2000; Kallus, 2016).

In der Planungspraxis resultiert das Übertragen von Entscheidungsmacht an Bürger*innen in einen Bedarf nach Wissen über Systemzusammenhänge und -abhängigkeiten, um Handlungsspielräume wahrnehmen und konkrete Ideen vorlegen zu können.

> **Some portray the situation as a dilemma: citizens don't have enough knowledge to participate meaningfully in technically oriented policy decisions, but it is difficult in a democracy to legitimately deny citizens a place at the decision-making table.**
>
> (Fischer, 2000, S. 10)

Wenn es also darum geht, (stadtplanerisches) Handeln durch beispielsweise kollektive Deliberation zu legitimieren (Abelson et al., 2001), dann gilt es die Beteiligten und Betroffenen von Beginn an zu informieren, zu mobilisieren und ihnen Verantwortung zu übertragen: „An active, engaged citizen (rather than the passive recipient of information) is the prescription of the day" (ebd., S. 5). Zur Annahme dieser Verantwortung müssen sowohl Plattformen für Wissensaustausch geschaffen, als auch Werkzeuge angeboten werden, um Wissen in Handlungen umzusetzen. Kollektive Diskussion kann hier als ein erster Schlüsselfaktor bezeichnet werden, denn sie erlaube allen Beteiligten „…to listen, understand, potentially persuade and ultimately come to more reasoned, informed and public-spirited decisions" (ebd., S. 8 f).

RELEVANZ LOKALEN SYSTEMWISSENS ZUR GESTALTUNG VON TRANSFORMATIONSPROZESSEN

Der Einbezug von Forschenden, städtisch Angestellten, Bürger*innen sowie weiteren Akteur*innen in unterschiedlichen Rollen, wie die von Initiierenden, Geldgebenden, Interessensvertretenden und Betroffenen (Bousquet & Voinov, 2010) resultiere unvermeidbar in einer Gemengelage verschiedener Interessen (ebd.) und einer zunehmenden Komplexität (Billger et al., 2016). Das dokumentierte Projekt erprobt, wie dem begegnet werden kann und bettet sich in das Leitbild transformativer Forschung ein: Diese bestrebt, durch Förderung gemeinschaftlichen sozialen Lernens und Vermittlung von Transformationswissen aktiv Transformationsprozesse anzuregen (Alcántara et al., 2018, S. 271) und folgt damit einem transdisziplinären Verständnis von Wissenschaft. Insbesondere nicht-akademisches Wissen leiste hier einen wertvollen Beitrag, da es Aspekte berücksichtigt und Zusammenhänge aufzeige, die von Forschenden leicht übersehen werden (Bousquet & Voinov, 2010).

Nichtsdestotrotz ist, so die Hypothese der Projektgruppe, zur Gestaltung von Veränderungsprozessen ein Wissen um gegenwärtige Systemzusammenhänge notwendig. Beispiele aus der Stadtpolitik und insbesondere dem Gentrifizierungs-Diskurs zeigen, dass Debatten um beispielsweise Verdrängung und ein *Recht auf Stadt* oft aktivistisch und emotional geführt werden (siehe Holm, 2014). Stärker als solche Proteste eröffnet die methodisch-moderierte Betrachtung von Gegebenheiten und Abhängigkeiten die Möglichkeit, individuelles Erleben zu reflektieren und die Situation und sich daraus ergebende Möglichkeiten und Herausforderungen einzuordnen (Barreteau et al., 2013; Bousquet & Voinov, 2010). Ausgangspunkt für die Selbstermächtigung von zivilgesellschaftlichen Akteur*innen in Transformationsprozessen bietet für die Projektgruppe demnach die Vermittlung von ortsspezifischem Systemwissen, also dem „… Wissen darüber, was die aktuelle Situation ist" (Alcántara et al., 2018, S. 272). Von dort ausgehend kann im Sinne von Wunschvorstellungen Ziel- und Orientierungswissen für die Zukunft erarbeitet werden und wird letzten Endes Transformationswissen erlangt, welches aufzeigt „… wie von der jetzigen Situation zum angestrebten Zustand gelangt werden kann" (ebd.). Die Projektgruppe geht also davon aus, dass ortsspezifisches Systemwissen hilft, Anliegen zu strukturieren, zu vernetzen und im Folgenden weiterzuentwickeln und handhabbar zu machen.

VISUALISIERUNG UND MODELLIERUNG IN STADTFORSCHUNG UND -ENTWICKLUNG

Insbesondere in Bezug auf wissensbasierte und raumbezogene Planungsthemen wie Wohnen und Gentrifizierung ist zunächst ein Verständnis der spezifischen, lokalen Werte und Anliegen sowie deren Verfügbarmachung und Einbezug in den Projektprozess wertvoll (Natarajan, 2017). Um solche *Erfahrung aus erster Hand* (Corburn, 2003, S. 420) zu sammeln, aufzubereiten und zu kommunizieren bieten sich partizipative Visualisierungsmethoden an (Kallus, 2016). Modelle wiederum eignen sich zur Generierung, Vermittlung und Diskussion von System-, Orientierungs- und Handlungswissen (Alcántara et al., 2018; Bousquet & Voinov, 2010; Devisch, Poplin, & Sofronie, 2016): so untersucht ein von Bolchi und Diappi (2008) vorgestelltes *NetLogo*-Modell auf Basis der ökonomischen *Rent Gap Theory* (Smith, 1979 & 1987) lokale Wohnungsmarkt-Dynamiken und Gentrifizierungsprozesse (Bolchi & Diappi, 2008, S. 6). Das agentenbasierte Modell *RESMOBcity* analysiert am Beispiel Leipzigs Wohnmobilität und Veränderungen in der Raum- und Flächennutzung schrumpfender Städte (Haase, Lautenbach, & Seppelt, 2010, S. 1225). Werden Modelle wiederum in transdisziplinär-kollaborativen Prozessen eingesetzt, kann sich der Fokus von der technischen Herangehensweise hin zu einem gemeinsamen Entwickeln von Modellen und insbesondere zu partizipativer Modellierung (siehe Barreteau, Bots, Daniell, Etienne, Perez, Barnaud, ... & Trebuil, 2013) verschieben, beispielsweise im Sinne von *Szenarioentwicklungen* (Alcántara et al., 2018) oder *Serious Gaming* (Devisch, Poplin, & Sofronie, 2016).

Aus demnach gutem Grund erfahren interaktive Visualisierungs- und Modellierungswerkzeuge zunehmende Popularität in partizipativen Planungsprozessen und werden herangezogen, um Wissens- und Erfahrungsaustausch zu fördern und Entscheidungsprozesse zu unterstützen (siehe Barreteau et al., 2013; Billger, Stahre Wästberg, & Thuvander, 2016; Bousquet & Voinov, 2010). Jedoch sind die gegenwärtig zur Verfügung stehenden Methoden vielfältig bis schwer zu überblicken (Billger et al., 2016; Münster et al., 2017). Nicht zuletzt eröffnen partizipative Ansätze im Allgemeinen und insbesondere digitale Werkzeuge Chancen für die transdisziplinäre Praxis, sind jedoch bislang nicht hinreichend erprobt, analysiert und implementiert (Billger et al., 2016) sowie wissenschaftlich auf ihre Wirkmacht hin evaluiert (Abelson & Gauvin, 2006; Münster et al., 2017).

Einsatz analoger Visualisierungs- und Modellierungsmethoden im Pilotprojekt *Wie Wohnt Waldi?*

Im dokumentierten Pilotprojekt entschied sich die Projektgruppe zum Einsatz analoger Visualisierungs- und Modellierungsmethoden und deren nachträglicher digitaler Aufbereitung. Artefakte wie analog-interaktive Kartierung, visuell aufbereitete Strategiepläne und händisch gezeichnete Systemdiagramme suggerieren nach Erachten der Gruppe Zugänglichkeit den Zielgruppen gegenüber. Digitale Methoden hätten in den kollaborativen Workshop-Settings gegebenenfalls überfordert und vom Wesentlichen, nämlich der inhaltlichen Zusammenarbeit und dem sozialen Austausch, abgelenkt. Auch war weder den Befragten und Workshop-Teilnehmenden, noch der Projektgruppe der Einbezug digital-interaktiver Werkzeuge hinreichend vertraut und geläufig, um Zugänglichkeit im selbstständigen Umgang mit den Methoden und Artefakten zu erzielen. Ausschlaggebend war vielmehr die unterstützende Funktion von Visualisierungsmethoden dabei, eine Plattform zum Austausch über Gegebenheiten und Potentiale des städtischen Umfelds (Kallus, 2016, S. 17) zu schaffen. Analoge Analyse-Modelle, wie das aus Unternehmensmanagement und Wettbewerbsanalyse bekannte *STEEP-Ordnungsschema* (Bensoussan & Fleisher, 2003) und eine *Wechselwirkungsanalyse* schienen wiederum zur kleinteiligen Analyse eines so generischen Themas wie *Wohnraum* geeignet um, gleich eines „Rundumblicks", diverse Einflussfaktoren zu identifizieren und in Beziehung zu setzen.

3. TEIL
FORSCHUNGSDESIGN

Auf Grundlage des im 2. Teil ausgeführten Kontextes entwickelte die Projektgruppe erstens die übergeordnete Forschungsfrage

Wie können die Methoden Visualisierung und Modellierung eingesetzt werden um
  a) lokales Wissen zu sammeln, zu strukturieren, zu vernetzen und
  b) das gewonnene Systemwissen weiterzuentwickeln und handhabbar zu machen?

Zweitens wurde ein örtlich und thematisch übertragbares, dreiphasiges Forschungsdesign entwickelt, das in Eberswalde beispielhaft durchgeführt und begleitend erforscht wurde. Dieses umfasst die folgenden Phasen:

1. **Phase:** Datensammlung und Konsultation der Öffentlichkeit
2. **Phase:** Weiterverarbeitung von gewonnenen Daten innerhalb eines internen Workshops (max. 12 Teilnehmende)
3. **Phase:** Rückführung der Ergebnisse in eine öffentliche Reflektion.

In der *1. Phase* wurden Stimmen der breiten Bevölkerung gesammelt, Präsenz in der Stadt gezeigt und Daten generiert. In der *2. Phase* wurde auf Grundlage der gesammelten Informationen eine geschlossene Workshop-Situation vorbereitet und durchgeführt. Die *3. Phase* diente der Präsentation der gesammelten Daten und Workshop-Ergebnisse vor einem erneut breiten Publikum, um Reaktionen aufzunehmen und Diskussion anzuregen (siehe Abbildung 2). Die entstehende Rückmeldung zu Ideen und Vorhaben kann im Anschluss erneut in die interne Zusammenarbeit zurückgegeben und weiterverwendet werden, wodurch der Dreiklang *(öffentlich-intern-öffentlich)* fortgeführt und verstetigt werden kann.

Workshopkonzept

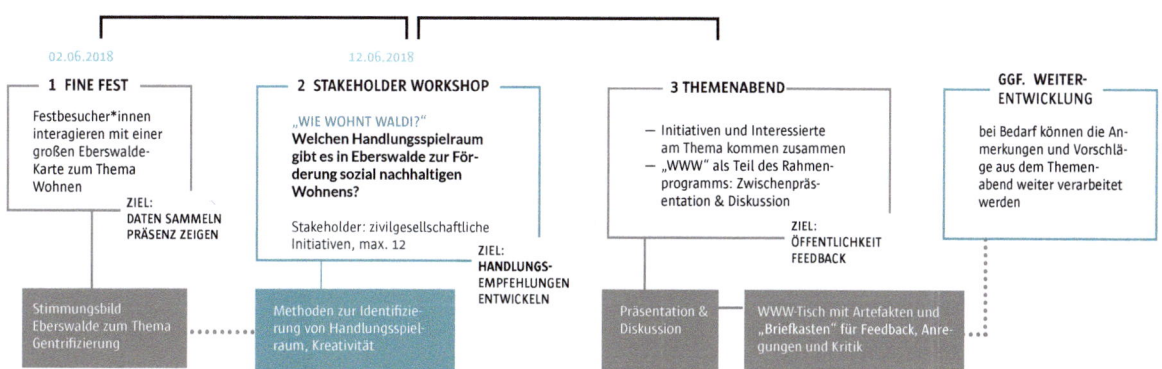

Abbildung 2: Forschungsdesign: iterativer Dreiklang
Grafik: Kristin Bauer

Die Datensammlung der *1. Phase* versetzte die Projektgruppe in die Lage, eine Gesprächs- und Analysegrundlage für die *2. Phase*, den internen Workshop, zu schaffen. Der Workshop diente der kollaborativen Wissensstrukturierung im behandelten Themenbereich und der Formulierung spezifischer Handlungsfelder und Ansatzpunkte für mögliches zukünftiges Engagement.

Die insbesondere auf Diskussion und Reflektion ausgerichtete *3. Phase* diente als „Spiegel" für das bis dahin Entwickelte, jedoch ohne damit einen Schlusspunkt zu setzen. Vielmehr kann die Veranstaltung als Ausgangspunkt für eine vertieftere Auseinandersetzung betrachtet werden. Die *3. Phase* ist schließlich ebenfalls zentraler Teil des Forschungsdesigns, denn sie markiert den Punkt an dem Zwischenergebnisse eines begonnenen Prozesses im Sinne eines „Testlaufs" an die lokale Gemeinschaft zur Kommentierung und gegebenenfalls Weiterentwicklung übergeben werden. Formal sollte diese Phase deshalb nicht als Präsentation von Endergebnissen betrachtet werden, sondern als ein Meilenstein, an dem die studentische Projektgruppe den Prozess an die lokale Gemeinschaft übergibt und das Begonnene den Bürger*innen zur Weiterentwicklung überlässt. Die Projektgruppe möchte damit der Unausweichlichkeit einer zeitlichen und inhaltlichen Begrenzung eines Semesterprojekts mit der Handreichung aller im Verlauf gewonnenen Erkenntnisse beggnen. Für die im Rahmen der *3. Phase* durchgeführte Veranstaltung ist die Notwendigkeit einer vorbereiteten Moderation zu beachten. Diese dient der Unterstützung eines konstruktiven Austauschs der Öffentlichkeit mit der Projektgruppe und den Workshop-Teilnehmenden, die sich durch die Präsentation ihrer Ideen gegebenenfalls angreifbar machen.

Zusammengefasst diente die von der Projektgruppe gewählte Herangehensweise der Untersuchung einer übergeordneten Forschungsfrage anhand eines ortsbezogenen Pilotprojekts. Die Methodentriangulation zielte darauf ab, die Generierung und Zusammenfassung lokalen Wissen und, darauf aufbauend, die Synthese und Strukturierung neuen Systemwissens zu unterstützen. Das „Doppeltrichter"-ähnliche Forschungsdesign (öffentlich-intern-öffentlich) folgt dem Bestreben, Arbeitsprozesse zu stadtgesellschaftlich relevanten Themen von Beginn an transparent zu gestalten und über einen geschlossenen „Experten-Kreis" hinaus zu öffnen. Hervorzuheben ist im Weiteren jedoch weniger das Streben nach Transparenz, als das Abzielen auf transdisziplinäre Vermittlung und Integration neuen Systemwissens im Ideenfindungsprozess zivilgesellschaftlicher Akteur*innen.

4. TEIL
METHODIK DES PILOTPROJEKTS WIE WOHNT WALDI?

Die Projektgruppe übertrug das dreiphasige Forschungsdesign auf Eberswalde, um die übergeordnete Forschungsfrage mittels eines ortsbezogenen Pilotprojekts praktisch und exemplarisch zu untersuchen. Vor dem Hintergrund der im 2. Teil dargelegten Aktualität der Themen *Wohnen im Wandel und Gentrifizierung* entstand die Idee zu *Wie Wohnt Waldi?*, ein leichter zugänglicher Titel, welcher den Projektcharakter, den Bezug zur Stadt und derer Bewohner*innen repräsentiert. Das Projekt prüfte ausgewählte Methoden interaktiver Visualisierung und partizipativer Modellierung auf ihren Beitrag zu Ideenentwicklung und Selbstermächtigung zivilgesellschaftlicher Akteur*innen im Hinblick auf den Umgang mit Eberswalder Wohnraum. In den folgenden Unterkapiteln wird das Vorgehen in dem sich auf zwei Ebenen (Öffentlichkeit und interne Expert*innenrunde) bewegenden Projekts erläutert.

1. PHASE: ÖFFENTLICHKEIT – DATEN SAMMELN IN EBERSWALDE

Um Präsenz vor Ort zu zeigen, Öffentlichkeit für *Wie Wohnt Waldi?* zu generieren, in Kontakt zu Eberswalder*innen zu treten und nicht zuletzt projektrelevante Informationen zu sammeln, bespielte die Projektgruppe einen Stand auf dem Stadtkulturfest *FinE* im Juni 2018. Als Vorteil der öffentlichen Situation betrachtete die Gruppe die Heterogenität der Menschen vor Ort. Es konnten beispielsweise verschiedene Altersstufen sowie soziale Schichten erreicht werden, ohne diese im Vorfeld gezielt anwerben zu müssen.

In der Vorbereitung des *FinE* entstand der Projektname *Wie Wohnt Waldi?*, der vor dem Hintergrund ausgewählt wurde, spielerisches Interesse zu wecken ohne durch ein akademisches Auftreten abzuschrecken. Des Weiteren sollte den Bewohner*innen durch die im Folgenden erläuterten Methoden ein Zugang zu dem Untersuchungsthema mit möglichst geringer „akademischer Hemmschwelle" ermöglicht werden. Hierzu wurden *visualization tools for dialogue* genutzt, worunter in der Visualisierungsforschung analoge und digitale Visualisierungen zusammengefasst werden, welche in urbanen Transformationsprozessen den fachlichen Austausch über ein Thema katalysieren (vgl. Billger et al., 2016, S. 3-4). Neben digitalen Varianten sind beispielsweise interaktive Mitmachkarten und Stadt-Modelle Formen von Dialogwerkzeugen, die generell mehrere Funktionen erfüllen können:

> **Functions within visualization tools for dialogue are gathering and sharing location based information; collecting experience based data; and enable discussions about a place. The purpose of these kinds of visualization tools is to give citizens the opportunity to present their feedback as well as offer their ideas for sustainable urban development.**
>
> (ebd, S. 4)

Der im 2. Teil beschriebene Zuzug nach Eberswalde impliziert die Fragen: Wo ziehen Zugezogene hin? Kann Zuzug zur Gentrifizierung einzelner Stadtteile führen? Die im Folgenden erläuterte analoge Stadtkarte eröffnet die Gelegenheit, sich möglichen Antworten spielerisch anzunähern und einen Einblick in die subjektive Einschätzung der Bewohner*innen zu erlangen. Um beschriebene Gentrifizierungstendenzen aus lokaler Perspektive zu untersuchen, wurde für den Stand eine großformatige und interaktive Karte von Eberswalde angefertigt, auf der Passant*innen beispielsweise etwaige Verdrängungstendenzen sichtbar machen konnten. Dabei wurde sich zugunsten der Zugänglichkeit für ein analoge Variante entschieden.

In der Vorbereitung stützte die Projektgruppe sich auf die These, dass eine adäquate Detailtiefe der Visualisierung helfe, einen Fokus zu generieren (vgl. Billger et al., 2016, S. 15): Auf der Karte wurden nur die wichtigsten Straßennamen eingezeichnet, sodass sich die Teilnehmer*innen auf Nachbarschaften beziehen und sich nicht in der Suche nach zum Beispiel bestimmten Straßennamen verlieren würden. Weiter wurden zur Veranschaulichung drei *Personas* entwickelt, deren Charakteristika sich an den Forschungsergebnissen der verschiedenen Gentrifizierungsphasen orientieren und je eine Gruppe im Gentrifizierungsprozess repräsentieren (*Pioniere*, *Gentrifizierer* und *Alteingesessene*, vgl. Eckardt, 2018) (vgl. 2. Teil). Den *Personas* wurde je eine Farbe zugeordnet und die Passant*innen aufgefordert, mit Klebepunkten auf der Karte zu markieren, wo welche *Persona* ihrer Ansicht nach wahrscheinlich wohnen, beziehungsweise wo sie wahrscheinlich hinziehen würde. Durch die farbliche Differenzierung der Klebepunkte bildeten sich im Verlauf des Tages über die Karte verteilt Ansammlungen von *Persona*-Gruppen. Durch das Spiel mit *Personas* trugen die Teilnehmer*innen Daten für eine „Eberswalder Gentrifizierungs-Karte" bei, ohne das Thema selbst durchdringen zu müssen. Zusätzlich sollte das Nachdenken über die *Personas* zu persönlichen Assoziationen anregen, was wiederum Gesprächseinstiege erleichterte. Da diese Methode die Möglichkeit versprach, durch persönlichen Gespräche neue und für das Projekt relevante Informationen auszutauschen, sollten neben Gentrifizierungs-Daten auch Gesprächsinhalte festgehalten werden. Hierzu wurden leitfadengestützte Interviews entwickelt, die unter anderem das Alter der Teilnehmenden sowie deren individuelle Bezüge zu den *Personas* abfragten und im Weiteren die Möglichkeit zum persönlichen Austausch und dem Festhalten in Gesprächsnotizen von „Eberswalder O-Tönen" baten.

2. PHASE: INTERNE EXPERT*INNENRUNDE – WORKSHOP

Die *2. Phase* des Projektes sah das Zurückspielen der gewonnen Daten in einen internen Rahmen vor, um auf Grundlage dieser in einer ausgewählten Gruppe von zehn Teilnehmenden kollaborativ zu arbeiten. Die Zusammensetzung der Workshop-Gruppe richtete sich nach den behandelten Themenkomplexen (Wohnraum im Wandel und Gentrifizierung) und brachte Vertreter*innen zivilgesellschaftlicher Initiativen, der Wohnungswirtschaft, Stadtplanung und betroffene Bürger*innen zusammen.

Die verfolgte Agenda gliederte sich in mehrere Abschnitte: Nach einem gegenseitigen Kennenlernen und Austausch über Erwartungen an den Workshop wurden zunächst in einem einführenden Kurzvortrag die Hintergründe des Pilotprojekts und Eindrücke sowie generierte Ergebnisse der *1. Phase*, in diesem Fall das *FinE*, vorgestellt. Im Weiteren wurden Erfahrungs- und Expert*innenwissen der Teilnehmenden zusammengeführt, diskutiert und methodisch in ein kollaboratives lokales Systemwissen über Einflussfaktoren des Themas Wohnen und deren wechselwirkende Abhängigkeiten überführt. Aus den sich daraus ergebenden Erkenntnissen, Handlungsräumen und Synergien wurden schließlich Ideen und konzeptuelle Ansätze für zivilgesellschaftliches Engagement zur Förderung sozial nachhaltigen Wohnens formuliert. Der Workshop wurde vornehmlich durch moderierte Modellierungs- und Visualisierungsmethoden begleitet.

Die kollaborative Generierung von Systemwissen erfolgte nach Vorbild einer *STEEP-Analyse* (Bensoussan & Fleisher, 2003), welche für *Wie Wohnt Waldi?* geringfügig abgeändert und vereinfacht wurde. In der praktischen Umsetzung der Analyse wurden *Schlüsselfaktoren*, welche die Entwicklung vom Eberswalder Wohnraum beeinflussen, identifiziert und ausgearbeitet. Folgende Faktoren wurden betrachtet:

1. **Soziokulturelle Schlüsselfaktoren**, worunter Zu- und Abwanderung, Einkommensverteilung oder Altersdurchschnitt der Bevölkerung fallen können

2. **Ökonomische Schlüsselfaktoren**, worunter Wirtschaftswachstum oder Arbeitslosigkeit fallen können

3. **Ökologische Schlüsselfaktoren**, worunter Flächenverbrauch oder ökologischer Zustand von Gebäuden fallen können

4. **Politische Schlüsselfaktoren**, worunter Gesetzgebung oder Partizipations- und ausdrucksmöglichkeiten fallen können

Eine *STEEP-Analyse* umfasst in der ursprünglichen Version außerdem *Technologische Schlüsselfaktoren*, welche für *Wie Wohnt Waldi?* jedoch als thematisch weniger relevant betrachtet und deshalb ausgeschlossen wurden. Ein weiteres Ausschlusskriterium lag in dem Bestreben begründet, diese bisweilen zeitaufwändig, ausschweifend und im Umkehrschluss gegebenenfalls dröge angelegte Methode insoweit zu reduzieren, als dass diese im gewählten Workshop-Format leicht verstanden und hinreichend bearbeitet werden konnte.

Der folgende Abschnitt des Workshops baute auf die, für die übergeordneten *Schlüsselfaktoren* durch *STEEP-Analyse* identifizierten, Einflussgrößen auf. In einer *Wechselwirkungsanalyse*, welche ebenfalls zugunsten der Zugänglichkeit in einer reduzierten Form angewandt wurde, wurden die Einflussgrößen in Bezug gesetzt und deren gegenseitige Abhängigkeit und Beeinflussung mittels eines Zahlenschemas untersucht und festgehalten. Zur Bewertung und übersichtlichen Darstellung wurden die generierten Daten abschließend in ein *Aktiv-Passiv-Diagramm* überführt. Die ersichtlichen Ergebnisse standen dann im Plenum zur Reflektion, Diskussion und weiteren Bearbeitung.

Im letzten Abschnitt des Workshops wurden auf Basis der neuen Erkenntnisse und mit Hilfe der Methode *Ideenblume* Ansätze für zivilgesellschaftliches Engagement zur *Zukunft des Eberswalder Wohnraums* entwickelt und in einer *Roadmap* mit konkreten Vorschlägen zum praktischen Vorgehen visualisiert und festgehalten.

3. PHASE: ZURÜCK IN DIE ÖFFENTLICHKEIT – THEMENABEND

Nach der *1.* und *2. Phase* schlug das dreiphasige Forschungsdesign für die *3. Phase* eine erneut unter Einbezug der breiten Öffentlichkeit stattfindende Veranstaltung vor. Hier sollte das im Workshop generierte Wissen und die dort entstandenen Ideen an die städtischen Bürger*innen und weitere Akteur*innen zurückgeführt und zur Reflektion und Diskussion eingeladen werden. Er bot die Möglichkeit, interne Zwischenergebnisse transparent zu machen und konstruktiv auf den Prüfstand zu stellen. Dieser Schritt sollte den Ideen Legitimierung verschaffen, bevor diese in einer potentiellen nächsten Workshop-Situation, auf Grundlage und unter Berücksichtigung der öffentlichen Reflektion, weiterentwickelt werden.

5. TEIL
ERGEBNISSE

Im folgenden Teil werden die Ergebnisse des durchgeführten Workshopkonzeptes präsentiert. Zunächst wird auf die Ergebnisse der Visualisierungs- und Begleitforschungsmethoden auf dem Stadtkulturfest *FinE* eingegangen. Anschließend werden die im internen Workshop erarbeiteten Resultate der eingesetzten Methoden erläutert.

STADTKULTURFEST FINE

Die Projektgruppe war durch fünf Mitglieder auf dem Eberswalder Stadtkulturfest *FinE* im Juni 2018 vertreten, um über einen Zeitraum von acht Stunden (10 bis 18 Uhr) ihren mit Informationsmaterial und interaktiver *Wie Wohnt Waldi?*-Karte (Abbildung 3) ausgestatteten Stand zu betreuen, Passant*innen zur Interaktion einzuladen, diese anzuleiten und begleitende Gespräche zu führen. Um sicherstellen zu können, dass relevante Daten nicht verloren gehen, wurden verschiedene Methoden entwickelt, welche der Projektgruppe helfen, die Arbeit in der 1. Phase des Forschungsdesigns zu dokumentieren.

Durch die im Vorfeld entwickelte Stadtkarte sowie dem Einsatz der verschiedenen *Personas* konnten zahlreiche Bürger*innen befragt werden. Auch war, wie gewünscht, ein breiter Altersdurchschnitt zu verzeichnen. Diese Annahme lässt sich nicht nur durch die Menge an Klebepunkten auf der Karte belegen. Auch die Templates der vorher entwickelten leitfadengestützten Interviews, sowie die ausgelegte E-Mail Liste sind über den Tag konstant gefüllt worden. Im Nachhinein kann konstatiert werden, dass die Entscheidung für die Templates als positiv zu bewerten ist. So konnte sichergestellt werden, dass alle Projektmitglieder, trotz der individuellen Ansprache der Bürger*innen, einen Leitfaden hatten, um Daten abfragen und damit generieren zu können. Des Weiteren wurden diese Templates so angelegt, dass das Einfangen von O-Tönen schnell und unkompliziert möglich war. Zwar waren diese nicht immer explizit dem zu erforschenden Thema zuzuordnen, jedoch ermöglichten sie der Projektgruppe durch die lockere Gesprächsatmosphäre einen umfassenden Einblick in die verschiedenen Lebenswelten der Bürger*innen. Gemeint sind damit nicht nur die geführten Gespräche zum Ist-Zustand der Bürger*innen. Viele der älteren Befragten lieferten geschichtliche Zusammenhänge und erzählten von den Entwicklungen der Stadt Eberswalde. Daraus resultierte, dass die Projektgruppe weitere Kontexte erschließen, und bestimmte Entwicklungen besser nachvollziehen konnten.

Ergebnisse der Visualisierungsmethoden

Der Einladung zur Interaktion mit der *Wie Wohnt Waldi?*-Karte sind ca. 100 Teilnehmer*innen gefolgt. Dazu gab es zusätzlich mehrere interessierte Personen, die sich am Stand informiert hatten, aber keine Punkte geklebt und an der begleitenden Umfrage nicht mitgewirkt hatten. Zur Sichtbarkeit des Standes trug der vom städtischen Kulturamt zugeteilte Standort bei, da dieser hochfrequentiert war. Dazu kam außerdem die von der Projektgruppe entworfene Konstruktion zur Präsentation der Karte mit ihrer deutlich sichtbaren Größe (ca. 200 auf 100 cm). Wie die begleitende Umfrage ergab, handelte es sich bei den Teilnehmenden um eine hinsichtlich Alter, Wohnort und Einschätzung der Wohnpräferenzen heterogene Gruppe. Insgesamt wurden zu 80 an der Karte mitwirkenden Passant*innen Informationen notiert, wobei eine ungefähre Zählung der angebrachten Klebepunkte auf Lücken in der Aufzeichnung hinweist und zeigt, dass etwa 100 Personen mit der Karte interagierten. Das Durchschnittsalter dieser Teilnehmenden betrug 42,8 Jahre und teilte sich in die folgenden Altersgruppen auf:

16 bis 30 Jahre Alt: 28 Personen
31 bis 60 Jahre Alt: 19 Personen
61 bis 80 Jahre Alt: 20 Personen
Keine Angabe: 13 Personen.

Die Altersgruppen wurden nicht gezielt ausgesucht, sondern repräsentieren die Teilnehmenden, die bei der begleitenden Umfrage mitgemacht haben. Mehrere Jugendliche und Kinder haben den Stand besucht aber nicht an der Umfrage teilgenommen. Die Mehrzahl der Befragten (29 von 80) gab die *Stadtmitte* als ihren Wohnort an, nur zwei Befragte das *Brandenburgische Viertel*. Zusätzlich hatten 16 Personen zum Wohnort keine Angaben gemacht und 2 Personen kamen außerhalb von Eberswalde. Alle Zahlenangaben basieren auf einer internen Auswertung.

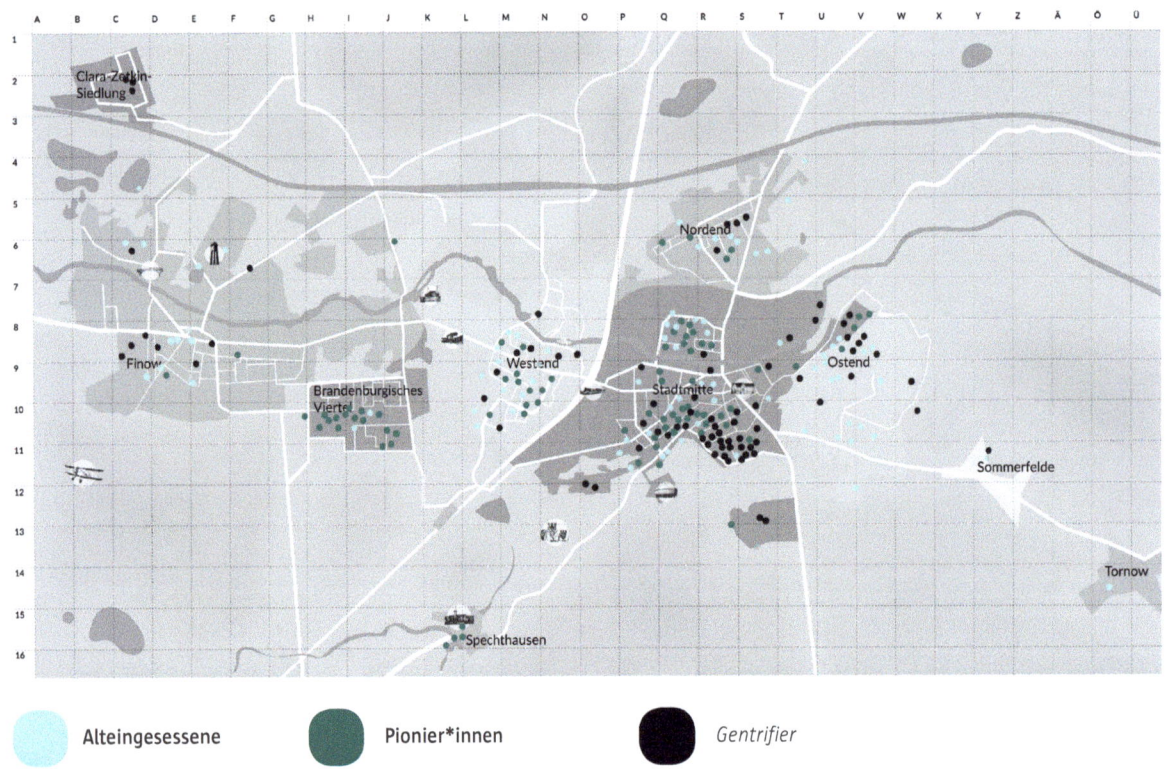

Abbildung 3: Aufbereitung der interaktiven Karte vom Stadtkulturfest FinE
Grafik: Kristin Bauer, Farben modifiziert

Das Gesamtbild der Karte wies zum Ende des Stadtkulturfests leichte Häufungen von gleichfarbigen Punkten in bestimmten Straßenzügen und Stadtteilen auf (siehe Abbildung 3). Jedoch war die Anzahl aller geklebten Punkte zu gering, um in Bezug auf die Gesamtbevölkerung Eberswaldes (41.380 Einwohner*innen, Stadt Eberswalde, 2017) aussagekräftige Tendenzen feststellen zu können. Würde, beispielsweise im Verhältnis zur Anzahl der Teilnehmenden, eine Häufung von mehr als drei Punkten als „Tendenz" betrachtet, so ließen sich beispielsweise folgende Rückschlüsse aus der Karte ziehen:

- Die *Stadtmitte*, welche, wie im 2. Teil beschrieben wurde, in den letzten Jahren den größten Zuzug erfährt, scheint heterogen bewohnt zu sein und weist insgesamt die meisten Klebepunkte auf (insgesamt 105). Die dort verorteten *Personas* setzen sich wie folgt zusammen: 43 *Gentrifizierer*, 37 *Pioniere* und 25 *Alteingesessene*. Auffällig ist allerdings ein teilweise hoher Anteil roter Punkte in der südlichen *Stadtmitte* (siehe Abbildung 3), also Indikatoren für den Wohnort von *Gentrifizierern*.
- Das *Westend*, westlich der *Stadtmitte*, wurde von mehreren Teilnehmenden als potentieller Wohnort für *Pioniere* gekennzeichnet. Von den insgesamt 29 Punkten sind elf *Pioniere*, zehn *Alteingesessene* und acht *Gentrifier*. In Gesprächsnotizen wurde jedoch die dem widersprechende Aussage festgehalten, dass das *Westend* für Studierende als eher unattraktiv gelte, weil Studierende nach Ansicht der Befragten eine zentrale Wohnlage präferieren würden, *Westend* jedoch nicht zur Innenstadt zähle. Dass Studierende nicht dorthin ziehen würden, obwohl die Miete günstiger sei und der Stadtteil durchaus als zentral gelegen gelte, erschien betreffenden Teilnehmenden nach eigenen Angaben unverständlich.
- Im *Brandenburgischen Viertel* wurden sowohl *Pioniere* als auch *Alteingesessene* verortet. Für die Präsenz von *Gentrifier*n wiederum wurden hier keine Markierungen gesetzt.
- In der *Klara-Zetkin-Siedlung* wurden nur *Gentrifier* verortet im Gegenteil zu Spechthausen, wo nur *Pioniere* verortet wurden.

Ergebnisse der Begleitforschung

Auf dem Stadtkulturfest *FinE* konnte durch die Karte großes Interesse erweckt werden, was sich anhand der Punkte auf der Karte und der Einträge in die Emailliste ablesen lassen kann (24 Einträge). Hier trugen sich Teilnehmende ein, die weiter über das Projekt informiert werden wollten. Durch die Konstruktion für die Präsentation der Karte am Stand, die Darstellungsgröße und die Hervorhebung der Stadtteile war eine gute Anschaulichkeit gegeben und die Teilnehmenden konnten sich ohne Probleme auf der Karte orientieren. Wie beabsichtigt war so ein leichter Einstieg in Gespräche gewährleistet. Die Präsentation und Größe der Karte trugen außerdem dazu bei, dass sich viele Passant*innen ohne Ansprache seitens der Projektgruppe für das Geschehen interessierten.

Das Verständnis bezüglich der Funktion der *Personas* in Zusammenhang mit der Karte war wiederum geteilt. Es konnte festgestellt werden, dass jüngere Teilnehmende in der Regel schnell verstanden, wie die gestellte Aufgabe zu lösen sei. Auf der Grundlage des angefertigten Gedächtnisprotokolls lässt sich feststellen, dass es älteren Teilnehmenden schwerer fiel, den Zusammenhang zwischen Karte und *Personas* herzustellen. Durch Gespräche konnte die Projektgruppe jedoch sowohl die Vorgehensweise erklären, als auch ein umfangreiches lokales Wissen über das Geschehen bezüglich Wohnraum in Eberswalde abfangen.

Die Organisation und das Vorgehen der Projektgruppe wurden im Verlauf des Tages umstrukturiert: Zu Beginn betreuten fünf Gruppenmitglieder den Stand, was jedoch gleichzeitig sowohl Unruhe als auch Verantwortungsdiffusion ob der Betreuung der Teilnehmenden und den Gesprächsaufzeichnungen mit sich brachte. Die Entscheidung, die Betreuung phasenweise auf kleinere Gruppen aufzuteilen, kann daher als Empfehlung formuliert werden. Die Ablösung bezweckte eine klare Aufgabenverteilung und förderte die konzentrierte Interaktion mit den Teilnehmenden. Schließlich kann festgehalten werden, dass alle Methoden wie konzipiert funktionierten und das Zusammentragen der Daten gelungen ist.

INTERNER STAKEHOLDER-WORKSHOP

Mit den aufgearbeiteten Daten, die auf dem Stadtkulturfest *FinE* generiert wurden, ging die Projektgruppe in die 2. Phase, den internen Workshop. Im Folgenden werden die im Workshop erarbeiteten Ergebnisse vorgestellt.

Ergebnisse der Modellierungsmethoden

Nach einer thematischen Einleitung mit Präsentation der auf dem Stadtkulturfest *FinE* generierten Daten wurden mittels moderierter *STEEP-Analyse* drei für Eberswalde relevante Themenkomplexe *(Schlüsselfaktoren der Eberswalder Wohnraumentwicklung,* siehe Tabelle 1*)* analysiert. Zur Beschreibung und Benennung der für diese Themenkomplexe ausschlaggebenden Einflussgrößen bildeten die Moderator*innen Kleingruppen (zwei bis drei Teilnehmende), innerhalb derer sich mit je einem übergeordneten Schlüsselfaktor beschäftigt wurde. Um die Diskussion innerhalb der Kleingruppen zu fokussieren, wurden diese nach der thematisch-fachlichen Expertise der jeweiligen Workshop-Teilnehmenden zusammengesetzt; So wurden beispielsweise Mitglieder des Klimaschutzprojektes *Transition Thrive* gebeten, zur Generierung der ökologischen *Schlüsselfaktoren* beizutragen. Anschließend wurden die Vorschläge der Kleingruppen im Plenum vorgestellt und evaluiert. Die kollaborative *STEEP-Analyse* identifizierte folgende Einflussgrößen der Eberswalder Wohnraumentwicklung:

Schlüsselfaktoren der Eberswalder Wohnraumentwicklung	Einflussgrößen
soziokulturelle Schlüsselfaktoren	a. Segregation beziehungsweise Parallelgesellschaften
	b. Großstadteinfluss (hier: Berlin)
	c. DDR-Vergangenheit der Stadt
ökonomische Schlüsselfaktoren	d. Beschäftigungsfelder
	e. Verfügbarkeit von Gebäuden
	f. Zu- und Abwanderung
ökologische Schlüsselfaktoren	g. Flächenverbrauch im Bezug auf Leerstand
	h. Ökologischer Zustand der Gebäude
	i. Altlasten durch ehemalige industrielle Nutzung von Bodenflächen
politische Faktoren	j. Planungsrecht
	k. Partizipationsmöglichkeiten
	l. Vergabeverfahren von Grundstücken

Tabelle 1: Einflussgrößen der Eberswalder Wohnraumentwicklung
Eigene Darstellung

Im Weiteren wurden die identifizierten Einflussgrößen in einer *Wechselwirkungsanalyse* zueinander in Bezug gesetzt. Hierbei wurde, von *links nach rechts und oben nach unten*, sowie anhand einer *Skala von null bis zwei*, der jeweilige *Einfluss eines Faktors A* (waagrechte Spalten) *auf einen Faktor B* (senkrechte Spalten) eingeschätzt (siehe Abbildung 4). Der Wert dieser Skala wird im Folgenden als *Beeinflussungsvariable* bezeichnet.

Die vergebenen *Beeinflussungsvariablen*, welche der Abbildung 4 entnommen werden können, wurden daraufhin addiert, wodurch sich für die jeweiligen Einflussgröße sowohl eine *aktive Gesamtpunktzahl* (horizontale Addition) als auch eine *passive Gesamtpunktzahl* (vertikale Addition) herausstellen ließ. Diese wurde als Koordinate in ein *Aktiv-Passiv-Diagramm* übertragen, wodurch die aktive und passive Kraft aller identifizierten *Beeinflussungsvariablen* visuell erfassbar wurde (siehe Abbildung 5).

WIE WOHNT WALDI?	Schlüsselfaktoren	Soziokulturelle Faktoren			Ökonomische Faktoren			Ökologische Faktoren			Politische Faktoren			Aktive Punkte
		1 Parallelgesellschaften	2 Großstadteinfluss	3 DDR-Vergangenheit	4 Beschäftigungsfelder	5 Verfügbarkeit v. Gebäuden u. Wohnraum	6 Zu- und Abwanderung	7 Flächenverbrauch u. Leerstand	8 Ökol. Zustand der Gebäude	9 Altlasten der ehem. Industrie	10 Planungsrecht	11 Partizipation	12 Vergabeverfahren	
Soziokulturelle Faktoren	A Parallelgesellschaften		0	0	2	0	2	1	1	0	1	1	0	8
	B Großstadteinfluss	2		2	2	2	2	2	0	1	2	1	1	17
	C DDR-Vergangenheit	2	1		2	2	2	2	2	2	0	1	0	16
Ökonomische Faktoren	D Beschäftigungsfelder	1	1	0		0	2	2	0	0	0	0	0	6
	E Verfügbarkeit v. Gebäuden	1	1	2	0		2	2	1	2	2	1	2	16
	F Zu- und Abwanderung	2	2	1	2	2		2	1	0	2	1	1	16
Ökologische Faktoren	G Flächenverbrauch	2	2	2	1	1	2		1	2	2	2	2	19
	H Ökol. Zustand der Gebäude	2	1	2	1	1	1	1		0	1	0	1	11
	I Altlasten	2	2	1	2	2	2	2	1		0	0	1	15
Politische Faktoren	J Planungsrecht	1	0	0	2	2	2	2	1	1		2	1	14
	K Partizipation	0	0	0	0	0	1	1	0	0	2		0	4
	L Vergabeverfahren	2	1	0	0	1	2	2	2	1	2	1		14
Passive Punkte		17	11	10	14	13	20	19	10	9	14	10	9	

„Wie stark beeinflusst Schlüsselfaktor A den Schlüsselfaktor 2?", „Wie Stark bei einflusst Schlüsselfaktor A den Schlüsselfaktor 3?", …

(0) – Gar nicht   (1) – Es gibt einen Einfluss   (2) – Es gibt einen starken Einfluss

Abbildung 4: Weiterführung der STEEP-Analyse in einer Wechselwirkungsanalyse
Grafik: Kristin Bauer, Farben modifiziert

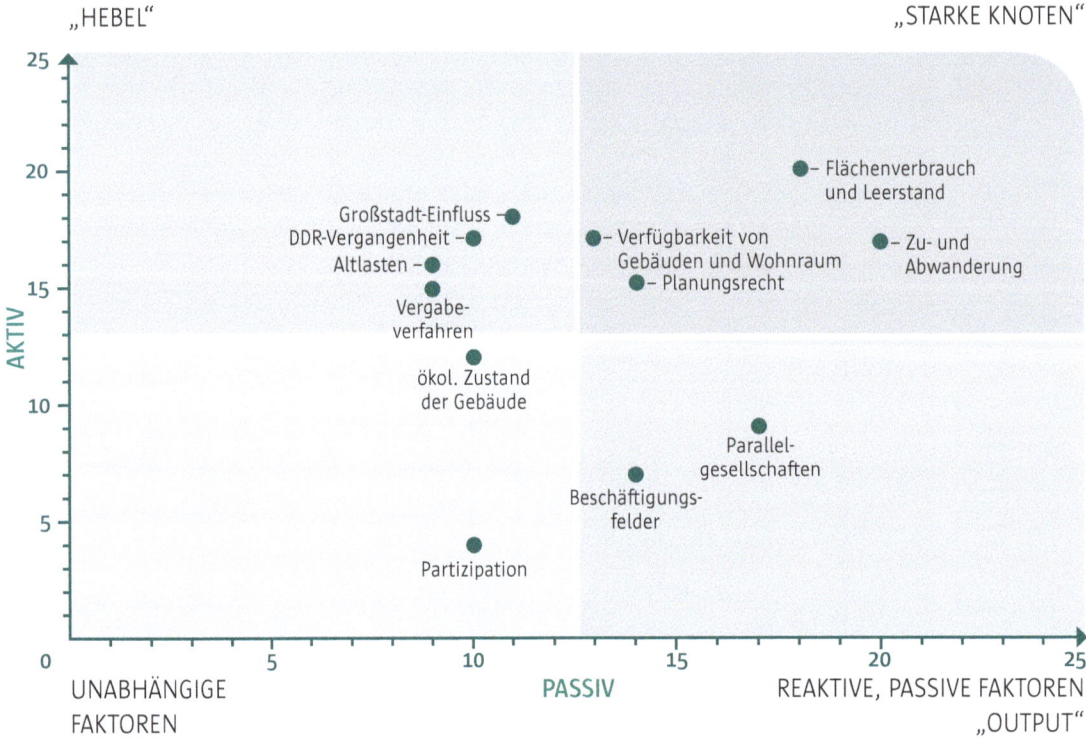

Abbildung 5: Aktiv-Passiv-Diagramm der Wechselwirkungsanalyse
Eigene Darstellung

Die drei Einflussgrößen, die sowohl die höchste aktive als auch passive Gesamtpunktzahl aufwiesen, wurden als Ansatzpunkte für zukünftiges Engagement in den weiteren Workshop-Verlauf gegeben. Diese *kritisch-dynamischen Faktoren* können als *starke Knoten* in Transformationsprozessen betrachtet werden, weil sie sowohl Einfluss nehmen *(Aktivkraft)*, als auch Resultat von Einfluss sind *(Passivität)*, also sich weder als impulsiver Hebel noch als nicht beeinflussbares, reaktives Ergebnis reduzieren lassen:

1. Zu- und Abwanderung,
2. Verfügbarkeit von Gebäuden
3. Flächenverbrauch

Ergebnisse der Visualisierungsmethoden

Durch die Methode *Ideenblume* wurden zahlreiche Ideen zum Umgang mit den durch *Wechselwirkungsanalyse* und *Aktiv-Passiv-Diagramm* identifizierten Handlungsspielräumen *Flächenverbrauch, Verfügbarkeit der Gebäude* und *Zu- und Abwanderung* generiert. Die erneut in Kleingruppen aufgeteilten Teilnehmenden waren aufgefordert, in einer vorgegebenen Zeit individuelle Ideen niederzuschreiben und diese nach dem Rotationsprinzip an eine*n weitere*n Teilnehmende*n weiterzugeben, welche*r diese Idee wiederum weiterentwickelte. Die Kleingruppen waren daraufhin angehalten, sich gemeinschaftlich auf eine kleinere Auswahl der zusammengetragenen Vorschläge zu einigen. Der letzte Arbeitsschritt galt der Abschätzung der Umsetzbarkeit der favorisierten Vorschläge und der Aufgabe, diese als Vorhaben zeitlich grob zu konzipieren und die entstehenden Mini-Konzepte und deren Meilensteine auf einer in Form eines Zeitstrahls gestalteten *Roadmap* (null bis 10 Jahre) zu verorten.

Hervorzuheben ist für diese Phase, dass sich die generierten Ideen je Kleingruppe, beziehungsweise Thema, hinsichtlich Quantität, Komplexität und Detailtiefe unterschieden. Die meisten Ideen entstanden für den Handlungsspielraum *Flächenverbrauch* und knüpften an teils begonnene Diskussionen um beispielsweise den *Finow*-Kanal oder das Eberswalder Industriekulturerbe an. Ein Vorschlag formulierte das Bestreben, zunächst den Status Quo potenziell freier Flächen und Industriebrachen zu dokumentieren, daraufhin die (Um-)Nutzung dieser in einem Wettbewerbs-Format auszuschreiben und im letzten Schritt ausgewählte Modellprojekte zuzulassen und zu fördern.

Auf einer skizzenhaften und im Anschluss an den Workshop von der Projektgruppe grafisch aufbereiteten *Roadmap* (siehe Abbildung 6) ordneten die Teilnehmenden zur Strukturierung eines möglichen weiteren Vorgehens ihre Ideen entlang eines Zeitstrahls an. Um die übrigen Ideen, die nicht für die *Roadmap* ausgewählt wurden, für eine Weiterführung des Projektes verfügbar zu machen, sind diese aufbereitet worden. So können diese in der 3. *Phase* des Forschungsdesigns den Workshop-Teilnehmenden digital zur Verfügung gestellt werden. Die grafische Aufbereitung verfolgte einen spielerisch-notizenhaften Stil, durch den die *Roadmap* eine gewisse „Unfertigkeit" suggeriert. Dabei wird die Idee verfolgt, bei der Präsentation von Workshop-Ergebnissen in der 3. *Phase* nicht der Eindruck zu vermitteln, die Vorschläge seien in Stein gemeißelt. Im Gegenteil, die *Roadmap* sollte als Diskussionsgrundlage dienen und nur einen Startpunkt zur weiteren Ideenfindung darstellen (vgl. Billger et al., 2016, S. 11).

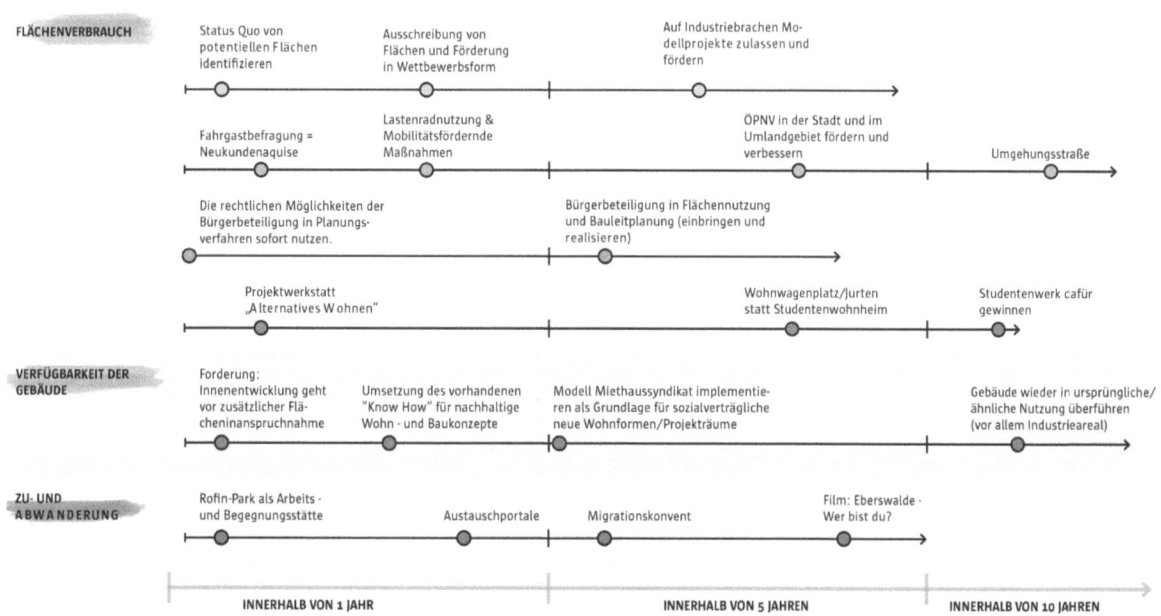

Abbildung 6: Roadmap als Ergebnis der Ideenblume
Grafik: Kristin Bauer

Ergebnisse der Begleitforschung

Der Workshop wurde von vier Mitgliedern der Projektgruppe aktiv begleitet und moderiert. Die Ergebnisse der Begleitforschung stützen sich auf die ethnographische Beobachtung, die von zwei Mitgliedern der Projektgruppe während des Workshops im Hintergrund durchgeführt wurde. Sie hielten sich dabei im Hintergrund, waren für die Teilnehmenden jedoch in ihrer Rolle als Beobachtende klar zu erkennen. Zusätzlich wurde der Workshop auf Video aufgezeichnet, um im Nachhinein Situationen gesondert auswerten und auch verbal geäußertes Feedback sichern zu können. Darüber hinaus wurden im Anschluss an den Workshop von den Teilnehmenden vor Ort ein standardisierter Fragebogen ausgefüllt, welcher der spontanen Reflektion zu Eindrücken, Inhalten und der Moderation des Workshops diente. Die folgenden Aussagen beruhen auf diesen Beobachtungen:

Die Teilnehmenden fanden sich schnell zu einer Gruppe zusammen. Es war beiderseits der empathischen Moderation und der generellen Offenheit der Teilnehmenden zu danken, dass eine wertschätzende Atmosphäre herrschte, in der sich die die Beteiligten angstfrei äußern und Fragen stellen konnten. Dies ist, nach Einschätzung der Begleitforschung, möglicherweise auch darauf zurückzuführen, dass sich alle der Teilnehmenden bereits über einen längeren Zeitraum in unterschiedlichen Kontexten gesellschaftlich engagieren und daher mit Zusammenkünften dieser Art grundsätzlich vertraut sind.

Aus den Beobachtungen und dem Fragebogen ließ sich schließen, dass das Workshop-Design einen logisch und inhaltlich funktionierenden Aufbau hatte und durchgängig ein roter Faden und Bezüge zu erkennen waren. Unterstützt wurde dies durch eine allen Teilnehmenden ausgehändigte Agenda, welche den Ablauf sowie die veranschlagten Zeiten und Zwischenziele des Workshops kommunizierte. Durch die außerdem in einer Mappe jedem/r Teilnehmenden zur Verfügung gestellten Arbeitsunterlagen war alles Nötige schnell zur Hand und eine konzentrierte Arbeit mit dem Material möglich. Trotz einer anfänglichen Verzögerung durch Verspätung von Teilnehmenden konnte die veranschlagte Workshop-Dauer von vier Stunden eingehalten werden, was vor allem durch eine stringente Moderation und das Mikro-Timing der Einheiten gewährleistet wurde.

Die Einführungen zu den eher technischen Methoden der *STEEP-* und *Wechselwirkungsanalyse* und die Überführung in ein *Aktiv-Passiv-Diagramm* wurden, nach kurzen Nachfragen von allen Teilnehmenden, verstanden und die Aufgaben engagiert und konzentriert bearbeitet. Hier gelang es, durch die Einteilung in thematische Kleingruppen (jeweils zwei bis drei Personen betrachteten eine Kategorie, der sie sich nach Kompetenz und Interesse zugeordnet hatten) sowohl Zeit zu sparen, als auch zielführende Expertise zu nutzen. In der Ergebnisdiskussion wurde deutlich, dass nach anfänglicher Skepsis gegenüber der Modellierungsmethoden die Teilnehmenden positiv überrascht von der erkenntnisreichen Analyse waren. Kritisiert wurde von einer Stimme die Subjektivität der Methoden. Überwiegend wurde der persönliche Bezug jedoch als positiv betrachtet und hatte einen aktivierenden Effekt auf die Teilnehmenden.

Der Ideenfindungsprozess mit der Methode *Ideenblume* und die Visualisierung mittels *Roadmap* wurde von den Teilnehmenden sehr positiv aufgenommen und gab der analytischen Vorarbeit eine erfrischende Wendung zum passenden Zeitpunkt. Es wurden laut Ideen ausgetauscht und viel gelacht, während die Moderation gleichermaßen behutsam und bestimmt für die nötige Konzentration sorgte. Nach Erachten der Begleitforschung erzeugte insbesondere der kreative Freiraum eine Identifikation der Teilnehmenden mit den von ihnen geschaffenen Ideen.

Zusammenfassend lässt sich feststellen, dass der Workshop insgesamt einen motivierenden Effekt auf die Teilnehmenden ausübte sowie Austausch und auch neue Allianzen zwischen diesen schuf. Inwieweit der Workshop längerfristig transformatives Potential barg, ließ sich wiederum bis zum jetzigen Zeitpunkt nicht adäquat beurteilen, da es der Projektgruppe nicht möglich war in der begrenzten Projektlaufzeit nachhaltige Wirkungsforschung zu betreiben.

6. TEIL
DISKUSSION

Der nachfolgende Teil fasst zum einen zusammen, in welcher Hinsicht die Übertragung des dreiphasigen Forschungsdesigns auf das Pilotprojekt *Wie Wohnt Waldi?* geglückt ist und diskutiert zum anderen, was die Projektgruppe in Fortschreibungen des Pilotprojekts gerne verbessern würde. Die vorgestellten Methoden werden hierbei reflektiert und Ergebnisse in Forschungskontexte übertragen und diskutiert.

1. PHASE: IN DIE ÖFFENTLICHKEIT – STADTKULTURFEST FINE

Gleich der gemeinschaftlichen Atmosphäre auf dem Stadtkulturfest waren die meisten Passant*innen, die am *Wie Wohnt Waldi?*-Stand Halt machten, in einer geselligen Stimmung und an der Arbeit der Projektgruppe interessiert.

Durch die *Personas* sowie die im Vorfeld intern abgestimmten Erklärungen war es der Projektgruppe möglich, den Zweck und das Ziel der interaktiven Eberswalde-Karte zu vermitteln. Die Wahl einer analogen Karte sollte das Risiko von Hemmschwellen, Verständnisschwierigkeiten oder technischen Komplikationen, das nach Einschätzung der Projektgruppe bei dem Einsatz digitaler Werkzeuge bestanden hätte, mindern. Besonders auf einem Straßenfest, auf dem sich alle verschiedenen Altersgruppen aufhalten, ist dies zu bedenken. Tatsächlich blieben viele der Passant*innen vor dem Stand stehen und sprachen die Projektgruppe zum Teil von sich selbst aus an, was wohl auch auf die aufmerksamkeitserregende Karte und die abgestimmte, Gestaltung des Standes zurückgeführt werden kann. Die Verwendung einer analogen Karte kann auch insofern hilfreich sein und als Anziehungspunkt wirken. Aus der Perspektive der Begleitforschung ist dabei jedoch zu bedenken, dass die Teilnehmenden die Beiträge vorheriger Passant*innen sehen und gegebenenfalls in ihrer Aussage dadurch beeinflusst werden können. Die Verwendung digitaler Methoden hätte womöglich dieser Problematik vorbeugen können, jedoch zeigten sich die Vorteile der analogen Karte für den Zweck der Projektgruppe als überzeugender: Neben der Arbeit mit der Karte ermöglichten leitfadengestützte Interviews und Randgespräche es außerdem, in Gesprächsnotizen zahlreiche persönliche Aussagen einzufangen und lokales Wissen über einzelne Stadtbereiche in Erfahrung zu bringen. Dieser Teil der Arbeit auf dem Stadtkulturfest war besonders wichtig für die spätere Einordnung und Kontextualisierung der Ergebnisse. Durch die intensive Auseinandersetzung mit den Passantinnen war es dem Projektteam nicht möglich, Gesprächsnotizen strukturiert aufzeichnen zu können. Diese hätten bei einer konsequenteren Aufzeichnung besser weiterverarbeitet und somit in andere Projektschritte übertragen werden können. Das Kleben der farblich unterschiedlichen Punkte wurde von allen Altersgruppen gut angenommen und verstanden. Jedoch gab es mehrfach Unklarheiten bezüglich der *Personas*: Während Passant*innen im Alter von etwa 18 bis 60 Jahren keine Probleme hatten, den Erklärungen zu folgen und die *Personas* zu verorten, war zu beobachten, dass es vor allem Menschen ab circa 60 Jahren schwerer fiel den Zusammenhang zwischen Karte und *Personas* herzustellen. Es wurden z.B. einige Male beispielhafte Charakteristika einer *Persona* zum Anlass genommen, diese mit Bekannten oder Verwandten zu identifizieren und die *Personas* dem tatsächlichen Wohnort des Vorbilds entsprechend auf die Karte zu setzen. Der erwartete Abstraktionsgrad der Aufgabe ist demnach zu überdenken und sollte gegebenenfalls den verschiedenen Altersgruppen entsprechend überarbeitet werden.

Zusammenfassend kann festgehalten werden, dass die durch die partizipative Kartierung auf dem Stadtkulturfest *FinE* gewonnenen Daten weniger Aussagekraft haben als antizipiert, da die Aufgabe teilweise nicht verstanden wurde und selbst die Anzahl von mehr als 80 Teilnehmenden teilweise keine eindeutigen Tendenzen auf der Karte erkennen ließen. Die Methode birgt jedoch das Potenzial auch die Bürger*innen am Diskurs zu beteiligen, die sich sonst oft aufgrund ihres Alters oder ihres Bildungshintergrundes nicht auf diese Art und Weise mit Wohnraum auseinandersetzen.

2. PHASE: ARBEITEN IM INTERNEN WORKSHOP

Auch im Rückblick auf den internen Workshop konnten Herangehensweisen und das Funktionieren der Methoden evaluiert werden. Die jeweils für Modellierungs- und Visualisierungsmethoden zuständigen Gruppenmitglieder erarbeiteten im Vorfeld ein Workshop-Konzept mit methodischer Aufteilung und klarer Struktur. So wurde erreicht, dass zu keinem Zeitpunkt Leerlauf entstand. Im Anschluss des Workshops wurde durch verbales Feedback der Teilnehmenden das fundierte Hintergrundwissen, die Sicherheit im Umgang mit den Methoden, die demonstrierte Souveränität und die Professionalität der Anleitenden positiv hervorgehoben. Auch die Moderation der Methoden war so strukturiert, dass die Inhalte aufeinander aufbauten und in Beziehung zueinander gesetzt werden konnten. Klare Antworten auf Rückfragen vermittelten eine zusätzliche Sicherheit.

Die *STEEP-Analyse* hat zum gemeinsamen Verständnis von den Eberswalder Wohnraumentwicklung *beeinflussenden Schlüsselfaktoren* beigetragen. Die Art und Weise, auf die die Vorarbeit aus der *STEEP-Analyse* in dem *Aktiv-Passiv-Diagramm* zusammen lief, brachte einen erhellenden Aha-Effekt mit sich und unterstrich die Sinnhaftigkeit der zuvor durchgeführten Arbeitsschritte. Dies überzeugte die Teilnehmenden merklich und erhöhte deren Identifikation mit „ihren" Handlungsfeldern, was einen guten Einstieg zu dem nächsten Workshop-Abschnitt ermöglichte. Die Aufgabe, *Beeinflussungsvariablen* der übergeordneten *Schlüsselfaktoren* zu bestimmen, erschloss sich den Teilnehmenden theoretisch, wurde praktisch jedoch als schwierig empfunden. Es mussten im Verlauf der *STEEP-Analyse* wiederholt Missverständnisse ausgeräumt werden, zum Beispiel darüber, ob eine *Beeinflussungsvariable* anzeigen sollte wie sehr ein Faktor A einen Faktor B in der Realität Eberswaldes bestimme oder wie sehr der Faktor A den Faktor B ggf. bestimmen könnte, würde er z.B. gefördert werden. Hierfür muss im Vorhinein einer erneuten Durchführung ein einheitliches Verständnis entwickelt werden, um aufbauende Ergebnisse nicht zu verfälschen. Im weiteren Verlauf des Workshops wurde eine sprachlich-kognitive Benachteiligung mancher Teilnehmenden während der in knapper zeitlicher Taktung zu bearbeitenden *Ideenblume* beobachtet. Im veranschlagten Tempo Ideen niederzuschreiben und weiterzureichen fiel beispielsweise Fremdsprachler*innen schwer und bekam einen ausschließenden Charakter, was im Vorhinein durch die Projektgruppe nicht bedacht wurde.

Ein reger Diskussionsbedarf aller Beteiligten über deren persönlich-emotionalen Bezug zu dem Themenkomplex *Wohnraum* führte wiederholt zu nicht eingeplanten Diskussionen. Diese erschweren es der Projektgruppe, die zeitliche Taktung des Workshops einzuhalten. Dies wurde in den Feedbackbögen auch von den Teilnehmenden kritisch bemerkt:

> **Die einzelnen emotionalen Bedürfnisse einzelner Teilnehmer erhielten manchmal zu viel Raum [...] [, es] ist aber auch ein Drahtseilakt damit umzugehen. Die Kritik richtet sich dann also an einzelne Teilnehmer selbst.**
>
> (Workshop-Teilnehmer*in)

In diesem Zusammenhang konnte auch beobachtet werden, dass es den Moderierenden zeitweise schwer fiel, sich Gehör zu verschaffen. Hierbei stellt sich die Frage, wie mit emotional behafteten Themen umgegangen werden muss, um im Workshop eine möglichst sachliche Gesprächskultur zu ermöglichen. Da die im Workshop benutzten Methoden darauf abzielen, das Wissen der Teilnehmenden zu versachlichen, könnte dies ein Hinweis darauf sein, dass die Methoden diesbezüglich nicht vollständig ihre Funktion erfüllt haben. Das Aufdecken der hinter der Methoden liegenden Motive könnte gegebenenfalls zu einem besseren Verständnis bei den Teilnehmenden führen. Idealerweise würde darüber hinaus eine sachliche, konstruktive Gesprächskultur zu Anfang des Workshops thematisiert werden, was jedoch im Zeitumfang der vorliegenden Workshop-Agenda wahrscheinlich nicht gelungen wäre.

Aus den Feedbackbögen ging hervor, dass der Workshop sehr viel Inhalt für die Bearbeitung in den Abendstunden vorsah. Es kann also überdacht werden, den Workshop in kürzere Abschnitte zu teilen, die an zwei verschiedenen Terminen angeboten werden: die Modellierungsmethoden im ersten Workshop und die

Kreativmethoden an einem Folgetermin. Somit könnte auch der Beobachtung entgegengekommen werden, dass die Workshopteilnehmenden in der Phase der Kreativmethoden wenig Bezug auf die zuvor erarbeiteten *Schlüsselfaktoren* nahmen und, unter anderem, davon unabhängige Ideen einbrachten. Würde der Workshop in zwei kürzere Schritte mit zeitlichem Abstand geteilt werden, würde den Teilnehmenden die Chance gegeben, sich bezüglich der *Schlüsselfaktoren* Gedanken zu machen um im zweiten Schritt gezieltere Strategien zu entwickeln. Eine Problematik im Angebot von zwei Workshopterminen kann jedoch die zeitliche Kapazität der Teilnehmenden darstellen: Es ist möglich, dass nicht alle Anwesenden des ersten Workshops auch am Folgedatum Zeit finden. Die Bearbeitung des zweiten Schrittes mit ggf. hinzukommenden neuen Mitgliedern ist möglich, jedoch besteht das Risiko, dass diese sich nicht mit den zuvor erarbeiteten Ergebnissen identifizieren können, was eine abermalige Reflektion der Vorarbeit zur Folge haben würde. Die Frage nach der Workshoporganisation ist demnach auf die jeweiligen Umstände und Notwendigkeiten abzustimmen und zu überdenken.

3. PHASE: DIE REFLEKTION IN DER ÖFFENTLICHKEIT

Eine Evaluation der 3. Phase des Pilotprojektes *Wie Wohnt Waldi?*, die Reflektion in der Öffentlichkeit, kann hier nicht berichtet werden, da die Durchführung dieser Veranstaltung erst kurz vor der Abgabe des Projektberichts stattfand. Die Projektgruppe nahm für diesen letzten Schritt an einer Podiumsdiskussion auf dem *Ökosozialen Straßenfest* in Eberswalde am 29. September 2018 teil. Diese wurde anlässlich steigender Mieten und der befürchteten Verdrängung veranstaltet und sollte die Entwicklung der Eberswalder Wohnraumsituation hinterfragen. Die Projektgruppe lieferte durch einen Erfahrungsbericht über das durchgeführte Pilotprojekt und eine Vorstellung erster Zwischenergebnisse den Einstieg in die Diskussion. Da, unter anderem, der Bürgermeister der Stadt Eberswalde sowie Vertreter*innen der lokalen Wohnungsbaugesellschaften und der Gruppe *Recht auf Stadt* erwartet wurden, erhoffte sich die Projektgruppe einen konstruktiven Austausch der jeweiligen Perspektiven.

ÜBERGREIFENDE DISKUSSION

Da in dieser Arbeit vorwiegend qualitative Evaluationsmethoden benutzt wurden, werden die hier diskutierten Ergebnisse teilweise von der Subjektivität der Methoden bestimmt. So unterliegen beispielsweise die Aussagen über den Zugewinn von Systemverständnis den individuellen Einschätzungen der Workshopteilnehmenden. Tatsächliche Tests über das Systemwissen vor und nach dem Workshop könnten eine Methode darstellen, die dieser Subjektivität entgegenwirkt - eine solche Abfrage war jedoch im zeitlichen Rahmen des Pilotprojektes nicht möglich. Weiterhin muss erwähnt werden, dass die ethnologische Beobachtung der Interpretation der Beobachter unterliegt und die hierbei getroffenen Aussagen nur als Interpretationen erachtet werden können, die für iterative Anpassen der Methode ausreichen, jedoch nicht replizierbar sind. Die Frage nach der langfristigen Wirkung der hier geschilderten Methoden zur Ermächtigung der Zivilgesellschaft steht ebenfalls aus. Damit tendiert dieses studentische Pilotprojekt dazu, dem von Abelson und Gauvin (2006) beobachtete Phänomen der „evaluation gap", dem umfassenden Fehlen von Evaluation in der Praxis und Forschung um Partizipation, beizupflichten:

> ... there is a striking imbalance between the amount of time, money and energy that governments in OECD countries invest in engaging citizens and civil society in public decision making and the amount of attention they pay to evaluating the effectiveness and impact of such efforts.
>
> (OECD, 2005, zit. in Abelson & Gauvin, 2006)

Ob und wie die hier vorgestellte Workshopintervention in die Zivilgesellschaft Eberswaldes gewirkt hat, wäre demnach ein interessantes Forschungsvorhaben für ein anschließendes Projekt.

Ein Punkt, der im Weiteren beleuchtet werden kann, ist inwiefern die Ergebnisse des gesamten Pilotprojektes (der Karte des Stadtkulturfest *FinE*, wie auch die Arbeit der Teilnehmenden im Workshop) zu ggf. stark subjektiv geprägten Ergebnissen führten, die die Realität in Eberswalde nicht unbedingt widerspiegeln. Die Ergebnisse des *FinE* stimmen zum Teil mit den Angaben der *Fortschreibung der Stadtumbaustrategie für die Stadt Eberswalde vom März 2018* überein, wonach die Innenstadt besonders betroffen von Zuzug und Aufwertung sei und das *Brandenburgische Viertel* Rückbaumaßnahmen erfährt (siehe 2. Teil). Die Ergebnisse der Arbeit des Workshops basieren jedoch allein auf der Auswahl der *Schlüsselfaktoren* durch die Teilnehmenden, die diese in der *Wechselwirkungsanalyse* in einen eigens eingeschätzten Bezug zueinander stellten. Inwiefern diese Einschätzungen den tatsächlichen Begebenheiten entsprechen bleibt unklar. Jedoch wurde in diesem Prozess lokales Wissen zusammengetragen, das auf Erfahrungen der Teilnehmenden mit der Stadt basiert in der sie leben. Somit könnte dieses Wissen durchaus besonders zum individualisierten Vorgehen der verschiedenen Initiativen beigetragen.

Studien wie die von Wynne (1992) zeigen jedoch auf, dass die Dissonanzen und Reibungen zwischen dem Wissen und der Wahrnehmung von sogenannten Laien, in diesem Fall den zivilgesellschaftlichen Akteuren, und dem „wissenschaftlichen Wissen" einen essentiellen Teil zur Annäherung an eine „Realität" darstellen. Was von der Wissenschaft als „[…]bedauerliche Inkonsistenz und Unbeständigkeit von Laienwissen" (übersetzt, Wynne 1992, S.299) beklagt wird, müsse in Rücksicht auf die bei Laien vorhandenen „multi-dimensionalen sozialen Verstrickungen und der oft innerlich sich widersprechenden Natur von Wahrnehmung und Überzeugung"(ebd., S. 300) betrachtet werden, also dem Umstand, dass Laien oft aufgrund von sozialen Verstrickungen und Verantwortlichkeiten ihr wahrnehmungsgeleitetes Wissen untergraben und angesichts der Anwesenheit von wissenschaftlicher Kompetenz in Frage stellen. So könnte man annehmen, dass die **von den Teilnehmer*innen geäußerten Zweifel** an der Richtigkeit der Ergebnisse der *Wechselwirkungsanalyse*, insbesondere mit dem Hinweis auf das Fehlen von Partizipation als Schlüsselfaktor, der basisdemokratischen Überzeugung der Teilnehmer*innen oder der soziale Verstrickung mit basisdemokratischen Initiativen geschuldet sind.

Aussagen der Teilnehmer*innen
Aussage auf dem Feedbackbogen: „Die Auswahl der *Schlüsselfaktoren* durch die Cross-Impact Analyse halte ich für mathematisch zu unpräzise um darauf qualitative Befragungen durchzuführen, was sich auch darin Zeigte, das Partizipation später wieder auftauchte" (Workshopteilnehmer*in).

Insofern kann das vorliegende Projekt als ein weiterer Beitrag zur der Frage um Kontrast zwischen „alltäglichem Wissen" und akademischen Arbeiten betrachtet werden. Da sich das Projekt in die transformative Wissenschaft einzuordnen versucht, bestrebt es das lokale „Laien"-Wissen durch Methodik zu integrieren und zu verwissenschaftlichen. Die von den Teilnehmer*innen geäußerten Zweifel an der Richtigkeit der Ergebnisse mancher Workshopmethoden sollten daher bei einer Weiterführung der Projekts oder Anwendung in anderen Projekten ernst genommen werden. Es bietet sich an, die in den Projektschritten jeweils erarbeiteten Ergebnisse immer wieder mit der Wahrnehmung der Teilnehmer*innen, oder der Öffentlichkeit, abzugleichen, um - ähnlich der agilen Projektführung - falsche Hypothesen nicht erst am Ende des Projektes feststellen zu müssen. Hierbei ist eine interessante Frage, wie dies geschehen kann ohne das wissenschaftliche Arbeiten zu untergraben. In diesem Kontext kann diese Arbeit den Beitrag leisten die Frage zu stellen, wie sich diese Perspektiven methodisch zusammenbringen lassen. Exemplarisch wurde sich in diesem Projekt auf die Frage konzentriert, wie lokale Wissen wissenschaftlich strukturiert werden können. Welche Rolle die Wissenschaft hierbei einnehmen sollte und wie sie mit dem lokalen Wissen umgeht - beispielsweise mit Korrektur, neuen Nachforschungen aufgrund der neuen Perspektiven oder Abgrenzung - ist eine offene Frage, die für die transformative Wissenschaft im Allgemeinen von Interesse sein kann und neue Methoden der Wissensintegration fordert.

Agentenbasierte Modellierung stellt dabei nur eine von vielen Möglichkeiten dar, die Workshopergebnisse wissenschaftlich zu verwerten: Hierbei würden die gesammelten Daten digitalisiert und ein Modell überführt werden, welches durch die Kombination mit anderen wissenschaftlich erhobenen Daten (Zensus, Prognose-Statistiken, etc.) das Modellieren von Zukunftsszenarien ermöglicht. In diesem Forschungsprojekt wurden beispielsweise mit einer interaktiven, aber analogen Karte Daten erhoben, die sich in ein solches Modell übertragen ließen, wenn diese konsequent standardisiert gewesen wären. Da der Fokus dieses Methodenabschnitts auf dem Dialog mit Bürger*innen stand, wurde auf diese Merkmale kein Fokus gelegt, sodass eine Weiterverarbeitung der hier gewonnenen Daten nicht möglich ist. Komplementär zu diesem Forschungsprojekt, führte das *Institut für angewandte Forschung Urbane Zukunft* an der Fachhochschule Potsdam zum Zeitpunkt der Fertigstellung dieses Berichts ein Projekt durch, welches genau diese Verarbeitung von lokalen Daten vorsieht: Die „Partizipative Systemmodellierung" ist ein Tool um subjektive, geobasierte Daten für die Stadt Eberswalde über digitale, interaktive Karten zu sammeln. Hierbei wäre interessant zu beobachten, ob die digitale Variante einen ebenso hohen Effekt auf den Austausch mit Bürger*innen hat und ob eine ähnliche Heterogenität bei den Teilnehmenden zu verzeichnen ist. Weiterhin wäre es hier spannend zu erforschen, welche Akzeptanz die Szenarien von Eberswalder Bürger*innen erfahren und ob diese einen aktivierenden Effekt darstellen.

7. TEIL
FAZIT UND AUSBLICK

Diese Arbeit dokumentiert ein studentisches Forschungsvorhaben, welches innerhalb eines ortsbezogenen Pilotprojekts Methoden analoger, partizipativer Visualisierung und Modellierung anwandte, um lokales Wissen zu sammeln, zu strukturieren, zu vernetzen und das gewonnene Systemwissen weiterzuentwickeln und handhabbar zu machen. Bei dem Pilotprojekt handelt es sich um das Workshopkonzept *Wie Wohnt Waldi?*, das für zivilgesellschaftliche Akteure aus Eberswalde durchgeführt wurde, um Handlungsspielräume für Partizipation im sich wandelnden Wohnraum der Stadt zu identifizieren. Motivation dafür ist die Ermächtigung der Workshopteilnehmer*innen, um diese zur Beteiligung („citizen control") im Thema Wohnraumentwicklung zu befähigen.

Zur Bearbeitung dieses Forschungsvorhabens stellt diese Arbeit eine Workshop-Methoden-Blaupause vor, die zur Weiterentwicklung und Anpassung für andere Projekte dienen soll und dem Konzept eines dreiphasigen, iterativen Forschungsdesigns folgt:

1. **Phase:** Datensammlung und Konsultation der Öffentlichkeit
2. **Phase:** Weiterverarbeitung von gewonnenen Daten innerhalb eines internen Workshops
3. **Phase**: Rückführung der Ergebnisse in eine öffentliche Reflexion

In der *1. Phase* wurde eine Stadtkarte durch Passant*innen interaktiv zum Modell über Zuzugs- und Verdrängungsdynamiken. In der *2. Phase* wurde eine vereinfachte Form der Systemmodellierung angewandt, um Systemzusammenhänge im Eberswalder Wohnraum zu identifizieren, welche wiederum in einer visuellen Matrix festgehalten wurden. In einem weiteren Schritt wurden zu den erarbeiteten *Schlüsselfaktoren* Ideen entwickelt und in einer *Roadmap* visualisiert. Über die verschiedenen Phasen hinweg fungierten Visualisierungen, wie die Karte oder die *Personas*, als *boundary objects* (Star & Griesemer, 1989), insofern Objekte, welche „verschiedene Bedeutungen in verschiedenen sozialen Welten [besitzen, deren Struktur aber] gemeinsam" (ebd.) sei. Die Visualisierungen waren daher „Mittel der Übersetzung" unterschiedlicher sozialer Welten und konnten als Dialog-Tool eingesetzt werden.

Diese Kombination von Methoden wurde im Hinblick auf das Thema *Wohnraum in Eberswalde* und im Bezug auf die hier relevanten Stakeholder gewählt und kann aufgrund dessen keine vollständige Übertragbarkeit auf andere Themenfelder gewährleisten. Durch die Evaluation der Methoden konnte identifiziert werden, welche Wirkung diese auf Teilnehmer*innen des Workshops hatten, mit welcher Akzeptanz diesen Methoden begegnet wurde und welche positiven Seiteneffekte diese mit sich brachten. Diese kritische Evaluation der Methoden kann für ähnliche Partizipationsvorhaben in Themenfeldern urbaner Transformation zur Hilfe gezogen werden.

Im Verlauf der Dokumentation wurden der wissenschaftliche Kontext und die Relevanz des Vorhabens beschrieben. Die dargelegte Vorgehensweise sowie die erzielten Ergebnisse bieten einen Einblick, inwieweit das Konzept in der Umsetzung funktionierte und von den Teilnehmenden angenommen und befürwortet wurde. In die Evaluation des Projekts flossen daher auch Rückmeldungen der Teilnehmenden über deren Einschätzung zu Erkenntnisgewinn und Ermächtigung durch den erprobten Ansatzes ein.

Als eines der Haupterkenntnisse lässt sich festhalten, dass im Workshop die intensive Beschäftigung mit dem Thema Wohnraum und der Freiraum, sich selbst einzubringen und eigene Ideen zu gestalten, impulsgebend auf die Teilnehmer*innen gewirkt haben. Der Methodenworkshop hinterließ eine emotionale Wirkung, die in der Konzeption nicht abzusehen war. Gefühle von Ermächtigung und Vernetzung fielen in diesem Fall ähnlich intensiv wie der gefühlte Zuwachs an Systemwissen aus . Des Weiteren stellte sich heraus, dass die gewählte Anwendung der Methoden (*1. Phase*) nicht uneingeschränkt für die Sammlung reliabler, stichfester Daten geeignet sind. Vielmehr zeigte sich, dass die interaktive Karte auf dem Straßenfest eine dialogfördernde Wirkung auf die Passant*innen hatte, bei denen die Karte und die *Personas* als *boundary objects* (Star & Griesemer, 1989) zur niedrigschwelligen Kommunikation über Wohnraum in Eberswalde genutzt wurden. Sie eröffneten den Forschenden Einblicke in die Lebenswelten, Probleme und Einstellungen der Passant*innen – Themen welche für andere Forschungsvorhaben von hoher Relevanz sein können und retrospektiv (methodisch) besser in das hier vorliegende Konzept hätten eingearbeitet werden können. So hätten beispielsweise Aussagen durch Audioaufnahme aufgezeichnet werden können, sodass diese zu einem späteren Zeitpunkt vollständig zur Verfügung ständen. Zusätzlich birgt die *1. Phase* das Potenzial auch Bürger*innen am Prozess zu beteiligen und zu Wort kommen zu lassen, welche sonst oft aufgrund ihres Alters oder ihres Bildungshintergrundes von Beteiligungsverfahren ausgeschlossen sind. Dies ermöglicht den Austausch mit älteren Bürger*innen und solchen, die sich im Alltag nicht mit dem Thema Wohnraum beschäftigen oder sich ohnehin in diesem Feld engagieren.

Allgemein lässt sich als Erkenntnis festhalten, dass die Emotionalität, die mit dem Thema Wohnraum verknüpft ist, im Workshopkonzept nicht gänzlich antizipiert wurde. So identifizierten sich Passant*innen beim Stadtkulturfest in der *1. Phase* sowie Teilnehmer*innen im Workshop der *2. Phase* stark mit dem Thema *Wohnraum im Wandel* und zogen oft emotionale Bezüge zu Geschehnissen auf dem Wohnungsmarkt in Eberswalde. Die damit einhergehenden Motive zur Teilnahme am Workshop und der resultierende Redebedarf sollten in Konzepten mitgedacht werden, damit gegebenenfalls das Ausmaß verringert werden kann, in dem individuelle Agenden und unterschwellige soziale Hierarchien Gruppenzielen im Weg stehen.

In weiterführenden Arbeiten empfiehlt es sich daher, die Erkenntnisse über die eingesetzten Methoden in eine Anpassung des Workshop-Konzeptes einfließen zu lassen, um das transformative Potenzial dieser Workshops zu erhöhen. Da im Rahmen dieses Forschungsprojektes keine Langzeitstudie möglich war, wäre es weiterhin interessant zu untersuchen, wie sich die oben genannten Impulse auf die Teilnehmer*innen ausgewirkt haben, und ob das im Workshop erarbeitete Wissen in ihrer Tätigkeit in zivilgesellschaftlichen Vereinen unterstützend gewirkt hat. Andere offene Fragen betreffen die methodische Begleitung und Unterstützung zivilgesellschaftlichen Engagements über längere Zeit hinweg sowie das Potential der im Projekt gesammelten Daten zur weiteren wissenschaftlichen Verarbeitung, beispielsweise durch digitale Systemmodellierung. Im Kontext von Stadtverwaltungen drängt sich die Frage auf, ob die eingesetzten Methoden tatsächlich Katalysatoren erfolgreicher Partizipation darstellen und wie die Stadtpolitik diese Methoden weiterhin nutzen und institutionalisieren könnte, um Partizipationspolitik im Sinne der „citizen control" (vgl. Arnstein, 1969) zu betreiben.

QUELLEN- UND LITERATURVERZEICHNIS

Abelson, J., Forest, P. G., Eyles, J., Smith, P., Martin, E., & Gauvin, F. P. (2001). Deliberations about deliberative methods: issues in the design and evaluation of public participation processes. Social Science & Medicine, 57(2), 239-251.

Abelson, J., & Gauvin, F. P. (2006). Assessing the impacts of public participation: Concepts, evidence and policy implications. Ottawa: Canadian Policy Research Networks.

Alcánatara, S., Arnold, Busch, S., Dietz, R., Friedrich, M., Lindner, D., Ritz, C. & Sonnenberger, M. (2018). Zwischen Wunsch und Wirkung – Ein transdisziplinärer Visionsworkshop mit Bürgerinnen und Bürgern.

Alisch, M. (2013). Frauen und Gentrification: Der Einfluß von Frauen auf die Konkurrenz um den innerstädtischen Wohnraum. Springer-Verlag.

Arnstein, S. R. (1969). A *ladder of citizen participation*. Journal of the American Institute of planners, 35(4), 216-224.

Barreteau, O., Bots, P., Daniell, K., Etienne, M., Perez, P., Barnaud, C., ... & Trebuil, G. (2013). Participatory approaches. In : Edmonds B. (ed.), Meyer R. (ed.) Simulating social complexity (pp. 197-234). Springer, Berlin, Heidelberg.

Bensoussan, B. E., & Fleisher, C. S., (2003). Strategic and competitive analysis: Methods and techniques for analyzing business competition. Upper Saddle River, NJ: Prentice Hall.

Bolchi, P., & Diappi, L. (2008). Smith's *rent gap theory* and local real estate dynamics: A multi-agent model. Computers, Environment and Urban Systems, 32(1), 6-18.

Bousquet, F., & Voinov, A. (2010). Modelling with stakeholders. Environmental Modelling & Software, 25(11), 1268-1281.

Billger, M., Thuvander, L., & Wästberg, B. S. (2016). In search of visualization challenges: The development and implementation of visualization tools for supporting dialogue in urban planning processes. Environment and Planning B. Urban Analytics and City Science, 44(6), 3-4, 11.

BMBF (2016). Grundsatzpapier des Bundesministeriums für Bildung und Forschung zur Partizipation.

Corburn, J. (2003). Bringing local knowledge into environmental decision making: Improving urban planning for communities at risk. Journal of Planning Education and Research, 22(4), 420-433.

Devisch, O. Poplin, A., & Sofronie, S. (2016). The gamification of civic participation: Two experiments in improving the skills of citizens to reflect collectively on spatial issues. Journal of Urban Technology, 23:2, 81-102.

Eckardt, F. (2018). Gentrifizierung: Forschung und Politik zu städtischen Verdrängungsprozessen. Springer-Verlag.

Fehlberg, T., & Mießner, M. (2015). Mietpreissteigerungen und Wohnungsengpässe abseits der Ballungsräume. Investitionen in Wohnimmobilien in B-Lagen und Regionalzentren – das Beispiel Göttingen. sub\urban. zeitschrift für kritische stadtforschung, 3(1), 25-44.

Fischer, F. (2000). Citizens, experts, and the environment: The politics of local knowledge. Duke University Press.

Glass, R. (1964). Aspects of change. The Gentrification Debates: A Reader, 19-30.

Haase, D., Lautenbach, S., & Seppelt, R. (2010). Modeling and simulating residential mobility in a shrinking city using an agent-based approach. Environmental Modelling & Software, 25(10), 1225-1240.

Holm, A. (2014). Zeitschleife Kreuzberg. Zeithistorische Forschungen, 11, 300-311.

Holm, A. (2012). Paradoxien und Begleiterscheinungen der Reurbanisierung. In K. Brake & G. Herfert (Eds.), Reurbanisierung: Materialität und Diskurs in Deutschland (pp. 239–256).

Holm, A. (2010). Gentrifizierung und Kultur: zur Logik kulturell vermittelter Aufwertungsprozesse. Jahrbuch StadtRegion, 6(1).

Jarvis, H., Cloke, J., & Kantor, P. (2009). Cities and gender. Routledge.

Kallus, R. (2016). Citizenship in action: Participatory urban visualization in contested urban space. Journal of Urban Design, 21(5), 616-637.

Landesbetrieb für Datenverarbeitung und Statistik Land Brandenburg (2006). Beitrag zur Statistik. Historisches Gemeindeverzeichnis des Landes Brandenburg 1875 bis 2005. Potsdam: Landesbetrieb für Datenverarbeitung und Statistik.

Münster, S., Georgi, C., Heijne, K., Klamert, K., Noennig, J. R., Pump, M., ... & van der Meer, H. (2017). How to involve inhabitants in urban design planning by using digital tools? An overview on a state of the art, key challenges and promising approaches. Procedia Computer Science, 112, 2391-2405.

Natarajan, L. (2017). Socio-spatial learning: A case study of community knowledge in participatory spatial planning. Progress in Planning, 111, 1-23.

OECD (2005). Evaluating public participation in policy making. OECD Publications.

Smith, N. (1979). Toward a theory of gentrification: A back to the city movement by capital, not people. APA Journal, 538–548.

Smith, N. (1987). Gentrification and the rent gap. Annals of the Association of American Geographers, 77, 462–465.

Stadt Eberswalde (2014). Strategie Eberswalde 2030. Integriertes Stadtentwicklungskonzept.

Stadt Eberswalde (2017). Eberswalde auf einen Blick.

Stadt Eberswalde (2018). Fortschreibung der Stadtumbaustrategie für die Stadt Eberswalde. Redaktionsstand: Beschluss der Stadtverordnetenversammlung vom 1. März 2018.

Star, S. L., & Griesemer, J. R. (1989). Institutional ecology, translations' and *boundary objects*: Amateurs and professionals in Berkeley's Museum of Vertebrate Zoology, 1907-39. Social Studies Of Science, 19(3), 387-420.

Transition Thrive Eberswalde (Hrsg.) (2018). Ergebnisse der Interaktiven Ideenwerkstatt: „Was wollen wir in Eberswalde gemeinsam bewegen?". Unveröffentlichtes Manuskript, Eberswalde.

Üblacker, J. (2015). Entwicklung der Gentrification-Forschung in Deutschland 1980–2014. Berlin: Projektbericht.

Wynne, B. (1992). Misunderstood misunderstanding: Social identities and public uptake of science. Public Understanding of Science, 299-300.

ABBILDUNGEN

Abbildung 1: Übersicht über das Forschungsprojekt
Grafik: Kristin Bauer

Abbildung 2: Forschungsdesign: iterativer Dreiklang
Grafik: Kristin Bauer

Abbildung 3: Aufbereitung der interaktiven Karte vom Stadtkulturfest FinE
Grafik: Kristin Bauer, Farben modifiziert

Abbildung 4: Weiterführung der STEEP-Analyse in einer Wechselwirkungsanalyse
Grafik: Kristin Bauer, Farben modifiziert

Abbildung 5: Aktiv-Passiv-Diagramm der Wechselwirkungsanalyse
Eigene Darstellung

Abbildung : Roadmap als Ergebnis der Ideenblume
Grafik: Kristin Bauer

TABELLEN

Tabelle 1: Einflussgrößen der Eberswalder Wohnraumentwicklung
Eigene Darstellung

EBERSWALDE – WER BIST DU?
EINE EMPIRISCHE UNTERSUCHUNG VON STÄDTISCHER IDENTITÄT UND KOLLEKTIVBEWUSSTSEIN IN EBERSWALDE

Worüber identifizieren sich Eberswalder*innen mit ihrer Stadt und welche Merkmale fördern ein gemeinsames Identitätsbewusstsein?

AUTOR*INNEN
Martina Dreßelt
Mina Mahmoodian
Marie Vogelmann
Paulina von Kietzell

1. TEIL
EINLEITUNG

In Zeiten beschleunigter Globalisierung erfährt der Begriff der Identität eine neue Aktualität als Prozess der Positionierung in einer immer komplexeren und multidimensionalen Welt. Im Bezug auf die digitale Transformation wird in diesem Zusammenhang auch vom *VUCA-Zeitalter* gesprochen. Das Akronym beschreibt die heutige Welt als volatil beziehungsweise schwankend (V), ungewiss (U), komplex (C) und ambivalent (A) (Gläser, 2018). Resultat dieser Komplexität ist ein Zustand der multioptionalen Orientierungslosigkeit. Für den Soziologen Hartmut Rosa führt dies zu zunehmenden Entfremdungsprozessen, da unsere Wahrnehmung zur Welt, und unsere Stellung zu ihr, ständig neuen Erfahrungs- und Handlungsräumen ausgesetzt ist (Rosa, 2012, 2013). Entfremdungsprozesse beschreiben nach Rosa „…eine tiefgreifende strukturelle Verzerrung zwischen Selbst und Welt, also der Art und Weise in der ein Subjekt 'in die Welt gestellt' ist" (Rosa, 2013, S. 24). Für Rosa ist die Erfahrung von Resonanz, welche er als „… identitätskonstituierende Erfahrung des Berührt- und Ergriffenseins" (Rosa, 2012, S. 6) beschreibt, elementar, um dem gesellschaftlichen Entfremdungsprozess von Raum und Zeit entgegenzutreten. Resonanz charakterisiert in diesem Sinne die Beziehung zur Welt und damit auch deren (Wieder-) Aneignung, welche wiederum einen Einfluss auf die Erfahrung der eigenen Identität hat.

Auch in der Entwicklung der Stadt Eberswalde spielen Entfremdungs-, beziehungsweise Transformationsprozesse, besonders im Bezug auf Raum, eine bedeutende Rolle. Der politische Strukturwandel durch die Wende bewirkte in Eberswalde, sowie auch in vielen anderen ostdeutschen Städten, einen Schrumpfungsprozess auf vielen Ebenen. Zu DDR-Zeiten charakterisierte die Stadt eine starke Metallindustrie – nach der Wende erfolgte ein wirtschaftlicher Strukturabbau, viele Fabriken wurden geschlossen, was zu hohem Arbeitsplatzverlust bis heute führte (Stadt Eberswalde, 2017). Mit dem Beitritt der DDR zur Bundesrepublik veränderten sich generell die Rahmenbedingungen für Stadtentwicklung in ostdeutschen Städten grundlegend (Hannemann, 2003). Die Veränderungen hatten Orientierungslosigkeit, fehlende Perspektiven und dadurch zunehmende Resignation zur Folge – die Identität der Stadt musste durch die neuen Herausforderungen neu verhandelt werden. Kuder (2010) spricht von einer stadtentwicklungspolitischen Perspektivlosigkeit als Folge des Zusammenbruchs.

Aktuell steht Eberswalde vor einem Wandel, denn seit 2014 ist ein Bevölkerungswachstum zu verzeichnen (Stadt Eberswalde, 2018, S.1). Damit wird eine Debatte über die sich wandelnde Stadtgesellschaft und die damit verbundenen Transformationen angeregt. Ähnlich wird auch im stadtentwicklungspolitischen Diskurs argumentiert: Das Thema „Identität" gewinnt immer dann an Bedeutung, wenn vorherrschende Identitätsentwürfe durch Umbruchs- oder Krisensituationen an Tragfähigkeit verloren haben (Mathiesen, 2005; Trommer, 2006). Das *Deutsche Institut für Urbanistik* (2006, S. 17) hebt hervor, dass es in der Identitätspolitik vor allem um „… eine Solidarität, einen Konsens in der Bevölkerung und Politik (…) [geht, Anm. d. Verf.], der als vorparlamentarische Basis von Entscheidungen wirken soll". Nur wenn man sich bewusst mit der eigenen Identität auseinander setze, könnte man auch nachhaltige Zukunftsentscheidungen treffen. Die US-amerikanischen Psychologen Ashmore, Deaux und McLauglin-Volpe (2004, S. 102 f.) heben darüber hinaus hervor, dass durch den Prozess der **kollektiven Identifikation** unter anderem mehr Mitverantwortung und Einsatz für die Gemeinschaft bewirkt wird.

> **Kollektive Identifikation**
> Kollektive Identifikation ist nach Ashmore et al. „…in erster Linie eine Aussage über kategorische Zugehörigkeit. Eine kollektive Identität ist eine, die mit einer Gruppe von anderen geteilt wird, die einige Eigenschaften gemeinsam haben (oder haben sollen)" (Ashmore et al., S.320)

Das Forschungsprojekt *Eberswalde – Wer bist Du?* verfolgt dementsprechend folgende Fragestellung:
Worüber identifizieren sich Eberswalder*innen mit ihrer Stadt und welche Merkmale fördern ein gemeinsames Identitätsbewusstsein?

An dieser Stelle soll betont werden, dass es in unserem Forschungsvorhaben nicht um die *städtische Identität* als Marketing-Image geht, welches die Stadt strategisch von sich entwirft und welches mittels baulicher Aufwertung gestärkt wird (vgl. hierzu Hilber & Datko, 2012; Kutschinski-Schuster, 1993; Riza, Doratli, & Fasli, 2012).

Die Identität der Stadt Eberswalde soll in unserem Projekt ausgehend von den einzelnen Bewohner*innen beschrieben und herausgearbeitet werden. Die Regionalforscher Weichhart, Weiske, Werlen und Ainz (2006, S. 22 f.), sprechen in diesem Zusammenhang von *raumbezogener Identität*, die die persönliche und emotionsbezogene Bindung von Menschen an einen bestimmten Ort beschreibt.

Angelehnt an das von Defila und Die Giulio (2018) beschriebene Forschungsformat des **Reallabors** verfolgt unser Projekt eine dreifache Zielsetzung. Die erste Zieldimension wird als Forschungsziel formuliert und meint die Produktion von Erkenntnissen und neuem Wissen (ebd., S. 11). Das Projekt *Eberswalde – Wer bist Du?* verfolgt das Forschungsziel, verschiedene Identifikationsmerkmale der Stadt für ihre Bewohner*innen herauszuarbeiten und zu visualisieren. Diese Merkmale werden hier als Bindungsmerkmale verstanden, welche nach Leo Baumfeld (2011), anknüpfend an Weichhart et al. (2006), die persönliche und emotionsbezogene Bindung von Menschen an einen bestimmten Ort beziehungsweise Region beschreiben. Innerhalb der Identifikationsmerkmale soll im weiteren Verlauf der Forschung auf diejenigen der Fokus gelegt werden, welche geteilte Bindungsmerkmale von Eberswalde beschreiben. Das Ziel ist hierbei, diejenigen Merkmale herauszuarbeiten, die eine Form der „kollektiven Identifikation" nach Richard D. Ashmore, Kay Deaux and Tracy McLaughlin-Volpe (2004) beschreiben können.

> **Reallabor**
> Defila und Di Giulio (2018) beschreiben ein Reallabor als „Forschungsformat, in dem transdisziplinär geforscht und gleichzeitig ein expliziter transformativer Anspruch verfolgt wird" (ebd., S.11). Als eine „neue institutionalisierte Form der Forschung (…) [verfolgt ein Reallabor also (Anm.d.Verf.)] den Anspruch auf gesellschaftliche Wirkung" (ebd., S. 6)

Die zweite Zieldimension im Reallabor umfasst die Praxisziele und meint damit das Anstoßen von Transformationsprozessen (Defila & Di Giulio, 2018, S. 11). Wir haben uns zum Praxisziel gemacht, durch die Durchführung eines Bürger*innen-Workshops, eine bewusste Bindung der Eberswalder*innen an ihre Stadt zu aktivieren und ein neues Wir-Gefühl innerhalb der Stadtgesellschaft anzuregen. Darüber hinaus wird angestrebt, dass die Bürger*innen motiviert werden, proaktiv zusammen zu kommen, und durch ein gemeinsames Verständnis für die Existenz von unterschiedlichen Perspektiven auf die Stadt, für mehr Solidarität, Toleranz und Mitverantwortung sensibilisiert werden.

Aus der Perspektive des Praxisziels fungiert die Auseinandersetzung mit den unterschiedlichen Perspektiven auf die *raumbezogene Identität* Eberswaldes als Methode zur Anregung eines gemeinsamen Verständnisses der Stadt.

Neben Forschungszielen und Praxiszielen verfolgt das Forschungsvorhaben *Eberswalde – Wer bist Du?* auch Bildungsziele. Diese werden von Defila und Di Giulio (2018, S. 24) als das Anregen und Unterstützen von Lernprozessen beschrieben. In diesem Kontext strebt unsere Forschung an, eine Auseinandersetzung über *städtische Identität* und die persönliche Identifikation bei jede*m Projektteilnehmer*in anzuregen. Von daher ist es ein Bildungsziel, die Wortwahl für das Thema Identität innerhalb der empirischen Forschung so niedrigschwellig wie möglich zu halten.

Der nachfolgende Bericht gibt einen Einblick in die Erkenntnisse und Ergebnisse des Projektes. Zunächst wird das Thema der Forschungsfrage in den wissenschaftlichen Diskurs verortet. Anschließend wird die Forschungsmethodik erläutert. Im Folgenden werden dann das Vorgehen und die Ergebnisse der empirischen Forschung, der Umfrage und des Bürger*innen-Workshops, dargelegt. Nach einem Vergleich und Diskussion der Ergebnisse wird ein Fazit die Ergebnisse kritisch reflektieren und den Beitrag des Forschungsprojektes herausarbeiten. Im abschließenden Ausblick wird auf noch offene und anknüpfende Fragestellungen eingegangen.

2. TEIL
FORSCHUNGSHINTERGRUND

STÄDTISCHE IDENTITÄT UND KOLLEKTIVBEWUSSTSEIN

Das Identitätsverständnis im Stadtdiskurs ist vielschichtig und kann aus verschiedenen Perspektiven betrachtet werden. Nach einem kurzen Überblick über die verschiedenen Blickwinkel, wird im Folgenden der Begriff der städtischen Identität besonders im Zusammenhang mit seiner Wirkung auf das Kollektivbewusstsein der Stadtgesellschaft erläutert.

Zunächst beschreibt *städtische Identität* als urbane Identität den Unterschied zum ländlichen Raum. Vor allem in der Stadtsoziologie wurde sich eingehend mit den Besonderheiten des urbanen Lebens beschäftigt (vgl. u.a. Bahrdt, 2013; Häußermann & Siebel, 1978; Siebel, 2015; Simmel, 1993). Die Stadt an sich, so argumentieren die Soziologen Martina Löw und Helmuth Berking (2008), hat jedoch kein einheitsstiftendes Fundament. Jede Stadt besitzt ihre „... lokalspezifische, eigensinnige Wirklichkeit" (ebd., S. 7). Identität adressiert hier also die individuelle Eigenlogik jeder Stadt. In diesem Fall wird besonders auf die Binnensicht der Bewohner*innen eingegangen und alltagskulturelle Merkmale mit einbezogen. Die Sozialgeographin Annika Mattissek (2007, S. 84) betont hier die Wichtigkeit einer Differenzierung zwischen dem Begriff des *Stadtimage*s und der städtischen Identität. Das *Stadtimage* kennzeichnet sie als das Sprechen über einen Raum, welches schwerpunktmäßig nach außen gerichtet ist. *Städtische Identität* beschreibt in ihrem Verständnis die Identifizierung mit einem Raum, welcher hauptsächlich nach innen gerichtet ist. In der Praxis städtischer Identitätspolitik steht meist das *Stadtimage* im Vordergrund (ebd.). Eine nach außen hin starke Identität bedeutet jedoch nicht, dass sich die Bewohner*innen auch zwangsläufig mit ihrer Stadt identifizieren. Deshalb wird in diesem Forschungsprojekt *städtische Identität* vor allem als *raumbezogene Identität* verstanden. Dieser Begriff wurde besonders durch den Regionalforscher Peter Weichhart geprägt und meint die „... gedankliche Repräsentation und emotionale Bewertung jener Elemente der Umwelt, die ein Individuum in sein Selbstkonzept mit einbezieht" (Weichhart, Weiske, Werlen, & Ainz, 2006, S. 35). Zum einen stellt sie also die Identität im Bezug auf Raum (personenbezogene Perspektive) und zum Anderen die Identität von Räumen selbst (raumbezogene Perspektive) dar (ebd., S. 22f.). Weichhart et al. (ebd., S. 29) bezeichnen *raumbezogene Identität* als Bewusstseinsakt des Individuums, da nicht nur physisch-materielle Gegebenheiten die Identität desselben ausmachen, sondern besonders auch bestimmte Beziehungen, wie Wünsche, Werte oder Erinnerungen wichtig sind. Deutlich wird aus dieser Perspektive, dass städtische Identitätsentwürfe immer sozial konstruiert sind und mehrere Identitätsentwürfe nebeneinander existieren können (vgl. u.a. auch Appadurai, 1996).

Theoretischer Hintergrund und Basis für das Entstehen von *raumbezogener Identität* ist das Konzept der *Multiplen Identität* des Sozialwissenschaftlers Carl F. Graumann (1983). Er unterscheidet zwischen Identität eines Raumes und der Identifikation eines Individuums mit demselben. Dabei hebt er hervor, dass das Hervorbringen der Identität eines Raumes sich auf drei Grundprozesse von Identifikation stützt. Im ersten Schritt, „identification of the environment", wird der Raum zunächst gedanklich durch ein Individuum erfasst. Die Objekterfassung, der Prozess des Identifizierens des Raumes, beschreibt damit auch die Identität desselben (ebd., S. 309 f.). Hier geht es vor allem um die offensichtlichen Merkmale. Im zweiten Schritt, „being identified", wird das Individuum selbst zum Identifikationsobjekt. Im Prozess des *Über-den-Raum-Identifiziert-Werdens*, werden dem Individuum bestimmte raumbezogene Kriterien und Erwartungen zugeschrieben (ebd., S. 312). Im letzten Schritt, „identifying with one's environment", geht es um das Identifizieren des Individuums mit seiner Umwelt. Gemeint ist die Einbettung räumlicher Strukturen in das Selbstkonzept (ebd., S. 312 f.) In allen drei Prozessen werden unterschiedliche Aspekte im Bezug auf die Identität eines Raumes deutlich. Der Regionalforscher Leo Baumfeld (2001) hat die Theorie von Graumann aufgegriffen und eine Formel für *regionale Identität*, welche auf dem Verständnis von *raumbezogener Identität* aufbaut, entwickelt. *Regionale Identität* setzt sich nach Baumfeld aus regionalen Merkmalen, Bindungsmerkmalen und Zuschreibungen zusammen (ebd., S. 2), welche sich an den Grundprozessen von Identifikation nach Graumann orientieren. Regionale Merkmale umfassen dabei die Strukturmerkmale einer Region. Die Bindungsmerkmale zeigen die Beziehungen zwischen Menschen und Region auf. Sie können ökonomischer, sozialer aber auch kultureller Art sein. Merkmale der Zuschreibung werden von außen an einen Raum herangetragen. Stimmen Selbst- und Fremdbild überein, so wird von einer starken Identität gesprochen (ebd.).

Zusammenfassend lässt sich an dieser Stelle festhalten, dass *städtische Identität* nach dem Verständnis von *raumbezogener Identität* nie objektiv beschrieben werden kann sondern immer sozial konstruiert und damit dynamisch ist. Zwar geben regionale Merkmale (vgl. Baumfeld, 2011) Auskunft über die grundlegende Struktur und Beschaffenheit des Raumes, jedoch können diese niemals die personenbezogene räumliche Identität beschreiben (vgl. Weichhart et al., 2006). Jedes Beschreiben von städtischer Identität ist also durch das Selbst-Konzept von Individuen gekennzeichnet (vgl. Graumann 1983).

Es gibt viele Studien, die sich damit auseinandersetzen, dass die *raumbezogene Identität* das kollektive Identitätsbewusstsein beeinflusst. Weichart et al. (2006, S.63) heben beispielsweise hervor, dass *raumbezogene Identität* einen Beitrag zur Stabilisierung von sozialen Systemen leistet und einen „… Einfluss auf sozialen Zusammenhalt, Integration und Gruppenbindung" hat. *Städtische Identität* kann in diesem Fall auch als ein Wir-Gefühl im Bezug auf den Raum verstanden werden. Kollektive Identität beziehungsweise Identifikation trifft nach den US-amerikanischen Psychologen Ashmore, Deaux und McLaughlin-Volpe (2008, S.320) „… in erster Linie eine Aussage über die kategorische Zugehörigkeit. Eine kollektive Identität ist eine, die mit einer Gruppe von anderen geteilt wird, die einige Eigenschaften gemeinsam haben". Ein wichtiges Element ist hierbei die Selbstkategorisierung zu einer Gruppe, sie ist „… die Voraussetzung für alle anderen Dimensionen kollektiver Identität" (ebd., S. 84). Kollektive Identität wird oft mit dem Begriff der „social identity" (soziale Identität) gleichgesetzt. Die Sozialpsychologen Tajfel und Turner (1986, S. 15) definieren eine soziale Gruppe „… als eine Sammlung von Individuen, die sich als Mitglieder derselben sozialen Kategorie verstehen, eine gewisse emotionale Beteiligung an dieser gemeinsamen Definition von sich selbst teilen und einen gewissen sozialen Konsens über die Bewertung ihrer Gruppe und ihrer Zugehörigkeit zu ihr erreichen". Weichhart et al. (2006, S. 63) betonen daran anknüpfend, dass die Bildung von *raumbezogener Identität* auch einen „… Einfluss auf sozialen Zusammenhalt, Integration und Gruppenbindung" habe.

Die Sozialpsychologen Valera, Guàrdia und Pol verbinden in ihrer Theorie der *Urban Social Identity* (2002; Valera & Pol, 1994) die Begriffe der raumbezogenen Identität mit dem kollektiven Identitätsbewusstsein in Städten. Dabei argumentieren sie, dass Menschen sich selbst „… als eine soziale Gruppe wahrnehmen, die auf einer gemeinsamen Raumkategorie basiert. Die räumliche Kategorie wird so zu einer sozialen (räumlichen) Kategorie, die für die Unterstützung oder Festigung sozialer Identitätsprozesse kritisch ist" (ebd., S.55). Das kollektive Identitätsbewusstsein wird also über die gemeinsame Identifikation mit einem Raum gestärkt. Im Verständnis von Valera und Guardia kann der Stadtraum also als eine Reihe von gemeinsamen Merkmalen dargestellt werden, die die Bewohner*innen als zu einer bestimmten sozialen Stadtkategorie gehörig definieren (ebd.). Soziale Identität wird im Verständnis der *Urban Social Identity* aus dem Gefühl der Zugehörigkeit zu einer spezifischen signifikanten Umwelt abgeleitet (Valera & Pol, 1994, S. 7).

Die Zugehörigkeit zur städtischen Umgebung lässt sich nach Valera, Guàrdia und Pol in verschiedene Dimensionen unterteilen (Valera & Guàrdia, 2002, S. 55; Valera & Pol, 1994, S. 18f.): Die *räumliche Dimension* beschreibt die geografische Grenze des urbanen Raums und spielt eine wichtige Rolle in den Beziehungen zwischen Gruppen und Gemeinschaften und somit dem Zugehörigkeitsgefühl (Valera & Pol 1994, S. 18). Die *psychosoziale Dimension* umfasst die sozialen Beziehungen innerhalb der sozialen Gruppe. Dabei kann „… die Zugehörigkeit zu einer bestimmten urbanen Kategorie auch zu einer Reihe von internen und externen Zuschreibungen führen, die den damit verbunden Mitgliedern einen besonderen oder unterscheidungskräftigen Charakter verleihen [übersetzt durch d. Verf.]" (ebd., S.18). Die *zeitliche Dimension* beinhaltet Merkmale der historischen Kontextualisierung des städtischen Raumes und ist ein grundlegendes Element der „*Urban Social Identity*" (ebd.). Die *Verhaltensdimension* beschreibt die „… sozialen Praktiken, die für eine bestimmte städtische Umgebung typisch sind [übersetzt durch d. Verf.]" (ebd., S. 19). Die *soziale Dimension* adressiert die sozialen Merkmale und die Struktur, die für eine Gruppe charakteristisch sind (ebd.). Die letzte Dimension, die *ideologische Dimension* umfasst die Werte, die von einer Gruppe, die sich auf denselben Raum beziehen, geteilt werden (ebd.).

Zusammenfassend kann kollektive *städtische Identität* als gemeinsamer Identitätsentwurf einer Stadt beschrieben werden und ist damit ein Hybrid aus vielfältigen Merkmalen aus personenbezogener Perspektive. Diese können beispielsweise anhand der Dimensionen der *Urban Social Identity* qualifiziert werden. Der Raum, beziehungsweise die Stadt, ist dabei sozusagen der Bezugsrahmen für das kollektive Identitätsempfinden.

3. TEIL
FORSCHUNGSMETHODIK UND DARSTELLUNG

Der folgende Teil gibt einen Einblick in die gewählten Forschungsmethoden innerhalb des Projekts.

EMPIRISCHE FORSCHUNG: DER FELDZUGANG UND DIE UMFRAGEN

Bedingt durch die vielschichtige Thematik raumbezogener Identitätsforschung, welche individuell geprägt durch authentische Sichtweisen der Bürger*innen entsteht, erforderte auch unsere Forschungsmethodik eine komplexe Herangehensweise. Somit war unsere Forschung vorwiegend qualitativ angelegt:

> „Dem liegt die Menschenbild-Annahme zugrunde, dass die Betroffen
> selbst-/ reflexive Subjekte und Experten/Expertinnen ihrer eigenen Lebens-
> welt sind und von daher in ihrem reflexiven Fähigkeiten und ihrer themenbe-
> zogenen Kompetenz ernst genommen werden müssen und können."
>
> (Lettau und Breuer, 2007, S.5)

Auf der Suche nach identitätsstiftenden Merkmalen der Bürger*innen begaben wir uns ins Feld, in die Stadt Eberswalde. Wir entschieden uns dabei für den Zugang mittels einer manuell auszufüllenden Umfrage. Dazu haben wir selbst, bezogen auf unsere Forschungsfrage, einen qualitativen Fragebogen mit fünf Fragen ausgearbeitet. Diese können als Assoziationsfragen angesehen werden und orientieren sich an dem 20-Statement-Test nach Kuhn (Kuhn & McPartland, 1954). Es wurde demnach nicht bloß von jedem Teilnehmenden angekreuzt, sondern je nach Präferenz stichpunkt- oder fließtextartig folgende Fragen beantwortet:

1. Eberswalde ist für mich…
2. In Eberswalde mache ich gerne…
3. In Eberswalde halte ich mich gerne auf in…
4. Momentan fehlt mir in Eberswalde…
5. Für Eberswalde in der Zukunft wünsche ich mir…

Dabei wurden die zuvor beschrieben Dimensionen nicht gezielt abgefragt (vgl. 2. Teil), sondern gemäß induktiver Vorgehensweise offen angelegt, um so Unbekanntes auf bereits Bekanntes zu übertragen. Um dabei eine möglichst große Anzahl und Vielfalt an Antworten zu bekommen, haben wir vor jedem Feldzugang Routen, beziehungsweise Stadtteile festgelegt, die ganz Eberswalde abdecken. Insgesamt konnten wir so in allen unterwegs sein. Für den späteren Vergleich der Antworten war dies ein entscheidender Punkt. Unsere gesamte Gruppe fuhr dazu insgesamt fünf Mal nach Eberswalde. Die Umfragen fanden in kurzen zeitlichen Abständen zueinander statt. Explorativ gingen wir in den einzelnen Stadtteilen auf die Bürger*innen zu. Wie im Zuge der Auswertung noch erläutert wird, ließen sich dabei Strukturen und Auffälligkeiten erkennen.

Der direkten Umfrage vor Ort folgte zudem eine Online- Umfrage mit dem gleichen Fragentyp, welche an die durch die Vernetzung vor Ort entstandenen Kontakte und Initiativen, wie beispielsweise dem **Transition Thrive** gesandt wurde. Ziel war hierbei vor allem, noch mehr Leute zu erreichen.

> Transition Thrive
> „‚Transition Thrive – Wachstumsschub für Klimaschutz von unten' war ein zweijähriges Klimaschutzprojekt von hebewerk e.V. und wandelBar in Eberswalde. Gefördert wurde es vom Bundesministerium für Umwelt, Naturschutz, Bau und Reaktorschutz (BMUB) und startete im September 2017. Das Projekt zielte darauf ab, lokale Klimaschutzinitiativen und -Engagierte in Eberswalde zu stärken, zu vernetzen und neue Wege für einen lokalen Klimaschutz ‚von unten' zu ebnen." (Neumann, A. (2017). http://stadt-und-land-im-wandel.de/eberswalde/transition-thrive-wachstumsschub-fuer-klimaschutz-von-unten/; abgerufen am 19.07.2019).

DER WORKSHOP

Aufbauend auf den bisherigen Umfrageergebnissen, die bisher erhobenen identitätsstiftenden Merkmale, sowie einhergehender Vernetzungsarbeit mit Initiativen und Bürger*innen in Eberswalde, haben wir versucht, unserem Praxisziel folgend vom theoretischen Teil zum praktischen intensiven Diskurs zu kommen. Dazu haben wir einen Workshop mit Teilnehmer*innen in den Räumlichkeiten von *Transition Thrive* gestaltet.

Entgegen der offen gestalteten Vorgehensweise der Umfrage wurde der Workshop systematisch von uns vorbereitet und auf bereits während der Umfrage entwickelte Thesen, wie die Annahme von Themenfeldern, aufgebaut sowie in ein Modell übertragen (siehe 4. und 5. Teil). Vorbereitend gab es dazu zwei Probedurchläufe, ein Mal im Bekanntenkreis eines Gruppenmitgliedes, ein weiteres Mal direkt an der Fachhochschule im Kommiliton*innen-Kreis des Masters „Urbane Zukunft". Getestet wurden die im Workshop angewendeten Methoden.

Während alle Gruppenmitglieder ihre Aufgaben während des Workshops innehatten (Moderation und Organisation), war ein Gruppenmitglied vornehmlich für die *teilnehmende Beobachtung* des Workshops zuständig. Dabei war hilfreich, dass wir uns zuvor sowohl mit dem Umfeld als auch den Teilnehmenden vertraut machen konnten, denn:

> „Dieses Verstehen setzt seinerseits schon ein bestimmtes Vorverständnis voraus: Die Ethnografin muss sozusagen schon eine Idee von dieser Welt haben, damit diese zu ihr sprechen kann."
> (Breidenstein & Hirschauer, 2013, S.18).

In diesem Umfeld und mit Einverständnis aller Teilnehmer*innen wurde so mit Perspektivenwechsel während des Workshops offen beobachtet und dabei Feldnotizen angefertigt. Zudem wurden Abschnitte auf Tonband festgehalten. Die Feldnotizen als auch die Tonbandaufnahmen wurden später in ein Protokoll übertragen. Nach dem Protokollieren erfolgte zunächst ein offenes Kodieren (Breidenstein & Hirschauer, 2013, S.126 ff.). Betreffend unseres Praxiszieles wurde darauf folgend analytisch in Form einer Mind- Map der Ablauf der Interaktionsprozesse der Teilnehmer*innen ausgearbeitet. Neben der Evaluierung der Methodenwahl (vgl. 5. Teil „Methodenwahl") durch die Teilnehmer*innen war es für uns relevant, die Interaktionsprozesse der Teilnehmer*innen zu untersuchen.

MODELLIERUNG UND VISUALISIERUNG IM PROJEKTKONTEXT

Innerhalb des Forschungsprojekts hat Modellierung in Verschränkung mit Visualisierung eine wichtige Rolle eingenommen. Ein Modell innerhalb der Forschung sollte dabei helfen, die multidimensionalen Zusammenhänge in Bezug auf die Forschungsfrage strukturiert erkennbar zu machen. Außerdem war es ein Ziel, durch das Modell die Daten der empirischen Forschung visuell zu sortieren und zu bewerten. Im Sinne des Bildungsziels des Projektes sollte das Modell einen partizipativen Zugang zur Forschungsfrage im Bürger*innen-Workshop ermöglichen. Somit hatte das Modell im Forschungsprojekt zwei Funktionen: Die Strukturierung und Darstellung der Umfragedaten sowie die Funktion als Kommunikat im Workshop. Im Folgenden wird das Modell im Allgemeinen beschrieben, auf die konkreten Funktion im Workshop wird im 5. Teil eingegangen.

Beschreibung des Modells

Dem Modell kollektiver Repräsentation liegen die Daten aus der Vor-Ort-Umfrage sowie der Online-Umfrage zugrunde. Es stellt die Identifikationsmerkmale, über die sich die Eberswalder*innen mit ihrer Stadt identifizieren dar. Der Modellierung vorangegangen ist eine thematische Clusterbildung aller Daten aus der Umfrage (siehe 4. Teil). Die einzelnen thematischen Cluster beziehungsweise Themenfelder stellen Teilsysteme beziehungsweise Submodelle sowie Systemgrenzen im gesamten Modell dar.

Für die Visualisierung des Modells haben wir einen Baum, angelehnt an die Methode des *Zukunftsbaums* nach Gray, Brown & Macanufo (2010, S. 259 f.) gewählt. Zum Einen lässt sich dies dadurch begründen, dass das Thema Natur eines der meist genanntesten Themen innerhalb der Umfrage war. Zum Anderen stärkt die Darstellung des Baumes die Vorstellung, dass die Identität der Stadt wachsen beziehungsweise sich weiterentwickeln kann. Bei der Darstellungsfrage stand das Ziel im Vordergrund, eine emotional leicht zugängliche Visualisierung zu wählen.

Entitäten und ihre Funktionen

Innerhalb des Modells (siehe Abbildung 1) gibt es verschiedene Entitäten mit unterschiedlichen Funktionen. Diese sollen nachfolgend erläutert werden.

Der *Stamm* des Baumes stellt die jeweilige Perspektive, mit der wir auf die Umfrage-Daten schauen, dar. Zum einen kann ein Modell, also ein Baum, die gesammelten Identifikationsmerkmale, also alle Aussagen aller Befragten darstellen. Anderseits kann es auch eine kleinere Kategorie, wie beispielsweise *Studierende* oder *Bewohner*innen des Brandenburgischen Viertels* darstellen. Der Stamm stellt also die Bezugsgruppe dar. Die *Äste* des Baumes symbolisieren die thematischen Cluster der Identifikationsmerkmale und sind Teilsysteme des Modells.

Die *Blätter* beinhalten die Begriffe beziehungsweise Identifikationsmerkmale, die von den Eberswalder*innen innerhalb der Umfrage, sowie im Workshop (siehe 5. Teil), genannt wurden. Dabei werden positive Merkmale von Eberswalde als grüne Blätter, negative als dunkelblaue Blätter und neutral bewertete Merkmale in weiß dargestellt. Es gibt darüber hinaus zwei verschiedene Blättergrößen. Alle Merkmale, die von mehr als 20% der jeweiligen Bezugsgruppe genannt werden sind in großen Blättern dargestellt, alle die von weniger als 20% genannt wurden in kleinen.

Schwarze Linien verbinden bestimmte Blätter und stellen Kookkurenzen dar, also überzufällig häufig in Verbindung genannte Wörter (Dzudzek, Glasze, Mattissek, & Schirmel, 2009, S. 245).

● positive Aspekte ● negative Aspekte ○ neutrale Aspekte

Abbildung 1: Das Baum-Modell kollektiver Repräsentation raumbezogener Identität in Eberswalde, eigene Darstellung
Grafik: Marie Vogelmann

4. TEIL
UMFRAGE

Im folgenden Teil wird das Vorgehen der Umfrage sowie deren Ergebnisse dargestellt.

AUSWERTUNGSMETHODEN

Im Folgenden werden die einzelnen Analyseschritte der inhaltlichen Auswertung des Datenmaterials der Umfragen erläutert. Methodisch haben wir uns an der Qualitativen Inhaltsanalyse nach Peter Mayring (2010) sowie Möglichkeiten der lexikometrischen Analyse (Dzudzek et al., 2009) orientiert.

Für die Auswertung wurden die Daten aus den Fragebögen zunächst in eine große Exceltabelle überführt. Um für einen besseren Überblick zu sorgen, wurden die Beiträge der Befragten auf maximal zwei Begriffe beziehungsweise Stichpunkte pro Zelle standardisiert. Dieser Schritt folgte entlang dem Prozess der Paraphrase beziehungsweise Reduktion der Inhaltsanalyse (Mayring, 2010, S. 68 f.). Daran anschließend haben wir aus allen Beiträgen thematische Cluster erstellt. Dazu wurden alle inhaltliche Stichpunkte, die sich unter ein Thema gruppieren ließen, gesammelt und somit Themenfelder im Material gebildet. Orientiert haben wir uns bei dieser Clusterbildung an dem Prozess der induktiven Kategorienbildung der Qualitativen Inhaltsanalyse nach Mayring (2010, S. 67 ff.). Dabei wird das Material, hier die Daten aus den Umfragen, so zusammengefasst und reduziert, dass man bestimmte Codes beziehungsweise Kategorien als thematische Überschriften verwenden kann. In unserem Fall haben wir diese Codes als thematische Cluster benannt. Die Stichpunkte konnten dabei mehreren unterschiedlichen Clustern zugeordnet werden. Diese Analyse lieferte die erste grobe thematische Strukturierung der gesammelten Begriffe zu Eberswalde. Dieser Gesamtauswertung folgte ein Unterteilen des Datenmaterials in unterschiedliche Ausschnitte beziehungsweise Gruppierungen. Dabei stellten die erhobenen Strukturdaten (Alter, Wohnort, Wohndauer in Eberswalde und Beschäftigung) den Anhaltspunkt für die Unterteilung dar. In sich sollten die Gruppierungen relativ homogene Merkmale genannt haben. Hier sei angemerkt, dass es viele Möglichkeiten gibt, das Datenmaterial in unterschiedliche Ausschnitte zu unterteilen. Wir haben uns für folgende Gruppierungen entschieden: *Studierende* (Angabe „studierend" bei Beschäftigung), *Neu-Zugezogene* (seit weniger als zwei Jahren wohnhaft in Eberswalde), *Zugezogen* (seit weniger als fünf Jahren wohnhaft in Eberswalde) und *Gebürtige* (geboren in Eberswalde). Diese erste Einteilung schien sinnvoll, da sie uns in den Gesprächen während der persönlichen Umfragen als Gruppierungen mit unterschiedlichen Beziehungen zu Eberswalde wiederkehrend auftrat. Ob wirklich zwischen diesen Gruppierungen stark variierende emotionale Beziehungen zur Stadt Eberswalde vorherrschen, sollte so überprüft werden.

Eine weitere Unterteilung erfolgte nach Ortsteilen: *Stadtmitte, Brandenburgisches Viertel, Finow, Ostend, Westend* und *Nordend*. Interessant war es hierbei für uns zu überprüfen, inwieweit unterschiedliche Raumkategorien (hier die Ortsteile) zu unterschiedlichen Wahrnehmungen von städtischer Identität beitragen.

Innerhalb der Ausschnitte des Datenmaterials haben wir darüber hinaus noch eine *Kookkurrenzanalyse* durchgeführt. Nach Dzudzek et al. (2009, S. 245) umfasst die Untersuchung von Kookkurrenzen bei „…welcher Wörter und Wortfolgen (…) mit einer gewissen Signifikanz miteinander verknüpft werden, d.h. welche Wörter in der Umgebung eines bestimmten Wortes überzufällig häufig auftauchen". Diese Analyse ist für die Auswertung relevant, da sie zeigt, welche Stichpunkte miteinander verknüpft sind, beispielsweise „Heimat" mit „Natur". Dies kann Aufschluss über die Frage nach der städtischen Identität Eberswaldes geben.

DARSTELLUNG DER ERGEBNISSE

Im Folgenden werden die Ergebnisse aus verschiedenen Gesichtspunkten dargestellt und betrachtet.

Überblick über die Wohnorte der befragten Teilnehmer*innen

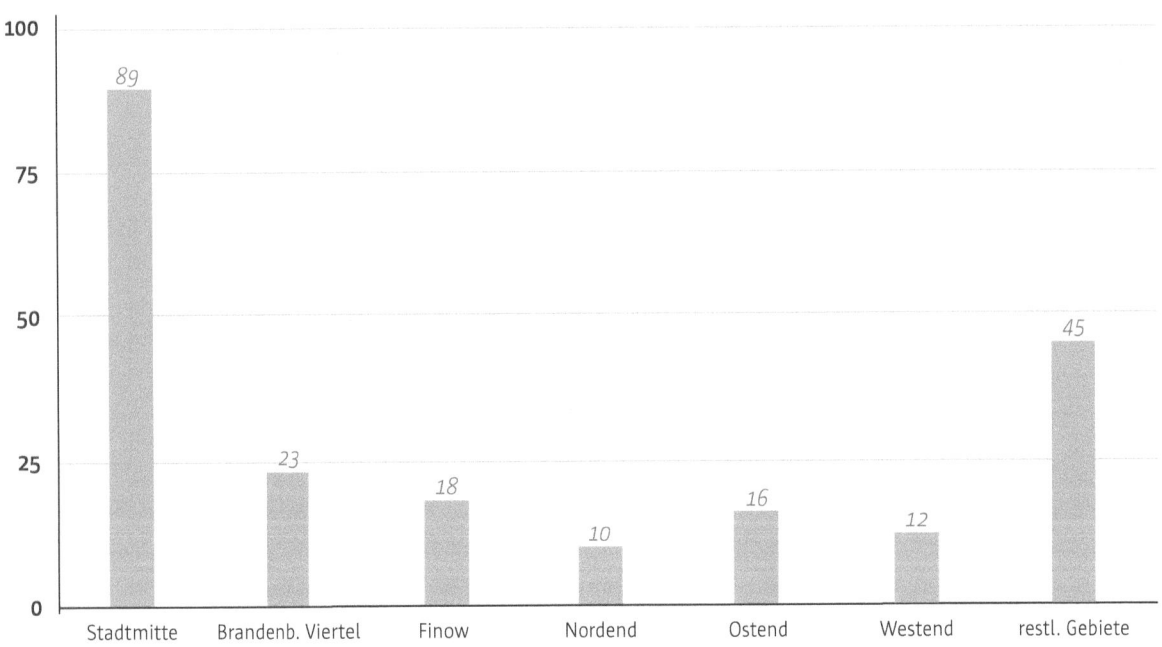

Abbildung 2: Überblick über die Wohnorte der befragten Teilnehmer*innen
Eigene Darstellung

Gesamtauswertung und thematische Cluster im Datenmaterial

Insgesamt konnten wir bei der Umfrage 213 Personen erreichen. 172 Menschen haben dabei an der Vor-Ort-Umfrage, 41 Weitere an der Online Umfrage teilgenommen. Abbildung 2 gibt einen Überblick, über die Teilnehmer*innenzahl nach Stadtteilen untergliedert. In Bezirk *Stadtmitte* gab es 89 Teilnehmende, im *Brandenburgischen Viertel* 23, in *Finow* 18, im *Nordend* 10, im *Ostend* 16, im *Westend* 12 und in den restlichen Gebieten 45 Teilnehmer*innen.

Das Durchschnittsalter aller Befragten beträgt 38 Jahre. Insgesamt ergab unsere Umfrage 117 Blätter, unterteilt in 44 dunkelblaue, 49 grüne und 24 weiße Blätter. Die meistgenannten Begriffe waren „Kanal" mit 104 Antworten, „Wald" und „Park" mit jeweils 89 Antworten und „Heimat" mit 48 Antworten.

Es wurden aus den Beiträgen folgende thematische Cluster gebildet: *Natur, Zusammenleben, Wandel, Infrastruktur, Arbeit, Wohnen* und *Verbundenheit*. In der nachfolgenden Abbildung 3 ist das Gesamtmodell der Beiträge aus den Umfragen dargestellt.

Abbildung 3: Das Baum-Modell der gesamten Beiträge aus den Umfragen
Grafik: Marie Vogelmann

In die verschiedenen thematischen Cluster wurden inhaltliche Aussagen der Bürger*innen aus Eberswalde von uns positiv, negativ und neutral zugeordnet. Dies konnten wir anhand der Antworten auf unterschiedlichen Fragen „*In Eberswalde mache ich gerne..*" (positive Bewertung) oder „*In Eberswalde fehlt mir..*" (negative Bewertung) festmachen. Aussagen auf die Antwort „*Eberswalde ist für mich..*" wurden als neutral gekennzeichnet, es sei denn hier wurde zusätzlich ein wertendes Adjektiv erwähnt. In dem thematischen Cluster Natur konnten durchwegs positive Merkmale zu dieser Thematik zugeordnet werden. Der meistgenannte Begriff „Kanal" mit 104 Antworten befindet sich am Ast der Natur, darunter mit 64 Antworten der Begriff „Finowkanal". Auch die anderen meistgenannten Merkmale wie „Wald" und „Park" (89 Antworten) befinden sich an diesem. Die drei weiteren meistgenannten Antworten sind „Radfahren" (52 Antworten), „Seen" (20 Antworten) und der Begriff „Natur" selbst mit 20 Antworten.

Das thematische Cluster Zusammenleben sollte Aussagen zum sozialen Zusammenleben der Bevölkerung umfassen. Hier wurden eher negative Merkmale zugeordnet. Es tritt eine Ambivalenz unter den Antworten des Themas Gemeinschaft auf. Während einige den „dörflichen und familiären Charakter" positiv hervorheben, wünschen sich viele weniger „soziale Probleme" (8 Antworten) und mehr „Miteinander und Gemeinschaft". Ein großer positiver Begriff im Cluster Zusammenleben ist „Freunde treffen" (20 Antworten) und „Familie" (10 Antworten). Als negativ behaftete Punkte werden hier seitens der Befragten zum einen „Ausländer" (9 Antworten) und zum anderen „Rechtsruck" (6 Antworten) genannt.

Das Themencluster Wandel umspannt Stichpunkte in der Thematik geschichtlicher Wandel der Stadt, kultureller Wandel und aktives Engagement. Positiv werden mehrere Aspekte wie beispielsweise „Eberswalde ist ein Ort mit vielen Möglichkeiten" (7 Antworten) und „Potential" (7 Antworten) gesehen. Außerdem wird Eberswalde mit „aktiven Initiativen" (5 Antworten) identifiziert, sowie mit „vielfältigem ehrenamtlichem Engagement" (10 Antworten). Auch das „Kulturangebot" wird positiv mit 10 Antworten bewertet. Hier ergibt sich eine Ambivalenz, da ähnlich viele „mehr Kulturangebot" (9 Antworten) fordern. Negativ sehen zehn Personen den geschichtlichen Wandel, „früher war es besser" (6 Antworten) wird in diesem Zusammenhang angemerkt. „Nachhaltigkeit" wird mit 15 Antworten als positives Merkmal gesehen und wird auch. mehr gewünscht.

Das Cluster der Infrastruktur beschreibt alle Aussagen zur städtischen Infrastruktur sowie zum Verkehr. Hier werden vermehrt negative Merkmale zugeordnet. Ein prägnanter Punkt sind mehr „Cafés"," Kneipen", „Bars" und „Restaurants" mit 45 Antworten. Trotz diesem negativen Punkt wird im „Café sitzen" (9 Antworten), speziell im „Eiscafé Venezia" (10 Antworten), positiv genannt. Die befragten Eberswalder*innen wünschen sich jedoch „mehr Geschäfte" und „Einkaufsmöglichkeiten" (16 Antworten). Es wird mehr „Sauberkeit" und „Ordnung" (14 Antworten) gefordert. „Fehlende Spielplätze" werden mit sieben Antworten bemängelt. Ein positives Merkmal ist „Zoo" mit 32 Antworten.

Das thematische Cluster Arbeit umfasst alle Antworten zum Thema Arbeit. Es ist hervorzuheben, dass Menschen 20 mal „Arbeiten" auf die Frage *In Eberswalde mache ich gerne..* genannt haben. Generell wird Eberswalde mit dem Begriff „Arbeitsort" (11 Antworten) verbunden. Zudem wird „Arbeitslosigkeit" mit neun Antworten genannt.

Das thematische Cluster Wohnen beschreibt Aussagen zum Thema Wohnen. Hier ist die Verteilung sehr ausgeglichen. Der Wunsch nach mehr „bezahlbarem Wohnraum" wird mit neun Antworten angesprochen. Eberswalde wird mit 16 Antworten als „ruhiger Standort" positiv bewertet. Auch auf die Frage „*Eberswalde ist für mich..*" wurde häufiger „Wohnort" genannt (8 Antworten).

Im Cluster der Verbundenheit werden Begriffe gesammelt, die die innere Verbindung zu Eberswalde beschreiben. „Heimat" wird mit 48 Antworten besonders hervorgehoben. Auch die „HNEE" wird durch 40 Antworten als ein wichtiges Merkmal gesehen. Der „Studienort" wird mit acht Antworten beschrieben. Die „Ruhe" und „Erholung" wird mit 18 Antworten als positives Merkmal genannt. Eine wichtige Rolle spielen zudem die „Familie" mit zehn Antworten und „Familiengarten" mit neun Antworten. Beide wurden jeweils positiv bewertet.

Die verschiedenen Gruppierungen

Die Baum-Modelle der Gruppierungen werden Im Folgenden ausführlich beschrieben.

Studierende

Anzahl: 42 Personen
Durchschnittsalter: 24 Jahre
Häufigster Wohnort: *Stadtmitte*

Auffällig in der Gruppierung der *Studierenden* ist der meist genannte Begriff der „HNEE" mit 34 Antworten. Allgemein wünschen sich die Bürger*innen mehr „Durchmischung" und „Offenheit". Hier wird besonders der Begriff von „Blasen" und „Gegensätzen" innerhalb der Stadtgesellschaft neutral angesprochen. „Nachhaltigkeit" ist der Gruppierung der *Studierenden* mit acht Antworten sehr wichtig.

Neu-Zugezogene

Anzahl: 26 Personen
Durchschnittsalter: 37,2 Jahre
Häufigster Wohnort: *Stadtmitte*

Bei der Gruppierung der *Neu-Zugezogenen* werden die Begriffe „HNEE", „Radfahren", „Park", „Radwegausbau" mit sieben Antworten als häufigste Begriffe genannt. Es wird vor allem „Miteinander" und die „Solidaritäts-Förderung" erwünscht. Sie sehen „zu viel rechtes Gedankengut" als Problem an und bewerten dies als negativ.

Zugezogene

Anzahl: 85 Personen
Durchschnittsalter: 37,67 Jahre
Häufigster Wohnort: *Stadtmitte*

Der Begriff „Wald" wird bei der Gruppierung der *Zugezogenen* mit 58 Antworten am häufigsten genannt. Auch der Begriff „Heimat" spielt hier eine große Rolle. So haben 17 Personen den Heimatbegriff neutral genannt. Bei den *Zugezogenen* gibt es zwei ambivalente Punkte. „Einkaufsmöglichkeiten" (17 Antworten) und „Veranstaltungen" (17 Antworten) werden sowohl gerne besucht als auch mehr gewünscht.

Gebürtige

Anzahl: 51 Personen
Durchschnittsalter: 44,02 Jahre
Häufigster Wohnort: *Stadtmitte*

„Heimat" ist mit 28 Antworten der meistgenannte Begriff in der Gruppierung der *Gebürtigen*. Auch „Zuhause" unterstützt mit neun Antworten die Aussage, die *Gebürtigen* haben ein starkes „Heimatgefühl" in Eberswalde. Negativ werden zu viele „Ausländer*innen" mit sieben Antworten und der zeitliche Wandel durch „früher war es schöner" (4 Antworten) angesehen. Auch das „fehlende Angebot" wird mit neun Antworten kritisiert. „Spazierengehen" (12 Antworten) und „Radfahren" (13 Antworten) werden an dem Ast der Natur als starkes Element gesehen.

Stadtmitte

Anzahl: 89 Personen

Durchschnittsalter: 37.08 Jahre

Das thematischer Cluster Natur ist auch hier der vollste Ast. Der Begriff „Wald" wird mit 69 Antworten als häufigster Begriff genannt. Zudem ist insbesondere der „Schwärzesee" ein Merkmal das mit zehn Antworten auf sich aufmerksam macht.

Am Cluster der Infrastruktur herrscht eine sehr gemischte Wahrnehmung. „Cafés" werden mit 20 Antworten positiv gesehen, das „Globus Café" (6 Antworten) wird in der Gruppierung *Stadtmitte* als einziges genannt. „Wenige Wohnungen" wird am Cluster Wohnen mit sieben Antworten als negativ angesehen.

Brandenburgisches Viertel

Anzahl: 23 Personen

Durchschnittsalter: 40,56 Jahre

Auffällig im *Brandenburgischen Viertel* ist ein durchweg positiver gut bestückter Ast im Cluster Natur. Der Begriff „Wald" ist mit 16 Antworten der am häufigsten genannte Begriff. Es kommt außerdem zu einer Ambivalenz an zwei thematischen Clustern. Zum einen wird am Cluster Wandel das Thema „Rassismus" (2 Antworten) negativ bewertet. Zum anderen wird am Ast des Zusammenlebens der Begriff „Ausländer*innen" (4 Antworten) negativ angesprochen.

Finow

Anzahl:18 Personen

Durchschnittsalter: 54,33 Jahre

Das Cluster der Infrastruktur ist der am meist gefüllte Ast. Es gibt sowohl negative als auch positive Punkte. Der Begriff „Heimat" ist mit neun Antworten am Ast der Verbundenheit der am häufigst genannte Begriff in der Gruppierung *Finow*. „Fehlende Spielplätze" (5 Antworten) ist eines der prägnantesten Merkmale, das negativ bewertet wurde.

Ostend

Anzahl: 16 Personen

Durchschnittsalter: 47,31 Jahre

In der Gruppierung *Ostend* wird der Begriff „Wald" mit neun Antworten und der Begriff „Kultur" mit neun Antworten am häufigsten genannt. Auffällig ist an der Gruppierung die beinahe durchweg positive Bewertung. Ein einzelnes rotes Blatt am Ast Zusammenleben ist die „fehlende Toleranz" mit zwei Antworten.

Westend

Anzahl: 12 Personen

Durchschnittsalter: 52,36 Jahre

Der negative Punkt „Angebot" mit sieben Antworten ist der am häufigst genannte Begriff in der Gruppierung *Westend*. Auch die „Infrastruktur" mit sechs Antworten ist negativ belegt. Beide Blätter sind am Ast der Infrastruktur angeordnet. Der Begriff „Heimat" ist mit sechs Antworten neutral am Ast der Verbundenheit positioniert.

Nordend

Anzahl: 10 Personen
Durchschnittsalter: 49,8 Jahre
Der Begriff „Heimat" ist mit sechs Antworten als neutral am Verbundenheit-Ast platziert. Außerdem ist der Ast der Infrastruktur, außer dem Begriff „Markt" mit vier Antworten, durchweg negativ belegt. Besonders wird das „Angebot" negativ mit sechs Antworten hervorgehoben.

VERGLEICH

Ein Vergleich der unterschiedlichen Gruppierungen ergibt einen Überblick, welche Merkmale in welchen Gruppierungen am stärksten vertreten sind, wo es Ambivalenzen gibt oder ob es in bestimmten Gruppierungen einmalige Ansätze gibt.

Vergleich der Bäume der Gruppierungen von Studierenden, Zugezogenen, Neuzugezogenen und Gebürtigen

Die häufigst genannten Merkmale in den Gruppierungen sind:
- Studierende: positiv „HNEE" (34 Antworten)
- Zugezogene: positiv „Wald" (58 Antworten)
- Gebürtige: neutral „Heimat" (28 Antworten)
- Neu-Zugezogene: positiv „HNEE", „Radfahren", „Park"; negativ „Radwegausbau" (7 Antworten)

In allen Gruppierungen besteht eine durchgängige Thematik zum „Miteinander" und der „Solidaritätsförderung". Vor allem bei *Neu-Zugezogenen* und *Studierenden* wird sich mehr „Durchmischung" und „Offenheit" gewünscht. Bei der Gruppierung der *Gebürtigen* spielt die Thematik „zu viele Ausländer*innen" eine große Rolle. Auf der anderen Seite steht bei den *Neu-Zugezogenen* zu „viel Rechtsruck" im Vordergrund. Auch die Natur und die Verbundenheit mit ihr hat einen großen Stellenwert bei allen Gruppierungen. So werden die Begriffe „Wald" und „Finowkanal" am häufigsten genannt. Das Thema „Heimat" ist sowohl bei den *Gebürtigen* als auch bei den *Zugezogen*en ein wichtiger Punkt. Bei der Gruppierung der *Zugezogen*en wird „Arbeit" als einziges Merkmal positiv bewertet. Bei allen anderen Gruppierungen wird es durchgängig schwach und gering bewertet. Auffällig ist das thematische Cluster Wandel bei den *Studierenden*. Sie sehen Eberswalde als Ort mit „vielen Möglichkeiten", „Potential und „Engagement" an. Bei den *Gebürtigen* wird dies eher negativ bewertet. Sie sehen die Veränderung, doch beziehen sich eher auf die Vergangenheit und bemängeln dies mit dem Begriff „früher war es schöner".

Das thematische Cluster der Infrastruktur wird bei allen Gruppierungen divers gesehen. Vor allem der „öffentliche Nahverkehr" wird des öfteren angesprochen.

Vergleich der Bäume der Gruppierungen von Stadtmitte, Brandenburgisches Viertel, Ostend, Westend, Finow und Nordend

Die häufigst genannten Merkmale in den Gruppierungen sind:
- Stadtmitte: positiv „Wald" (89 Antworten)
- Brandenburgisches Viertel: positiv „Wald" (16 Antworten)
- Ostend: positiv „Wald" (9 Antworten)
- Westend: negativ „Angebot" (7 Antworten)
- Finow: neutral „Heimat" (9 Antworten)
- Nordend: neutral „Heimat" (6 Antworten)

Vergleich der Cluster auf Häufigkeit und Bewertung

Thematische Cluster Natur

Weiterhin ist das thematische Cluster Natur bei allen Gruppierungen am meisten befüllt. Der „Wald" und der „Finowkanal" spielen eine große Rolle. Diese sind durchweg positiv bewertet, außerdem „Spazierengehen", „Seen" und „Radfahren". In der Gruppierung *Stadtmitte* und *Nordend* wird neben „Park" als einzelnes Merkmal auch der „Park am Weidendamm" genannt. Im *Brandenburgischen Viertel* wird „Pilze sammeln" als Aktivität in der Natur angegeben. Dieses Merkmal trat nur in der Gruppierung dieses Viertels auf.

Thematische Cluster Wohnen

In den Gruppierungen *Stadtmitte*, *Nordend* und *Westend* wird das Thema Wohnen angesprochen. Sowohl in der Gruppierung *Stadtmitte* als auch im *Nordend* ist dies ein negativ bewerteter Punkt. In *Westend* wird „Wohnen" positiv bewertet. Bei den anderen drei Gruppierungen bleibt der Wohn-Ast komplett frei, es konnten keine Merkmale hier zugeordnet werden.

Thematische Cluster Infrastruktur

Der Ast der Infrastruktur ist bei der Gruppierung *Stadtmitte*, *Finow* und *Nordend* deutlich gefüllter, als bei den anderen Gruppierungen. *Stadtmitte* wünscht sich somit mehr „Kulturangebote" und „Einkaufsmöglichkeiten". Der Ast wird dennoch mehr positiv als negativ bewertet. Die positiven Merkmale sind hierbei „Cafés", „Marktplatz" und „Zoo" mit mehrmaligen Antworten. In *Nordend* fällt das thematische Cluster der Infrastruktur sehr negativ aus. Es werden „Geschäfte", „Cafés" als auch „Angebot" und „Kultur" bemängelt.

Sogar „Infrastruktur" wird als eigenes Blatt angesprochen. Dieses wird auch negativ bewertet. In *Finow* werden insbesondere zu „wenige Spielplätze" als Mangel angesehen. „Zu wenige Einkaufsmöglichkeiten", „Radwege", „Angebote für Kinder" und „bessere Verbindungen" werden negativ bewertet. Als Positiv werden „Kultur", „Zoo" und auch der „Marktplatz" angesprochen. Im *Westend* wird der Begriff „Angebot" negativ bewertet und ist mit sieben Antworten der am häufigsten benannte Begriff.

Das thematische Cluster Arbeit

Auch das thematische Cluster Arbeit wird von allen Gruppierungen unterschiedlich angesehen. Die Gruppierung *Nordend* und *Westend* bewerten als einziges negatives Merkmal den Begriff „zu wenig Arbeitsplätze".

Im *Brandenburgischen Viertel* fällt der Begriff „arbeitslos" als einziges Merkmal ebenfalls negativ aus. In *Stadtmitte* werden neben dem Punkt „Arbeitsplätze" auch „Student*innen" als neutral und die „HNEE" positiv bewertet. Im Stadtteil *Finow* und in *Ostend* haben die Bewohner*innen den Begriff „Arbeitsort" mit Eberswalde in Verbindung gebracht. Während im *Ostend* das einzige Merkmal „Arbeitsort" bleibt, wird in *Finow* die „HNEE" im thematischen Cluster der Arbeit platziert, da sie im Arbeitskontext angesprochen wurde.

Das thematische Cluster Zusammenleben

Das thematische Cluster des Zusammenlebens wird im *Brandenburgischen Viertel* beinahe komplett negativ bewertet. Im *Brandenburgischen Viertel* wird der Begriff „Ausländer*innen" und „zu wenig Hilfe" bemängelt. In *Ostend* wird sich im Zusammenhang des Zusammenlebens „mehr Toleranz" gewünscht. Zudem wird das Zusammenleben als „bunt" beschrieben. Die Gruppierungen *Stadtmitte* und *Westend* beschreiben das Zusammenleben beide als „ruhig".

Thematische Cluster Wandel

Das thematische Cluster Wandel wird lediglich im *Brandenburgischen Viertel* und in *Finow* benannt. Im *Brandenburgischen Viertel* wird „Rassismus" als negative Veränderung angemerkt. Zum einen wird der Begriff „Ausländer*innen" bemängelt, gleichzeitig wird der „aufkommende Rassismus" kritisiert.

Thematische Cluster Verbundenheit

Bei allen Gruppierungen entsteht im thematischen Cluster der Verbundenheit eine eher positive Bewertung. Es gibt keinen negativen Aspekt. Die Begriffe „Heimat" und „Zuhause" werden bei allen Gruppierungen als neutral angesehen. „Freunde treffen" und „Familie" sind positive Aspekte, die im Bezug auf das Thema Verbundenheit zu Eberswalde beziehungsweise Zusammenleben in der Stadtgesellschaft angemerkt werden können.

Zusammenführung der Vergleiche

Insgesamt kann festgehalten werden, dass im Vergleich aller Gruppierungen das thematische Cluster Natur am positivsten bewertet wurde. Auch die Begrifflichkeiten „Heimat" und „Verbundenheit" sind wesentliche Aspekte in allen Gruppierungen.

Es gibt kontroverse Unterschiede zwischen Ansichten mancher thematischer Cluster. Beispielsweise wird im thematischen Cluster des Zusammenlebens in manchen Gruppierungen mehr Toleranz und Offenheit gewünscht. Gleichzeitig werden „zu wenig Hilfe" und und „zu viele Ausländer" als Gegensatz dazu gesehen. Im thematischen Cluster Infrastruktur gibt es divers vertretene Themenfelder. So wird das „Angebot" als unzureichend angesehen. Wiederum nehmen so gut wie alle Gruppierungen das vorhandene Angebot (beispielsweise an Kultur) gerne an. Es gibt einen großen Altersunterschied zwischen den Gruppierungen. Während die Gruppierung der *Studierenden* einen Altersdurchschnitt von 24 Jahren aufweist, gibt es beispielsweise in *Finow* einen Altersdurchschnitt von 54,33 Jahren. Auch zwischen den anderen Gruppierungen gibt es größere Unterschiede in Bezug auf den Altersdurchschnitt:

Während im *Brandenburgischen Viertel* der Altersdurchschnitt bei 40,56 Jahren liegt, ist er im *Westend* bei 52,63 Jahren.

EVALUATION

Um möglichst viele identifikationsstiftende Merkmale von Eberswalde herauszufinden, wurde ein Fragebogen für eine Umfrage entwickelt. Diese Umfrage wurde sowohl Vor-Ort als auch online durchgeführt. Der erste Fragebogen enthielt zwei Fragen und ließ viel Platz für Antworten. Aufgrund von mangelnden Vergleichsmöglichkeiten wurde der Fragebogen nach dem ersten Versuch weiterentwickelt. Es folgten konkrete Fragen und Spiegelstriche als Platzhalter für Antworten. Diese verbesserte Version erwies sich als zugänglicher als der vorherige Fragebogen. In der nächsten und letzten Version wurde noch die Schriftgröße, die Schriftart und das Layout angepasst. Mit dieser Version wurden dann 172 Menschen vor Ort erreicht.

5. TEIL
WORKSHOP

Der Workshop war ein essentieller Meilenstein des Arbeitsprozesses und versuchte den Übergang von einem theoretischen Forschungsziel zu einer praktischen Erfahrung zu schaffen. Darüber hinaus war er das wichtigste Arbeitsmittel, um die Praxisziele zu erreichen. Da der Workshop auf den Umfragedaten aufgebaut war und bereits Ergebnisse der Auswertung mit sich brachte, wurde er als *interaktiver Ergebnis-Workshop* benannt. Die Umfrageergebnisse wurden durch den Workshop weiterentwickelt und ergänzt.

WORKSHOP-ZIELE

Wichtige Ziele des Workshops waren:

- Ein **WIR-Gefühl** zu schaffen: Hierbei stand insbesondere die Kräftigung als auch die Unterstützung eines solchen Wir-Gefühls in Eberswalde im Vordergrund. Relevant für das Forschungsvorhaben war demnach die Beziehung zwischen städtischer Identität und kollektivem Bewusstsein (siehe 2. Teil), sowie im Endeffekt, das Wir-Gefühl im Bezug auf die Stadt zu stärken. Dies sollte den Teilnehmer*innen durch die vermittelten Inhalte im Workshop bewusst und näher gebracht werden.
- **Den Austausch innerhalb der Gruppe zu fördern:** Die Förderung sollte in erster Linie durch praktische Übungen der Kommunikation und des Zuhörens erfolgen.
- **Die Selbstwirksamkeit** zu bekräftigen: Der Workshop sollte die Teilnehmer*innen dahingehend motivieren, dass sie sich berechtigt fühlen, sich im städtischen Geschehen nachhaltig einzubringen.
- **Das Bewusstsein und Engagement** unterstützen: Dieses Ziel sollte dazu beitragen, dass sich im Workshop eine motivierende Arbeitsatmosphäre ergibt, in der die Teilnehmer*innen ihre Meinungen zu den jeweiligen Themen bewusst äußern und begründen können.
- **Transparenz und Toleranz** einüben: Der Workshop sollte dazu dienen, Meinungen offen zu äußern und Toleranz gegenüber anderen Einstellungen zu üben.

ORGANISATORISCHE VORBEREITUNG

Neben der inhaltlichen Schwerpunktsetzung des Workshops wurde ein großer Anteil an organisatorischen Aufgaben bewältigt. Hierzu gehörte das Knüpfen von Kontakten sowohl mit Bürger*innen als auch mit Initiativen beziehungsweise lokalen Experten wie beispielsweise *Transition Thrive (Thinkfarm Eberswalde)* und *WandelBar Transition Town Initiative* (siehe www.stadt-und-land-im-wandel.de). Außerdem haben wir während der Umfrage Teilnehmer*innen akquiriert, als auch Räumlichkeiten und alle notwendigen Materialien vor und während des Workshops in unterschiedlichen Arbeitspakete organisiert. Darüber hinaus haben wir Theorien und Methoden für das Veranstalten von Workshops im Vorfeld kategorisch gesichtet und anhand eigener Ankerbeispiele in der Praxis ausgetestet, sowie den gesamten Ablauf des Workshops und der Agenda als Testdurchlauf zweimal geprobt, die Flyer entworfen und das physische Modell, wie im 3. Teil ausführlich erläutert wurde, gebaut.

DURCHFÜHRUNG

Insgesamt wurde der Workshop mit fünf Stunden angesetzt. Die erste Phase umschloss die Projektvorstellung und ein gemeinsames Kennenlernen. Hierbei wurde das Projekt, dessen Ziele sowie der Tagesablauf vorgestellt. Das Kennenlernen hat dabei in Kombination mit einer **soziometrischen Methode** stattgefunden.

Soziometrische Methoden

Bei der soziometrischen Aufstellung legt der/die Moderator*in bestimmte Kriterien fest, nach denen sich die Teilnehmer*innen im Raum aufstellen. Um sich entsprechend zu positionieren, müssen sie miteinander sprechen und sich austauschen. So erfolgt ein erstes, ungezwungenes Kennenlernen (Bundesministerium für Bildung und Forschung, 2016)

In der sich daran anschließenden zweiten Phase haben die Teilnehmer*innen damit angefangen, das Modell (siehe 3. Teil) zu befüllen. Es wurden je nach Interesse die Themen aus dem vorliegenden Modell ausgewählt und innerhalb der thematischen Cluster erst in kleineren Gruppen, danach im Plenum mit positiven (grüne Blätter), negativen (blaue Blätter) und ambivalenten (blaugrüne Blätter) Punkten befüllt und bewertet. Danach wurde in der dritten Phase eine *SWOT-Analyse*, aus der die Entwicklung von Zukunftsvisionen für Eberswalde hervorging, durchgeführt. Die *SWOT-Analyse* wurde als Mittel eingesetzt, um die Meinungen der Teilnehmer*innen zu den jeweiligen thematischen Clustern zu sortieren und eine Entwicklung der realistischen lokalen Maßnahmen vor Ort zu ermöglichen:

„Der Begriff *SWOT-Analyse* (auch Stärken-Schwächen-Analyse genannt) ist ein Akronym (Kurzwort) aus folgenden Anfangsbuchstaben: *Strengths* (Stärken), *Weaknesses* (Schwächen), *Opportunities* (Chancen), *Threats* (Gefahren oder Risiken). Aus der Kombination der Stärken, Schwächen, Chancen und Risiken lassen sich (kreative) Maßnahmen und Strategien ableiten, die den Erfolg einer Organisation oder Person sicherstellen können"

(Pelz, 2004, S.4).

Dazu haben die Teilnehmer*innen auf das Baummodell vier Symbole (Wurm, Apfel, Blüte, Blitz) für vier Dimensionen (Schwächen, Stärken, Chancen, Gefahren) auf die einzelnen Blätter oder auch Äste positioniert. Diese bewerteten Blätter haben als Grundlage für die Entwicklung der Visionen fungiert. Die Teilnehmer*innen haben versucht, einige Verbindungen und Zusammenhänge zu erkennen und angefangen, die aufkommenden Fragen zu beantworten, in welche Richtung die vorliegenden Blätter im Idealfall wachsen sollten, damit die jeweiligen Stärken zu potenziellen Chancen werden und Gefahren vermieden werden. Auf diese Weise wurden Wachstumsmöglichkeiten ersichtlich, welche präzise ausformuliert wurden und als Zukunfts-Blätter in das Modell einflossen. Abschließend wurde in der vierten Phase des Workshops gemeinsam über die vorliegenden Erkenntnisse in einer Reflexionsrunde diskutiert und versucht die Fragen *„Was ist auffällig und wo sind die wichtigen Punkte?"* zu beantworten. Hierbei haben wir seitens der Teilnehmer*innen sehr konstruktives Feedback und Vorschläge erhalten, beispielsweise, dass das Modell sich zukünftig noch weiter entwickeln kann, indem wir es an unterschiedlichen Orten (Initiativen oder Veranstaltungen wie *Guten Morgen Eberswalde*) aufstellen und Besucher*innen es noch weiter befüllen können.

MODELLIERUNG IM WORKSHOP

Im Workshop erfüllte das Modell die Funktion als Kommunikationsmittel. Die Modellfläche besteht aus acht Kapa-Platten. Jede Platte des Modells umfasst ein thematisches Cluster (siehe 4. Teil) plus einen freien Bereich für ein eventuell von den Teilnehmer*innen generiertes Thema. Die Platten konnten durch die Teilnehmer*innen selbstständig weggenommen, in einer der kleineren Gruppe bearbeitet und wieder zurück an den Baum gesteckt werden. Die für den Workshop ergänzenden Modell-Funktionen stellen die Elemente der *SWOT-Analyse* und Wachstumsmöglichkeiten (Zukunftsvisionen) dar. Sie haben jeweils ein bestimmtes Zeichen. Diese zuvor gebastelten Zeichen (Wurm, Apfel, Blüte, Blitze, blaues Blatt, grünes Blatt, blaugrünes Blatt und großes hellgraues Blatt) konnten im Workshop durch die Teilnehmer*innen eigenständig in das Modell aufgebracht werden. Der *Wurm* hat die Funktion Schwächen innerhalb der Identifikationsmerkmale zu markieren. Der *Apfel* wiederum markiert die Stärke. Die *Blüte* stellt die Funktion als Chance dar. Der *Blitz* markiert die Gefahren. Das blaugrüne Blatt wurde während des Workshops durch die Teilnehmenden entwickelt und markiert die ambivalenten Punkte. Das große hellgraue Blatt hat die Funktion, mögliche Entwicklungsperspektiven beziehungsweise Zukunftsvisionen von Eberswalde darzustellen.

AUSWERTUNGSMETHODEN

Der Workshop wurde aus zwei Perspektiven betrachtet. Zum einen wurde er inhaltlich in Bezug auf die Ergebnisse aus der Umfrage als auch zum anderen qualitativ ausgewertet. Hierbei wurde verglichen, inwieweit die Workshopteilnehmer*innen die Ergebnisse der Umfrage bestätigt oder ergänzt haben. Dabei wurden zusätzlich die Ergebnisse der *SWOT-Analyse* mit den Ergebnissen der Umfrage verglichen (siehe 6. Teil). Außerdem war eine Auswertung der Interaktionsprozesse im Workshop vorgesehen, um festzuhalten wie die Teilnehmer*innen miteinander agierten und welche Faktoren dabei von Bedeutung sein können. Diese wurde aufbauend aus den Mitschriften der *teilnehmenden Beobachtung* entwickelt. Das Zusammenspiel der Interaktionsfaktoren, wie beispielsweise die Arbeitsatmosphäre, die Gruppendynamik und die Reaktion auf die Methoden, wurden mittels einer Mind-Map dargestellt. Auf diese Wirkungszusammmenhänge wird nachfolgend unter „Evaluation" noch eingegangen.

DARSTELLUNG DER ERGEBNISSE

Im Folgenden werden die Ergebnisse des Workshops bezogen auf die inhaltlichen Aussagen sowie die Erkenntnisse aus der *SWOT-Analyse* differenziert betrachtet.

Abbildung 4: Das Baum-Modell der gesamten Beiträge aus dem Workshop
Grafik: Marie Vogelmann

Inhalt

Abbildung 4 veranschaulicht die inhaltlichen Ergebnisse der Auswertungen. Die kleinen grünen, blauen und grünblauen Blätter stellen die thematischen Cluster zu den allgemeinen positiven, negativen und ambivalenten Punkten dar. Ergänzend werden die durch die *SWOT-Analyse* erhobenen Daten mit grauen Zeichen markiert. Hingegen illustrieren die größeren, hellgrauen Blätter die Wachstumsmöglichkeiten. Bestandteile der Abbildung sind die oben genannten Inhalte, die die Teilnehmer*innen selbst entwickelt haben. Sie werden nachfolgend betrachtet.

SWOT-Analyse

Beim Betrachten der Abbildung wird deutlich, dass die meisten *SWOT-Elemente* bei den Themen Zusammenleben und Wandel und Wohnen angeheftet wurden. Bei dem thematischen Cluster Infrastruktur überwiegt laut den Teilnehmer*innen der Wurm (die Schwäche), obwohl es auch gute Angebote in der Stadt gibt. Hier ist aber zu berücksichtigen, dass viele Daten nur mündlich genannt wurden. Beispielsweise wurde der aufkommende Konflikt zwischen Fahrradfahrer*innen und Autofahrer*innen besprochen und fehlende Möglichkeiten zum Einbringen und zur Mitbestimmung seitens der Politik bemängelt. Über die Verbundenheit zwischen Initiativen, Verwaltung und Bürger*innen wurde im Rahmen des Themas Verbundenheit gesprochen. Beispielsweise wurde gesagt, dass der Wachstumsschub „...sowohl von unten als von oben (Verwaltung) abgeholt werden müsse." Die genannten Aspekte der Teilnehmer*innen wurden unter dem Stichwort „Vernetzung" zusammengefasst. Außerdem waren die Teilnehmer*innen der Meinung, dass die Trennungen zwischen den unterschiedlichen Schichten, Gruppierungen, Alter, Initiativen und Blasen in Eberswalde durch mehr „Vernetzung" vermieden werden könnte.

Die für unsere Forschungsfrage relevanten, erhobenen Daten aus den Inhalten der ersten Phase des Workshops bildeten die Grundlage der *SWOT-Analyse*. Aus der Kombination unterschiedlicher Ergebnisse dieser wurden Wachstumsmöglichkeiten herausgearbeitet, die im Folgenden beschrieben werden. Insgesamt werden die Ergebnisse von sieben durchgeführten *SWOT-Analyse*n zu den jeweiligen thematischen Clustern vorgestellt, die durch die Teilnehmer*innen generiert wurden.

Die am relevantesten thematischen Cluster für die entwickelten Visionen sind unter anderem Wandel, Wohnen und Zusammenleben. Zu den Themen Arbeit, Natur und städtische Infrastruktur wurden zwar jeweils eine *SWOT-Analyse* erstellt, hieraus haben sich aber keine prägnanten Visionen ergeben. Zu dem freien Bereich, der mit einem Fragezeichen versehen ist, wurden keine bestimmten thematischen Cluster und dazugehörigen Blätter generiert. Allerdings haben die Teilnehmer*innen eine Vision mit dem Titel *„Städtische Koordinationsstelle für Verbundenheit und Austausch"* unabhängig von den anderen sieben thematischen Clustern entwickelt und zu diesem Feld geheftet. Die Wachstumsmöglichkeiten haben sich aus der sogenannten *Matching-Strategie* ergeben. Die *Matching-Strategie* besteht aus einer Kombination von Elementen der vorgestellten *SWOT-Analyse*, welche sich aus den klassischen Fragen eine SWOT ergeben (Pelz, 2004, aktualisiert März 2018). Welche Risiken könnten beispielsweise in Chancen oder welche potenziellen Chancen in Möglichkeiten verwandelt werden? Die folgenden Wachstumsmöglichkeiten wurden in Anbetracht der Ergebnisse der *SWOT-Analyse*n durch die Teilnehmer*innen entwickelt. Bezugnehmend auf das Modell (Baum-Struktur) nennen sich diese Visionen „Zukunftsblätter". Deswegen haben sie sich im Workshop auch als große Blätter außerhalb des Modells weiterentwickelt. Im Folgenden werden diese Zukunftsvisionen vorgestellt:

Gemeinsame Vision für Wohnraum

Bei dem thematischen Cluster Wohnen haben sich in den Diskussionen mehrere sowohl positive als auch negative Aspekte ergeben. Dazu gehören beispielsweise: Starke Gegensätze in den Stadtteilen, Aufenthalt der zahlreichen kreativen Menschen, interessante Lage für Pendler*innen, da die Stadt in der Nähe von Berlin ist, und die Steigerung des Mietspiegels durch die große Nachfrage an Wohnungen, welche laut den Teilnehmenden dazu führt, dass eine Verdrängung der Bevölkerung von der Innenstadt in den Außenbereich der Stadt stattfindet . Außerdem waren die Teilnehmer*innen aus persönlicher Erfahrung der Meinung, dass es in Eberswalde die Möglichkeit für einen experimentellen Raum, eine Form des alternativen Wohnens geben müsse. Vor diesem Hintergrund lautet hierbei das Schlagwort der Teilnehmer*innen „Zusammenarbeit für den Wohnraum".

Plattform für spontanen Aktivismus

Die „Plattform für spontanen Aktivismus" wurde bei dem Thema Wandel als eine konkrete Vision durch die Teilnehmer*innen entwickelt . Die angedachte Plattform soll nach Möglichkeit dazu dienen, dass die guten Ideen nicht nur kurzfristig präsent sind, sondern langfristig einsehbar bleiben und nachhaltiger verfolgt werden. Diese Vision korreliert mit den „neuen Strukturen für Wandel" und besonders mit den „neuen Verwaltungsstrukturen". Die Teilnehmer*innen haben die Stelle „Klimaschutzmanagement" als eine Art solcher Strukturveränderungen genannt . Laut Teilnehmer*innen sollte das Thema Wandel in Verbindung mit allen anderen thematischen Clustern stehen, weil es alle anderen Themen beeinflusst - „*weil es alles wandelt*". Außerdem kam bei der Diskussion über das Thema Wandel die Thematik Identität auf. Dies soll heißen, dass bei dem Thema „Wandel" erst die Identität einer Stadt definiert und klargestellt werden sollte, um überhaupt mit dieser umgehen zu können und diese auch eventuell zu wandeln. Die Teilnehmer*innen haben keine zentrale Aussage über die Identitäten der Stadt Eberswalde genannt. Sie waren der Meinung, dass alle Dinge auf dem Baum im Workshop, sowohl die positiven wie die negativen als auch die wertlosen, die Identitäten der Stadt darstellen.

Städtische Koordinationsstelle für Verbundenheit und Austausch

Die andere Vision für den Fragezeichen-Bereich, „Städtische Koordinationsstelle für Verbundenheit und Austausch", hat in den Diskussionen des Themas Wandel, insbesondere dem Wandel in der Verwaltung und deren Beziehung mit anderen Akteuren (Initiativen und Bürger*innen) eine große gemeinsame Schnittstelle.

grundlegendes Aufeinanderzugehen

Eine weitere Vision nennt sich „Ein grundlegendes Aufeinanderzugehen", welche aus dem Thema Zusammenleben gestaltet wurde. Dieses Aufeinanderzugehen sollte zwischen Älteren und J üngeren, Initiativen und der Verwaltung sowie alten und neuen Bewohner*innen stattfinden.

EVALUATION

Die Evaluation des Workshops wurde aus zwei Perspektiven durchgeführt. Zum einen wurden Inhalte und zum anderen Prozesse im Workshop evaluiert. Für die inhaltliche Evaluation haben wir die Workshopziele erneut betrachtet und qualitativ analysiert, inwiefern diese erreicht wurden. Im Bezug auf die ganzen Kommunikationsprozesse und Gespräche im Workshop stellen wir fest, dass das wichtigste Ziel des Workshop, ein Wir-Gefühl innerhalb der Teilnehmer*innen zu unterstützen, gelungen ist. Dies ist daran erkennbar, dass die Teilnehmer*innen sich trotz unterschiedlicher Meinungen bei der *SWOT-Analyse* sowie bei der Entwicklung von Zukunftsvisionen recht schnell einig wurden . Außerdem kam es im Workshop zu dem von uns gewünschten qualitativen Austausch und Zuhören. Darüber hinaus hat das Workshop-Design gut funktioniert, so dass die

Teilnehmer*innen selbstbewusst und engagiert ihre Meinungen äußern konnten. Sie haben ständig in kleinen Gruppen und im Plenum bei den Aufgaben mitgemacht und sich so selbstwirksam in die Gesellschaft eingebracht. Da die vielen Themen, die üblicherweise nicht angesprochen werden, im Rahmen des Workshops wiederum ganz offen besprochen wurden, war das Ziel „transparent zu kommunizieren und Toleranz zu üben" sowohl von unserer als auch aus Sicht der Teilnehmer*innen erreicht.

Für die Evaluation des Prozesses können wir zusammenfassend feststellen, dass die Kombination aus der Methoden-Struktur, der Teilnehmer*innen-Struktur (Disziplinen, wissenschaftlicher Hintergrund, Alter und Geschlecht) und der Arbeitsweise so gewirkt hat, dass ein vielfältiger In- und Output in Bezug auf die Forschungsfrage generiert wurde. Außerdem hat der Einfluss von dem interaktiven Agenda-Design auf die Interaktionsprozesse dazu beigetragen, dass die Teilnehmer*innen sich intensiv und motiviert mit jedem Thema beschäftigt haben . Darüber hinaus ist es sowohl zeitlich als auch methodisch gelungen, die Teilnehmer*innen in ein gemeinsames Gespräch zu den jeweiligen Themen in dem eingeschätzten Zeitraum zu führen. Hier ist aber zu berücksichtigen, dass die geringe Anzahl der Teilnehmer*innen zwar dazu beigetragen hat, dass alle sieben thematischen Cluster durch alle bearbeitet wurden, jedoch hat dies viel Energie von den Teilnehmenden erfordert und es war für sie trotz des spannenden Arbeitsprozesses relativ anspruchsvoll. Eine höhere Anzahl von Teilnehmer*innen hätte eventuell eine Entlastung bewirken können.

6. TEIL
VERGLEICH UND DISKUSSION DER ERGEBNISSE

Im Folgenden werden die Ergebnisse der Online-Umfrage und Vor-Ort-Umfrage mit den Ergebnissen des Workshops verglichen und anschließend hinsichtlich der Methodenwahl, sowie der theoretischen Eingangsüberlegungen zum Thema *städtische Identität* und Kollektivbewusstsein (siehe 2. Teil) diskutiert.

Für den Vergleich der Ergebnisse ist es zunächst wichtig zu berücksichtigen, dass jeweils die beiden Umfrageformen und der Workshop ganz andere Ausgangsvoraussetzungen hatten. Während die Interviewsituation der Vor-Ort-Umfrage die Befragten vor eine adhoc-Situation stellte und somit sehr spontane Begriffe und Gedanken zur Stadt notiert wurden, nahmen sich die Teilnehmenden der Online-Umfrage für die Beantwortung genügend Bedenkzeit. Zudem entschieden sie sich bewusst für die Teilnahme, wohingegen die Befragten auf der Straße willkürlich angesprochen wurden. Diese diversen Umstände führen hier sicherlich zu unterschiedlichen Ergebnissen. Da der Fokus auf der grundsätzlichen Frage nach der raumbezogenen Identität lag, wurden beide Umfragen gleichermaßen behandelt.

Im Vergleich mit dem Workshop war die Fragestruktur in der Online-Umfrage und der Vor-Ort-Umfrage offen und assoziativ angelegt (siehe 3. und 4. Teil). Der Workshop hingegen basierte schon auf den Umfrageergebnissen und hat die Teilnehmenden systematisch innerhalb der thematischen Cluster nach ihren persönlichen Bezügen zu Eberswalde abgefragt. Während in der Interviewsituation der Vor-Ort- als auch bei der Online-Umfrage die Befragten nur im Austausch mit sich selbst und allenfalls mit uns als Gegenüber waren, ermöglichte der analytische Diskurs der Teilnehmenden im Workshop untereinander das direkte Klären von Unwissen als auch von Verständigungsproblemen. So konnte beispielsweise die Thematik der schlechten Verkehrsinfrastruktur positiv durch eine Teilnehmerin mit einem Merkmal ergänzt werden, dass es nachts einen Rufbus in Eberswalde gäbe.

In den Umfragen konnten zwar Zukunftswünsche geäußert werden, im Workshop gab es jedoch die Möglichkeit, zusammen als Gruppe Visionen und Themenfelder weiter zu entwickeln. Dabei wurde das Miteinander gestärkt. Zudem konnte das Bild jedes Einzelnen auf die Stadt überprüft und in einigen Punkten in einem gemeinsamen Entwurf übertragen werden. Dies wurde zudem im Modell sichtbar und konnte jederzeit erweitert werden. Ein Vorteil war hierbei im Gegensatz zur Umfrage, dass die Teilnehmenden alle Themen gemeinsam erarbeitet und somit das Bewusstsein von kollektiven Identifikationen gestärkt haben.

Die homogene Teilnehmer*innen-Struktur von Engagierten, vernetzten Bürger*innen mit hohem Bildungsstand wirkte sich sicher positiv auf die Qualität und Ergebnisorientierung der Diskussionen aus. Dies war vorrangig entscheidend für die Entwicklung der *SWOT-Analyse* (siehe 5. Teil).

Vergleicht man nun die Ergebnisse in den jeweiligen thematischen Clustern beziehungsweise die Blätter an den jeweiligen Ästen unseres Workshop-Modells mit dem Gesamtmodell der Umfrageergebnisse, so lassen sich einige Erkenntnisse festhalten. Grundsätzlich wurden die Umfrageergebnisse durch die Workshopergebnisse bestätigt: Es wurden ähnliche Merkmale und Themen im Bezug auf Eberswalde angesprochen wie auch in der Umfrage. Die von uns aus den Umfragedaten herausgearbeiteten thematischen Cluster wurden von den Teilnehmenden angenommen. Es gab nicht den Wunsch eine noch fehlende Thematik anzufügen. Im Themenfeld Arbeit wurden von den Workshop-Teilnehmern „die entstehenden neuen Arbeitsformen" positiv hervorgehoben. Dieser Fokus lässt sich auf die Berufsfelder der Teilnehmer*innen zurückführen. Interessant trat hier hinsichtlich des Zusammenlebens in der Stadt außerdem hervor, dass Themen wie „Befangenheit gegenüber Fremden" und das „Bestätigen von erwarteten Verhaltensmustern" angesprochen wurden. Die Offenheit über diese Ängste zu sprechen wurde sicherlich durch die harmonische Teilnehmer*innenstruktur und -kommunikation begünstigt. Im Gegensatz zur Umfrage, bei der sich die positiven Merkmale von Eberswalde beim Thema Wohnen auf den ruhigen naturnahen Standort bezogen, wurde im Workshop zusätzlich noch die Offenheit für alternative Wohnformen angemerkt.

7. TEIL
FAZIT

Nachdem nun die qualitativen und quantitativen Ergebnisse aus der Empirie ausführlich dargelegt wurden, werden diese abschließend hinsichtlich der theoretischen Eingangsüberlegungen, sowie unseres Forschungs- und Praxisziels diskutiert und analysiert werden, um daraus ein Gesamtfazit zu ziehen.

FORSCHUNGSZIEL

Das Forschungsprojekt *Eberswalde – Wer bist Du?* hatte sich zur Aufgabe gemacht, die *städtische Identität* von Eberswalde ausgehend von den Bewohner*innen zu beschreiben und deshalb der Frage nachzugehen, worüber sich die Eberswalder*innen mit ihrer Stadt identifizieren. Wir konnten zunächst aus der Empirie sieben Themenfelder ausmachen, mit denen sich die Eberswalder*innen aktuell im Bezug auf ihre Stadt beschäftigen: Wohnen, Arbeit, Zusammenleben, Natur, Wandel, Verbundenheit, Infrastruktur. Angelehnt an Weichhart et al. (2006) und Baumfeld (2011) haben wir Merkmale raumbezogener Identität sowohl physischer Art als auch soziokulturell bestimmter Gestalt innerhalb dieser Themenfelder ausmachen können. Demnach gibt es also unterschiedliche Bindungsmerkmale (vgl. Baumfeld 2011) beziehungsweise Bezugspunkte, mit denen sich die Eberswalder*innen mit ihrer Stadt identifizieren. Diese Merkmale, bzw. diese Zugehörigkeit zur städtischen Umgebung, können nach Valera et al. (1994, 2002) in die folgenden Dimensionen unterteilt werden: *räumliche, psychosoziale, zeitliche, Verhaltensdimension, soziale* und *ideologische*. Dabei lassen sich zu unserer Forschung folgende Schlüsse ziehen:

Merkmale der Stadt Eberswalde lassen sich aus den Dimensionen nach Valera et al. (1994, 2002) betrachten:
Ein wesentlich zu beachtendes Charakteristikum bei der *räumlichen Dimension* bildet die Bandstraßen-Struktur der Stadt und ihre einhergehende Aufteilung der Stadtteile zueinander. Damit verbunden sind mehrere Merkmale wie die Erreichbarkeit bestimmter Stadtteile und der Natur, als auch ÖPNV- Verbindungen. Darüber hinaus lassen sich Begriffe wie „Zu Hause", „Garten" oder „HNEE" ebenfalls in diese Dimension einordnen. Außerdem ist durchweg in allen Stadtteilen sowie Personenstrukturen „Natur" als positives Merkmal der Stadt Eberswalde benannt worden.

Anschließend lässt sich die *psychosoziale Dimension* betrachten: So kann vermutet werden, dass beispielsweise die *Studierenden* ihre Zugehörigkeit mit der Stadt vorwiegend durch ihre verbindende Tätigkeit und Engagement im und um Umfeld mit der „HNEE" definieren. *Gebürtige* wiederum nennen in diesem Zusammenhang häufig die Verbindung zur „Familie" und zu „Freunden" in ihrer „Heimat" Eberswalde.

In der *zeitlichen Dimension* kann vor allem die Gruppe der *Gebürtigen* mit ihrem starken Bezug zur Vergangenheit und früheren städtischen Strukturen hervorgehoben werden. Aus dieser Dimension betrachtet wurde auch auch häufig die Begrifflichkeit „Heimat" genannt, welche zudem von der Gruppe der *Zugezogen*en ebenfalls thematisiert wurde. Aus der Perspektive der *Verhaltensdimension* lässt sich beispielsweise die Veranstaltung „Guten Morgen Eberswalde" aufführen, wie auch durchgängig für alle Stadtteile das Aufsuchen von Aktivitäten in der Natur und der starke Bezug zum „Wald", als das mit am meist genannte Merkmal der Stadt Eberswaldes. In der *sozialen Dimension* sind besonders die Gruppierung der *Studierenden* und die der Bewohner*innen des *Brandenburgischen Viertels* zu nennen. Während die *Studierenden*, durch Pro-Aktivismus gekennzeichnet, vorwiegend im studentischen und bewusst ausgewählten Umfeld mobil in der Stadt sind, scheinen die Bewohner*innen des *Brandenburgischen Viertel*s reaktiv vorwiegend im eigenen Stadtteil behaftet. An diesen beiden Gruppierungen werden soziale Strukturen, die für Eberswalde kennzeichnend sind deutlich. Diese müssten in einer weiteren Forschung selbstverständlich näher betrachtet werden. An diese Dimension schließt die letzte, die *ideologische Dimension* an. Hier weisen diese beiden Gruppierungen ebenfalls besondere Merkmale auf. Während die *Studierenden* durchwegs die positive und aktive Einstellung zum Wandel verbindet, verbinden viele Bewohner*innen des *Brandenburgischen Viertel*s mit ihrem Umfeld das Gefühl von Angst und Hilflosigkeit bis gar zur Resignation zum Handeln. Arbeitsplatzverlust könnte hierbei eine große Rolle zu spielen.

Beziehungen zwischen den Dimensionen bestimmen Identifikationsprozesse:

Unsere Forschung lässt auch darauf schließen, dass insbesondere das Verhältnis dieser Dimensionen zueinander und deren gegenseitiges Interagieren Identifikationsprozesse und Zugehörigkeitsempfinden maßgeblich mitbestimmen kann (vgl. Valera et al. 2002, S. 19). Dabei scheint es für die Identitätsfindung eine wesentliche Rolle zu spielen, inwiefern Bürger*innen in ihrer Stadt verortet sind und welche soziodemographischen Merkmale, wie beispielsweise das Alter oder Bildungsstand, sie aufweisen. Anlehnend an Rosa kommen wir hier zu der Hypothese, dass sich individuelle räumliche Identitätserfahrung abhängig von dem eigenen Erfahrungs- und Möglichkeitsraum, sowie der eigenen sozialen Beschaffenheit entwickelt:

> „In einer als feindlich oder gleichgültig erfahrenen Umgebung, in einer aggressiven oder deprimierten, beengten Stimmung lassen sich keine Resonanzbeziehungen zu konkreten Menschen oder Dingen herstellen, Umgekehrt sind jene Achsen in heiterer und freundlicher, gelöster oder bisweilen auch in ernster oder in ehrfürchtiger oder solidarischer Stimmung immer schon gleichsam präaktiviert, zur Resonanz disponiert."
>
> (Rosa, 2018, S. 639)

Selbst- und Fremdbild ist bedeutend im Identifikationsprozess:

Anknüpfend daran und an Baumfeld (2011) lässt sich darüber hinaus auch von uns feststellen, dass das Selbst- und Fremdbild maßgebliche Auswirkungen auf die Ausprägung der Identität und das Erleben der Stadt zu haben scheinen: Die *Studierenden* nehmen sich beispielsweise selbst als aktiv wahr und werden auch aus der Perspektive anderer Bürger*innen als aktive Bewegung wahrgenommen. Wohingegen beispielsweise ein Großteil der Bewohner*innen des *Brandenburgischen Viertel*s, aus unseren Umfrageergebnissen, reaktiv bis gar in sich verhalten und reserviert erscheint. Dies deckt sich sich widerum auch mit dem negativ behafteten Fremdbild des Stadtteils. Diese Prozesse stärken und erhalten bestimmte (kollektive) Identitäten.

Städtische Identität ist sozial konstruiert und dynamisch:

Städtische Identität ist unserer Forschung zufolge immer sozial konstruiert und dynamisch. *Raumbezogene Identität* spielt sich somit in einem Erfahrungsraum ab, der sich kontinuierlich dynamisch verändert und von jedem Individuum anders bewertet wird. Das bedeutet, dass sich beispielsweise die Vorstellung und Wahrnehmung der Stadt je nach Befragtem auf einen anderen Stadtteil bezieht, somit auf andere alltägliche Blickwinkel und damit andere genannte Merkmale. Es lassen sich von uns allenfalls bestimmte Merkmale herausarbeiten, die von mehreren genannt werden, aber ob diese die gesamt*städtische Identität* beschreiben können, bleibt fraglich. Die Identität einer Stadt, in unserem Fall Eberswalde, lässt sich dementsprechend auch als „Boundary Object" beschreiben. Dieses Konzept der Grenzobjekte, ursprünglich aus der Soziologie, wurde von Susan Leigh Star und James R. Griesemer (1989) entwickelt und beschreibt die unterschiedliche Nutzung von Informationen durch unterschiedliche Gruppen. Definiert werden diese von Star und Griesemer als Übersetzungsinstrument:

> „Diese Objekte können abstrakt oder konkret sein. Sie haben verschiedene Bedeutungen in verschiedenen sozialen Welten, aber ihre Struktur ist gemeinsam. Genug für mehr als eine Welt, um sie erkennbar zu machen, ein Mittel der Übersetzung. Die Erstellung und Verwaltung von Grenzobjekten ist ein Schlüsselprozess bei der Entwicklung und Aufrechterhaltung von Kohärenz über sich überschneidende soziale Welten hinweg"
>
> (ebd., S. 383).

Da also die Beschreibung von Identität immer die gedankliche Repräsentation eines Individuums ist, kann das Bild von Eberswalde als *„Boundary Object"* gesehen werden. Das Konstrukt der Identität von Eberswalde ist in dem Fall das Grenzobjekt, welches als Bindeglied über die sozialen Gruppierungen hinweg ins Bewusstsein kommen kann.

Ein kollektives Bewusstsein einer gemeinsamen städtischen Identität ist Kommunikationsarbeit:

Ein Kollektivbewusstsein, beziehungsweise die Wahrnehmung einer kollektiven Identität über die Stadt Eberswalde, konnten wir demnach durch unsere Methode nicht herausarbeiten, da wir nur Einzelpersonen nach ihrem Bezug zur Stadt befragt haben. Ob sich soziale Gruppen als eine eine Gruppe wahrnehmen, weil sie auf einer gemeinsamen Raumkategorie basieren, in unserem Fall Eberswalde, wäre eine Frage für anknüpfende Forschungen. Ein Ergebnis unserer Forschung kann dennoch die gemeinsame Bindung zur Natur in Eberswalde sein. Ebenso gibt es einen Konsens über das Bedürfnis nach mehr Miteinander in der Stadt. Die *SWOT-Analyse* im Workshop verdeutlicht noch einmal in einem anderen Bewertungsrahmen, dass die Stärke vor allen Dingen in dem Naturbezug der Stadt Eberswalde liegt: verschiedene Aktivitäten wie Radfahren, Spazierengehen (*Verhaltensdimensionen*) erzeugen hierbei eine Bindung zur Stadt. Das Bewusstsein darüber, dass dies ein kollektives Empfinden ist, ist jedoch ein Prozess, der durch Kommunikationsarbeit innerhalb der Stadtgesellschaft angeregt werden muss. Um also eine kollektive *städtische Identität* als gemeinsamen Identitätsentwurf einer Stadt abbilden zu können, ist das kontinuierliche Sichtbarmachen aller Identitäten entscheidend. Das erprobte Workshop-Format innerhalb des Projekts hat sich mit dem verwendeten Modell für die gedankliche Repräsentation der Stadt gut geeignet, um einen kollektiven Identifikationsprozess bewusst und sichtbar zu machen. Insgesamt hat das Modell zu einer gelungenen Strukturierung der Identifikationsmerkmale geführt. Damit wurde das Ziel der Vereinfachung der Komplexität der multidimensionalen Zusammenhänge erreicht. Durch die Darstellung der Merkmale in grüne, blaue und weiße Blätter wird darüber hinaus eine Bewertung auf den ersten Blick schnell erkennbar. Grenzen des Modells innerhalb der Darstellung der Umfrage-Daten findet man in der gewissen Ungenauigkeit in der Anordnung der Blätter. Hier könnte in der Weiterentwicklung des Modells darauf geachtet werden, dass auch die Nähe der Blätter zueinander mit einer Funktion, beispielsweise Kookkurrenz, belegt werden könnte. Eine weitere Ungenauigkeit ist in der Dicke der Äste zu beobachten. In der Überarbeitung des Modells könnte darauf geachtet werden, dass die Dicke der Äste beispielsweise variiert, je nachdem wie viele Blätter, also Identifikationsmerkmale, an dem jeweiligen Ast angeordnet sind.

PRAXISZIEL

Blicken wir nun daran anknüpfend auf unsere zweite Zieldimension, das Praxisziel zurück: Hier hatte sich das Projekt mit einem Bürger*innen-Workshop zum Ziel gesetzt, einen Austausch über eine bewusstere Bindung der Eberswalder*innen an ihre Stadt zu aktivieren und ein neues Wir-Gefühl innerhalb der Stadtgesellschaft anregen. Trotz beachtlicher Zusagen während der Umfrage, kamen letztendlich nur vier Teilnehmer*innen. Dies könnte an dem sonnigen Wetter des Tages gelegen haben, an Parallelveranstaltungen oder an den zeitlichen Grenzen der Teilnehmer*innen-Akquise. Nichtsdestotrotz wurden wertvolle Inhalte generiert. Dies lag vor allem an der homogenen Teilnehmer*innen-Struktur, wie schon im 6. Teil deutlich dargelegt. Obwohl die Ergebnisse also nicht übertragbar auf eine Gesamtheit sind, so sind sie doch qualitativ für den Diskurs um *städtische Identität* und Kollektivbewusstsein in Eberswalde interessant. Besonders die entwickelten Visionen im Workshop sind spannend, da sie einen Ansatz für für gemeinsame Aktivitäten liefern, die wiederum das Bewusstsein für eine kollektive städtische Identität stärken können. Insgesamt positiv für das Praxisziel war es, ein Modell für die Visualisierung der geteilten Identitätsvorstellungen zu verwenden. Die Merkmale konnten interaktiv betrachtet, gewichtet und zudem weiterentwickelt werden.

BILDUNGSZIEL

Die letzte Dimension bildet das Bildungsziel: Unser Forschungsvorhaben strebte an, Lernprozesse bei jeder*m Einzelnen anzuregen. Diesem Ziel waren sicherlich Grenzen gesetzt: Bedingt durch die begrenzte Forschungszeit und Personenkapazität konnten wir nicht alle Bürger*innen erreichen. Feststellen lässt sich jedoch, dass dies durch die Arbeit der Initiativen vor Ort geschehen kann. In unserem Forschungsvorhaben war für uns dabei der niedrig angelegte Wortlaut entscheidend, um eine große Bandbreite an Bürger*innen erreichen zu können. Es ergibt sich dabei folgendes Fazit: Aus heutiger Sicht würden wir unserem dritten Bildungsziel hinzufügen, dass die Zugänglichkeit zu den Bürger*innen nicht nur durch niederschwelliges Wording geschehen kann, sondern auch zudem bereits durch die visuelle Kraft und Handhabung eines Modells.

UNSER PERSÖNLICHES GESAMTFAZIT

Wir haben trotz sensibler Thematik die Möglichkeit bekommen, einen Einblick in die emotionsbezogene Bindung der Eberswalder*innen zu ihrer Stadt zu bekommen. Dies lag vor allem an der enormen Bereitschaft vieler Bürger*innen, offen an der Umfrage teilzunehmen, als auch der Hilfe von Initiativen wie *Transition Thrive* und den engagierten Teilnehmer*innen im Workshop. Wir haben eine vielfältig bewegte Stadt erlebt, die sich weiterhin im Wandel befinden wird. Wir haben uns somit von den eingangs beschriebenen Transformationsprozessen einen eigenen Eindruck machen können. Dabei haben wir ein recht ausgewogenes Verhältnis an Stärken und Schwächen in der Stadt erkennen können als auch viel Potenzial nebst Risiken. Besonders deutlich wurde dabei das allgemeine Bedürfnis nach mehr Miteinander in der Stadtgesellschaft. Unsere zuvor beschriebenen Befürchtungen haben sich demnach anhand unserer Forschung bestätigt, wie auch die Gefahr von Parallelgesellschaften. Es muss dabei drauf hingewiesen werden, dass wir nur einen kleinen Teil der Bevölkerung erfassen konnten und es mehr bedürfen würde, wie beispielsweise die angeführten Gruppierungen näher in ihrer soziodemographischen Ausprägung und ihrem jeweiligen Identitätsbezug zur Stadt als auch zueinander zu untersuchen. Die Stadt weist durch die Dynamik jeder einzelnen Identität in ihr eine lebendige Struktur auf, die aus unserer Sicht auch zukünftige spannende und weiterführende Forschungsfelder ermöglicht. Diese möchten wir im Folgenden auflisten.

8. TEIL
AUSBLICK

Wir haben herausgearbeitet, dass sich räumliche Identität in einem Erfahrungsraum zeigt, welcher von jedem Individuum unterschiedlich wahrgenommen wird. Mit zunehmenden gesellschaftlichen wie physischen Strukturwandel als auch technischem Fortschritt bedarf es hier weiterer zukünftiger Stadtidentitäts-Forschung. Dabei können folgende Gedanken fortgeführt werden: Weiterhin angelehnt an Rosa und die Resonanzforschung (Rosa, 2018), als auch die Beschleunigungs- und Entfremdungstheorie (Rosa, 2013) gilt es zukünftig im städtischen Raum zu untersuchen, inwiefern sich die Transformationsprozesse und damit einhergehende strukturelle Veränderungen auf den Erfahrungsraum Stadt auswirken. So werden sich neue Verortungstendenzen (Multilokalität, Gemeinschaftliches Wohnen), städtische strukturelle Veränderungen (wie Gentrifizierung) und soziodemografische Veränderungen in der Bevölkerungsstruktur auch zukünftig in Eberswalde abzeichnen. Dies wurde anhand aller in dieser Publikation dargelegten Forschungen in Eberswalde bereits erarbeitet. Zu welchen tatsächlichen Veränderungen wird es jedoch kommen? Welche Veränderungen werden mit dem digitalen Wandel einhergehen? Damit kann sich eine weitere Dimension erschließen, und sich eine andere Welterfahrung und -aneignung ergeben (vgl. dazu Rosa, 2018, und Siebel, 2015). Damit kann einhergehend beforscht werden, wie die Individuen die Zugehörigkeit zu ihrem städtischen Raum empfinden und dem „neuen" Fremden begegnen. Wie wird sich dies auf die Gestalt von Identitäten auswirken? Wie werden sich die Dimensionen (vgl. Valera et al. 1994, 2002) gestalten? Zukünftige Forschung könnte demnach direkt bei den Dimensionen anschließen.

Spannend und sinnvoll erscheint es das Modell als „Boundary Object", Sinnbild der Identität der Stadt in all ihren Facetten, in weitere Forschungsprojekte zu integrieren. Dabei könnte sich eine kollektive Stadtidentität mit der Zeit abzeichnen, beziehungsweise ein kollektives Konzept der Stadt- durch die Interaktion und Kommunikation über das Modell. Es kann sich anknüpfend eine Eigenlogik der Stadt entwickeln (Löw und Berking, 2008). Diese, so unsere These, unterliegt jedoch dem steten Wandel und der Dynamik, die sich in der Stadt abzeichnet, und gilt daher stetig zu überprüfen. Dementsprechend wird es, kleinteilig betrachtet, mit dem Selbst- und Fremdbild aussehen. Wie entwickeln sich Stadtteile und die gesellschaftlichen Strukturen? Dabei sollten die von uns kritisch wie positiv aufgeführten Punkte bestenfalls Beachtung finden. Es stellt sich uns dabei die Frage, ob eine Stadt als Ganzes als Raumkategorie zur Identitätsbildung eventuell zu groß ist? Erzeugt eine kleinere Verortung höhere Zugehörigkeit? Welche Art und Größe von Raum also der Bezugsrahmen für kollektives Identitätsempfinden beziehungsweise -bewusstsein ist, bedarf einem anderen Forschungsansatz. Anknüpfend daran ist kleinteiligere strukturellere Forschung in der räumlichen Dimension von Nöten. Inwiefern hat die Struktur und Aufteilung der Stadt tatsächlich bereits Auswirkung auf die persönliche Identität und das Zugehörigkeitsempfinden zur Stadt jedes Einzelnen? So ist beispielsweise das am Rande liegende *Brandenburgische Viertel* als infrastrukturell schlecht erreichbar definiert und kann als der von der Sozialstruktur her „schwächste" Stadtteil, laut unseren Umfrageergebnissen, gelten. Hierbei ist bei näherer Forschung eine Übertragbarkeit auf andere Städte zu überprüfen.

Dank
Wir werden alle kommenden Transformationsprozesse spannend mit verfolgen und bedanken uns bei allen, die uns hilfsbereit bei unserer Forschung zur Seite standen. Marie, Martina, Mina und Paulina

QUELLEN- UND LITERATURVERZEICHNIS

Appadurai, A. (1996). Modernity at large: Cultural dimensions of globalization. University of Minnesota Press.

Ashmore, R. D., Deaux, K., & McLaughlin-Volpe, T. (2004). An organizing framework for collective identity: Articulation and significance of multidimensionality. Psychological Bulletin, 130(1), 80–114.

Bahrdt, H. P. (2013). Die moderne Großstadt: Soziologische Überlegungen zum Städtebau. Springer-Verlag.

Baumfeld, L. (2011). *Regionale Identität* gestalten, 12.

Berking, H., & Löw, M. (2008). Die Eigenlogik der Städte: Neue Wege für die Stadtforschung(Bd. 1). Campus Verlag.

Bühler-Niederberger D. (1985). Analytische Induktion als Verfahren qualitativer Methodologie. Zeitschrift für Soziologie, Jg. 14, Heft 6

Breidenstein G. & Hirschauer S. (2013). Ethnografie: Die Praxis der Feldforschung.UVK- Verlagsgesellschaft mbh, S. 18

Brüsemeister T. (2008). Qualitative Forschung: Ein Überblick.Springer- Verlag

Bundesministerium für Bildung, Wissenschaft und Forschung. (2016, Juli). Soziometrische Aufstellung: Kennenlernen und Positionieren im Raum. Verfügbar unter https://erwachsenenbildung.at/aktuell/nachrichten_details.php?nid=9965 (letzter Zugriff: 18. September 2018)

Defila, R., & Di Giulio, A. (Hrsg.). (2018). Transdisziplinär und transformativ forschen: Eine Methodensammlung(1. Auflage). Wiesbaden: Springer Fachmedien Wiesbaden GmbH.

Deutsches Institut für Urbanistik. (2006). Zukunft von Stadt und Region: Band III: Dimensionen städtischer Identität. Beiträge zum Forschungsverbund „Stadt 2030". Springer-Verlag.

Dzudzek, I., Glasze, G., Mattissek, A., & Schirmel, H. (2009). Verfahren der lexikometrischen Analyse von Textkorpora. In G. Glasze & A. Mattissek (Hrsg.), Handbuch Diskurs und Raum.

Gal, U., Yoo, Y., & Boland, R. J. (2005). The dynamics of boundary objects, social infrastructures and social identities. ECIS 2005 Proceedings, 57, 15.

Gläser, W. (2018). Woher kommt der Begriff „VUCA"?. Verfügbar unter https://www.vucawelt.de/woherkommtvuca-2/ (letzter Zugriff: 09. August 2019)

Graumann, C. F. (1983). On multiple identities. International Social Science Journal, 35(2), 309–321.

Gray, D., Brown, S., & Macanufo, J. (2010). Gamestorming: A playbook for innovators, rulebreakers, and changemakers. „O'Reilly Media, Inc.".

Hannemann, C. (2003, Juli 1). Schrumpfende Städte in Ostdeutschland - Ursache und Folgen einer Stadtentwicklung ohne Wirtschaftswachstum. Verfügbar unter http://www.bpb.de/apuz/27519/schrumpfendestaedteinostdeutschlandursacheundfolgeneinerstadtentwicklungohnewirtschaftswachstum?p=all (letzter Zugriff: 09. August 2018)

Häußermann, H., & Siebel, W. (1978). Thesen zur Soziologie der Stadt. Leviathan, 6(4), 484–500.

Hilber, M. L., & Datko, G. (2012). Stadtidentität – was ist das?, 26.

Kaschuba, W. (2005). Urbane Identität: Einheit oder Widersprüche? In V. M. Lampugnani (Hrsg.), Urbanität und Identität zeitgenössischer europäischer Städte. Ludwigsburg. Verfügbar unter https://edoc.huberlin.de/bitstream/handle/18452/9869/20qwlCFtwblo6.pdf?sequence=1&isAllowed=y (letzter Zugriff: 09. August 2018)

Klamann, S. (2018, Februar 7). Eberswalde wächst weiter. Verfügbar unter https://www.moz.de/landkreise/barnim/eberswalde/artikel4/dg/0/1/1636718/ (letzter Zugriff: 09. August 2018)

Kuder, T. (2010). Strategisch konstruierte Identitätskonzepte - Die Sportstadt Riesa. In U. Altrock, S. Huning, H. Nuissl, & D. Peters (Hrsg.), Symbolische Orte: planerische (De-)Konstruktionen. Berlin.

Kuhn, M. H., & McPartland, T. S. (1954). An empirical investigation of self attitudes. American Sociological Review, 19(1), 68-76.

Kutschinski-Schuster, B. (1993). Corporate identity für Städte: eine Untersuchung zur Anwendbarkeit einer Leitstrategie für Unternehmen auf Städte. Verlag Die Blaue Eule.

Lettau A. & Breuer F. (2007). Kurze Einführung in den qualitativ- sozialwissenschaftlichen Forschungsstil. Verfügbar unter https://www.unimuenster.de/imperia/md/content/psyifp/aebreuer/alfb.pdf (letzter Zugriff: 02. September 2018)

Mathiesen, U. (2005). Städtische Identität heute - Prozesse und Konzepte. Erkner.

Mattissek, A. (2007). Diskursive Konstitution städtischer Identität - Das Beispiel Frankfurt am Main. In C. Berndt & R. Pütz (Hrsg.), Kulturelle Geographien. Bielefeld: transcript Verlag.

Mayring, P. (2010). Qualitative Inhaltsanalyse: Grundlagen und Techniken (11., aktualisierte und überarb. Aufl). Weinheim: Beltz.

Pelz, W (2018). *SWOT-Analyse*- Definition, Beispiele und Vorlagen zum Erstellen einer *SWOT-Analyse*. Technische Hochschule Mittelhessen.

Proshansky, H. M. (1976). Environmental psychology and the real world. American Psychologist, 31(4), 303–310.

Proshansky, H. M. (1978). The city and selfidentity. Environment and Behavior, 10(2), 147–169.

Riza, M., Doratli, N., & Fasli, M. (2012). City branding and identity. Procedia - social and behavioral sciences, 35, 293–300.

Rosa, H. (2018). Resonanz: Eine Soziologie der Weltbeziehung. Suhrkamp Verlag.

Rosa, H. (2012). Resonanz statt Entfremdung: Zehn Thesen wider der Steigerungslogik der Moderne. Gehalten auf der Gesellschaftliche Entwicklungen nach dem Systemumbruch, Jena. Verfügbar unter http://www.kollegpostwachstum.de/sozwgmedia/dokumente/Thesenpapiere+und+Materialien/Thesenpapier+Krise+_+Rosa.pdf (letzter Zugriff: 09. August 2018)

Rosa, H. (2013). Beschleunigung und Entfremdung: Entwurf einer kritischen Theorie spätmoderner Zeitlichkeit. Suhrkamp Verlag.

Röbken H., Wetzel K. (2016). Qualitative und quantitative Forschungsmethoden. Verfügbar unter: https://uol.de/fileadmin/user_upload/c3l/Studiengaenge/BABusinessAdmin/Download/Leseproben/bba_leseprobe_quli_quanti_forschungsmethoden.pdf (letzter Zugriff: 02. September 2018)

Siebel, W. (2015). Die Kultur der Stadt. Suhrkamp Verlag.

Simmel, G. (1993). Die Großstädte und das Geistesleben. In G. Simmel, Das Individuum und die Freiheit. Frankfurt am Main.

Stadt Eberswalde. (2017, März). Kreisstadt: Natürlich Eberswalde! Verfügbar unter https://eberswalde.de/fileadmin/bereicheberswalde/global/Aktuelles/2017/04/Kreisstadt_Eberswalde_20.03..pdf (letzter Zugriff: 09. August 2018)

Stadt Eberswalde. (2018). Fortschreibung der Stadtumbaustrategie für die Stadt Eberswalde. Eberswalde. Verfügbar unter https://www.eberswalde.de/fileadmin/bereicheberswalde/user/ewschwarz/Stadtumbaustrategie/2018-03-01_Fortschreibung_Stadtumbaustrategie_gem._Beschluss_StVV_nur_Bericht.pdf (letzter Zugriff: 09. August 2018)

Star, S. L., & Griesemer, J. R. (1989). Institutional ecology, „translations" and boundary objects: Amateurs and professionals in Berkeley's Museum of Vertebrate Zoology, 1907-39. Social Studies of Science, 19(3), 387–420.

Tajfel, H., & Turner, J. (1986). The social identity theory of intergroup behaviour. u: Worchel S. i Austin WG (ur.) Psychology of intergroup relations. Chicago: Nelson Hall.

Trommer, S. (2006). Identität und Image in der Stadt der Zukunft. In Deutsches Institut für Urganistik - DifU (Hrsg.), Zukunft von Stadt und Region. Wiesbaden: VS Verlag für Sozialwissenschaften.

Valera, S., & Guàrdia, J. (2002). *Urban Social Identity* and Sustainability: Barcelona's Olympic Village. Environment and Behavior, 34(1), 54–66.

Valera, S., & Pol, E. (1994). El concepto de identidad social urbana: una aproximación entre la Psicologia Social y la Psicologia Ambiental. Anuario de Psicología, 62, 5–24.

Weichhart, P., Weiske, C., Werlen, B., & Ainz, G. (2006). Place identity und images: das Beispiel

Eisenhüttenstadt. Wien: Inst. für Geogr. und Regionalforschung der Univ.

ABBILDUNGEN

Abbildung 1: das Baummodell, Eigene Darstellung
Grafik: Marie Vogelmann

Abbildung 2: Überblick über die Wohnorte der befragten Teilnehmer*innen
eigene Darstellung

Abbildung 3: das Baum-Modell der gesamten Beiträge der Umfragen, eigene Darstellung
Grafik: Marie Vogelmann

Abbildung 4: das Baum-Modell der gesamten Beiträge aus dem Workshop, eigene Darstellung
Grafik: Marie Vogelmann

BETEILIGUNG VON KINDERN UND JUGENDLICHEN – EINE FALLSTUDIE ZUM THEMA MOBILITÄT IN EBERSWALDE

Kann ein umfassendes Problemverständnis für Mobilität gemeinsam mit jungen Menschen geschaffen werden?
Welche Chancen ergeben sich aus derartigen Herangehensweisen?

AUTOR*INNEN
Luis Fernando Correa Santos de Oliveira
Cornelius Dauer
Lea Susanne Helm
Marie-Ann Koch
Jana Lohmann
Nathalie Wachotsch

1. TEIL
EINLEITUNG

> If you ask adults about their happiest or most vivid recollections of city childhood they will seldom talk about the park or playground, but they will recall the vacant lot, the secret places behind billboards or hoardings. They will describe the delights of sand in the city, not so much the sandbox in the playground but the transient pile of sand dumped by builders in the street.
>
> Ward, C. (1978). The Child in the City.

Der Stadt als Agglomerationsraum sozialer, kultureller, politischer und ökonomischer Strukturen, Phänomenen und Praktiken kommt im Zuge einer wahrgenommenen gesellschaftlichen Polarisierung und Segregation eine besondere Verantwortung zu. Der „Integrationsmaschine Stadt" (Heitmeyer, 1998, S. 443) stehen dabei unterschiedliche Gestaltungsspielräume offen, die abhängig vom Willen und der Ressourcenausstattung städtischer Akteure besser oder schlechter in der Lage sind diese, Integrationsleistung zu vollziehen. Dies hat Auswirkungen auf den unmittelbar wahrgenommenen und genutzten städtischen Raum, der nach Manderscheid die „jeweiligen politischen, ökonomischen und sozialen Ordnungen" widerspiegle (Manderscheid, 2013, S. 9). Die Stadtplanung als ein Feld, welchem an der Schnittstelle zwischen räumlichen und sozialen Dynamiken eine besondere Bedeutung zukommt, ist dabei selbst einer zunehmenden Diversifizierung unterworfen (Dröge & Magnin, 2010). Diese äußere sich nach Dröge und Magnin (2010) in einer Vielfalt städtischer Gestaltungsakteure und einer Erweiterung partizipativer Methoden, welche unterschiedliche Formen von Integrationsverfahren und zivilgesellschaftlichem Community-Building institutionell-formeller und kreativ-informeller Art umfasst (ebd.).

Die Beteiligung von Kindern und Jugendlichen kann als eine besondere Art der Partizipation hervorgehoben werden, da die Relevanz der sozialen und räumlichen Integration dieser Zielgruppe durch die Dimension der Generationengerechtigkeit ergänzt werden kann: Diese zielt sowohl auf die stadträumlichen Erfahrungen von Kindern und Jugendlichen in der Gegenwart ab als auch auf die Bedürfnisse nachfolgender Generationen, welche sich auch als Erwachsene im gegenwärtig geplanten städtischen Raum werden zurechtfinden müssen. Die eingangs zitierte Beobachtung des anarchistischen Schriftstellers Colin Ward unterstreicht die Bedeutung der Kreativität, welche insbesondere von Diskriminierung betroffene Kinder und Jugendliche im Stadtraum zur Aneignung der räumlich verfestigten „world of adults" (Ward, 1978, S. 85) in den USA Mitte des 20. Jahrhunderts aufbringen mussten und welche seit den 2000ern vermehrt als Inspirationsquelle für Stadtplaner*innen genutzt wird (Chawla, 2002; Cilliers & Timmermans, 2014; Derr, 2015; Derr & Tarantini, 2016; Malone, 2013; Malone, 2018; Parnell & Patsarika, 2014).

Die erwähnte Vielfalt stadtplanerischer Akteure und Methoden schlägt sich auch im Bereich der Kinder- und Jugendbeteiligung nieder. Während einerseits Jugendparlamente und administrative Konsultationsverfahren auf politisch-institutionalisierte Formen der Partizipation abzielen, sind auch informelle Praktiken wie Kinder- und Jugendworkshops, Mental-Mapping oder die Methode der „Streifzüge" in den letzten Jahren vermehrt zu beobachten, die vor allem qualitative Daten mit Hilfe von Kreativmethoden erheben.

Ziel dieser Arbeit ist es, einerseits die Chancen von Beteiligungsverfahren mit Kindern und Jugendlichen im Kontext der seit den 2000ern zunehmenden Forschung zu „Child Friendly Cities" aufzuzeigen, und andererseits die institutionellen Grenzen auf kommunaler Ebene zu thematisieren. Grundlage dafür bietet das in Reallaboren etablierte Forschungsdesign, welches sowohl anwendungsbezogene Praxisziele als auch wissenschaftlich eingebettete Forschungsziele verfolgt (Defila & Di Giulio, 2018).

Die Praxisziele berücksichtigen dabei die Zielsetzung der Eberswalder Stadtverwaltung, ein Mobilitätskonzept zu erarbeiten, welches den geänderten Rahmenbedingungen bezüglich der Bevölkerungsentwicklung, des Mobilitätsverhaltens und den neu formulierten Leitlinien der Stadtentwicklung gerecht wird. Im Diskurs mit den zuständigen Verantwortlichen des Stadtentwicklungsamts Eberswalde wurde der Mangel an Kinder- und

Jugendbeteiligung im Hinblick auf das Thema Mobilität deutlich, woraus sich für das Projekt folgende Zielsetzungen ergaben: die Erhebung von Daten, welche lokale Mobilitätsproblematiken aus Sicht von Kindern im Grundschulalter exemplarisch abbilden, die Sensibilisierung der beteiligten Kinder und Jugendlichen für weitere Möglichkeiten der Partizipation sowie die Informations- und Wissensvermittlung zum Thema Mobilität. Darüber hinaus konnten mittels eines Kreativworkshops, welcher mit Jugendlichen im Alter von 14 bis 17 Jahren durchgeführt wurde, die besonderen Bedürfnisse dieser Zielgruppe im öffentlichen Raum herausgearbeitet werden. Die Ergebnisse der beiden Workshops dienen als Ausgangspunkt, um auf Stadtebene ein Bewusstsein für die mangelnde Repräsentation von Kindern und Jugendlichen bei zuständigen Akteuren und der Öffentlichkeit zu schaffen.

Die Forschungsziele dieser Arbeit orientieren sich an der zentralen These der „Child Friendly Cities"-Forschung, wonach die Beteiligung von Kindern und Jugendlichen nicht nur zu einer gesteigerten Identifikation dieser Zielgruppe mit ihrer Umwelt führe, sondern auch eine Chance für die gesamte Stadtgesellschaft darstelle. Demnach seien partizipative Planungsprozesse mit Kindern und Jugendlichen durch eine besonders kreative und ganzheitliche Qualität gekennzeichnet, welche neben dem Gemeinwohl auch Umweltbelange im Fokus habe (Chawla, 2002; Cilliers & Timmermans, 2014; Derr, 2015; Derr & Tarantini, 2016; Malone, 2018). Durch kollaboratives Arbeiten an einem örtlichen Straßenausschnitt im Kreativworkshop mit Jugendlichen sollte diese Annahme verdeutlicht werden. Darüber hinaus liegt das Erkenntnisinteresse dieser Arbeit auch in der Frage der Anschlussfähigkeit des qualitativ gewonnenen Wissens an die administrativen Strukturen der Stadt Eberswalde und den sich daraus ergebenden Anforderungen an eine responsive Verwaltung.

2. TEIL
FORSCHUNGSSTAND

Während das von Colin Ward im Jahr 1978 publizierte Buch „The Child in the City" nahezu avantgardistisch die Kinderfreundlichkeit von Städten hinterfragt, verweist 2018 das international gesteigerte Interesse an „Child Friendly Cities" (Unicef, 2018) auf eine zunehmende Relevanz der kindlichen beziehungsweise jugendlichen Perspektive auf Stadt. In den folgenden Gliederungspunkten erfolgt eine kurze Zusammenfassung des aktuellen Forschungsstands sowie ein Einblick in zwei exemplarische Fallstudien zum Thema.

ÜBERBLICK ZUR FORSCHUNG: „CHILD FRIENDLY CITIES"

Für Wissenschaftler*innen und Forscher*innen wie Louise Chawla („Growing Up in an Urbanizing World", 2002) oder Karen Malone („Children in the Anthropocene. Rethinking Sustainability and Child Friendliness in Cities", 2018) hat sich daraus ein Schwerpunkt für ihre Forschung ergeben. In ihren Publikationen entwerfen sie ein umfassendes Problemverständnis über die Kinderunfreundlichkeit urbaner Räume: Kinder und Jugendliche würden in einer Umgebung aufwachsen, bei deren Planung ihre speziellen Bedürfnisse nicht berücksichtigt werden (Kirk, 2018). Aus der Divergenz der gebauten Stadt und den tatsächlichen Bedürfnissen von Kindern und Jugendlichen ergeben sich mehrere Problemfelder, welche in der Exklusion der jüngeren Bevölkerung aus dem alltäglichen Stadtgeschehen ihren Höhepunkt finden. Das Phänomen der Ausgrenzung der jungen Menschen formuliert Derr in ihrem Paper „Because We Are All People" (2016) wie folgt:

> **There is evidence that children and youth are becoming less tolerated within public spaces and marginalized in public processes.**
>
> (Derr, V. et al. (2016). Because We Are All People)

Die Exklusion und Wahrnehmung von Kindern und Jugendlichen als Eindringlinge in den städtischen Raum bedeutet dabei nicht nur ein ihnen vorenthaltenes Mitspracherecht bei Entscheidungen über die Planung und Entwicklung des städtischen Raums, sondern birgt darüber hinaus gesundheitliche Auswirkungen in sich. Konkret werden physische und psychische Krankheitsbilder wie Übergewicht und Depressionen bei Kindern und Jugendlichen als Konsequenzen von Bewegungsmangel und fehlender Beteiligung genannt, welche wiederum Folgen des vielerorts vorherrschenden Selbstverständnisses sind, dass Kindern und Jugendlichen kognitive Fähigkeiten und Kapazitäten fehlen, um abstrakte Prozesse wie Forschung oder Verwaltungsarbeit zu verstehen (Wilks, 2010; Malone, 2018). Wilks verweist in diesem Kontext auch auf „[...] a lack of sense of 'place' and 'space' and ultimately a lack of social interaction and inclusion in their own localities" (Wilks, 2010, 28), wodurch eine räumliche Identifikation und damit einhergehend das Werden gleichberechtigter Mitglieder einer sozialen Stadtgesellschaft behindert wird.

Neben der Kritik am Status Quo des Planungssystems, wird auch auf die Potenziale der Kinder- und Jugendbeteiligung durch verschiedene Forscher*innen hingewiesen. Die Argumente zielen einerseits auf den positiven Effekt von Beteiligung für Kinder und Jugendliche, als auch auf den Nutzen für die Stadtgemeinschaft ab. Die kausale Wirkung von unabhängiger Mobilität (mobility), der damit verbundenen Zugänglichkeit des Stadtraums (accessibility), welche wiederum zu einer gesteigerten Handlungsmacht (agency), einer Ansammlung von Umweltwissen (environmental knowledge and competence) und damit einer erhöhten Selbstwirksamkeit (efficacy) der Kinder und Jugendlichen führe, könne durch Beteiligungsprozesse gestärkt werden (Chawla, 2007; Malone, 2013). Die Beteiligung selbst münde darüber hinaus in einem ökologischen und politischen Verantwortungsgefühl, welches sich bereits in der Gegenwart, aber auch zukünftig in dem Handeln der Beteiligten niederschlägt (Chawla, 2002, 2007; Malone, 2013).

Die Forschung zeigt damit die unerlässliche Notwendigkeit einer Transformation der Beteiligungskultur in Stadtplanungs- und Stadtentwicklungsprozessen. Kindern und Jugendlichen muss Zugang zu Planungs- und Umsetzungsverfahren, die ihren Lebensraum direkt betreffen, gewährt werden. An dieser Stelle ist zu betonen, dass die Planungsgegenstände über die Gestaltung von Spielplätzen und Schulhöfen hinaus den gesamten städtischen Raum betreffen sollen.

In der Literatur, beispielsweise in der Arbeit von Derr (2016), werden dafür methodische Ansätze vorgestellt, wie Beteiligungsprozesse mit Kindern und Jugendlichen konzipiert und durchgeführt werden können. Darüber hinaus liefert das weltweit agierende Ingenieurbüro Arup mit seinem im Dezember 2017 erschienenen Bericht „Cities Alive. Designing for Urban Childhoods", einen umfassenden Überblick zum Thema (Arup, 2017): Anhand von 40 global durchgeführten Fallstudien, 14 zur Umsetzung empfohlenen Interventionen sowie 15 Handlungsempfehlungen für städtische Verantwortliche, Entwickler*innen und Investor*innen sowie Fachleute für die gebaute Umwelt zeigt der Bericht, wie gesündere und integrativere, widerstandsfähigere und wettbewerbsfähigere Städte geschaffen werden können, in denen jede*r leben, arbeiten und aufwachsen kann.

BETEILIGUNG VON KINDERN UND JUGENDLICHEN: FALLSTUDIEN

Zwei Beispiele erfolgreich durchgeführter Stadtplanungsprozesse unter der Beteiligung von Kindern und Jugendlichen sind zum einen das Projekt „Boulder's Civic Area" der Growing Up Boulder (GUB) Initiative (Derr et al., 2016) sowie das von Stockland, einem großen australischen Bauunternehmen, im Jahr 2011 begründete „Dapto Dreaming"-Projekt (Malone, 2013).

Zentrum des Projekts der GUB Initiative war ein öffentlicher Bereich in der Stadt Boulder, welcher mittels eines visionär und partizipativ ausgelegten Designprozesses in einer zweijährigen Phase von ca. 225 Kindern und Jugendlichen der Altersstufen 4 bis 16 Jahre geplant und gestaltet wurde (Derr et al., 2016). Das südlich des Stadtzentrums von Boulder gelegene Planungsgebiet umfasst die städtische Bibliothek, kommunale Gebäude, das Museum der zeitgenössischen Kunst, einen saisonalen Bauernmarkt sowie den Stadtpark. Derr et al. (2016) illustrieren in ihrem Text das methodische Vorgehen des in zwei Phasen aufgeteilten Projekts, wobei deutlich wird, dass Altersgruppen identifiziert und die angewandten Methoden diesen entsprechend angepasst wurden. Während 2012 mit fünf Gruppen zum Beispiel Exkursionen, „City as Play" und Gespräche mit Stadtoberhäuptern

Bestandteile des Methodenkoffers waren, wurde dieser 2014 unter anderem mit dem Bau von öffentlichen Kunstskulpturen, einer Entwurfsszenario-Kritik und interaktiven Unterrichtseinheiten erweitert (Derr et al., 2016).

City as Play
Hierbei handelt es sich um eine vom Stadtplaner James Rojas entwickelte Methode mittels welcher Alltagsgegenstände wie Fingerhüte oder Knöpfe kombiniert werden können, um Ideen für Stadtgestaltung auszudrücken. (Haas, 2010)

Aus der Arbeit mit den Kindern und Jugendlichen konnten für jede Projektphase Themenfelder (z.B. „play", „safety", „nature") eruiert werden, die den Konsens der unterschiedlichen Altersgruppen abbildeten. Anhand dieses Vorgehens konnten die für die Kinder und Jugendlichen wichtigen Wünsche und Bedürfnisse für die Planung und Gestaltung ihres Umfeldes herausgearbeitet werden. In diesem Kontext konstatieren Derr et al.:

> **The process of comparing themes brings to light young people's desire to create places for all ages. All ages of children and youth thought about other age groups, both younger and older, creating designs that reflect inclusive thinking.**
> (Derr, V. et al. (2016). Because We Are All People.)

Zusätzlich zeigt die Auswertung der Autorinnen, dass die von den Kindern und Jugendlichen erarbeiteten Ideen nicht nur brauch- und umsetzbar waren, sondern dass es sich hier um Ideen handelte, welche in dieser Form nicht von Erwachsenen entwickelt worden wären (Derr et al., 2016).

In ihrem Paper „The Future Lies in Our Hands" beschreibt Karen Malone (2013), wie Kindern in Dapto, einem australischen Vorort mit einer Bevölkerung von 10.730 Menschen (Australian Bureau of Statistics, 2017), im Stadtteil Horsley die Chance gegeben wird, als Forscher*innen und „change agents" Einfluss auf die Gestaltung ihrer Umgebung zu nehmen. Aus der daraus resultierenden genuinen Chance eines „participatory action research", welcher authentischen Input für die Stadtentwicklung generierte, konnte eine kinderfreundliche Nachbarschaft entstehen, die in sich die Visionen und Erfahrungswerte der Kinder vereint, die in dieser Gegend aufwachsen (Malone, 2013).

Das Team um das Stadtplanungsbüro Stockland konzipierte zu diesem Zweck das Projekt „Dapto Dreaming", welches diverse Workshops für zwei unterschiedliche Altersstufen vorsah: Kindergartenkinder im Alter von 5 bis 6 Jahren und 9- bis 10-jährige Fünftklässler*innen. Der Workshop der Kindergartenkinder wurde in zwei Phasen durchgeführt, wobei zunächst die Wahrnehmung ihrer aktuellen lokalen Umgebung anhand von Fragen nach „favourite places and places you don't like" (Malone, 2013, S. 378) erforscht wurde. In einem zweiten Schritt des „Traumprojekts" diente das Malen von Bildern dazu, den Fokus darauf zu legen, wie eine kinderfreundliche Umgebung in Dapto in ihrer „Traum"-Vorstellung aussehen würde. Auch den Fünftklässler*innen wurde im Rahmen ihres Workshops die Möglichkeit gegeben eine Zeichnung ihrer Nachbarschaft anzufertigen. Ihnen wurden darüber hinaus Kameras zur Verfügung gestellt, mit welchen sie ihre direkte Umgebung dokumentieren konnten.

Dieses Vorgehen in den jeweiligen Workshops ergab für das Team von Stockland eine große Datensammlung, welche es in Zusammenarbeit mit einer Gruppe von zwölf Schüler*innen kollationierte, analysierte und anhand der Auswertungen einen „children's report" erarbeitete. Ferner wurde eine Liste von Indikatoren für eine kinderfreundliche Stadtgestaltung erarbeitet. Malone zitiert dazu in ihrem Text Qvortrup, der in seinem „Review Essay: Children, Individualism and Community" (1997) herausarbeitet, dass ein ausbleibendes Konsultieren und eine fehlende Mitarbeit von Kindern bei der Auswertung ihrer Daten den Forscher*innen weniger zulässige Informationen zur Verfügung stellt (Qvortrup, 1997, zitiert nach Malone, 2013, S. 378).

Dem Erfolg des Designprozesses ihm Rahmen des „Dapto Dreaming"-Projekts liegt zugrunde, dass Kinder nicht nur die Rolle sozialer Agenten einnehmen durften, sondern dass ihr Vermögen, soziales Kapital mit und durch ihr Engagement zu schaffen, eingesetzt wurde (Malone, 2013).

3. TEIL
PRAXISZIELE

Das Forschungsdesign des Projekts untergliedert sich in Praxis- und Forschungsziele. Diese Einteilung wurde vorgenommen, um die wissenschaftlichen Erkenntnisse einerseits auf theoretischer Ebene und andererseits auf praktischer Ebene zu betrachten. Die theoretische Dimension gestaltete sich im Vorhinein durch Literaturrecherchen und die Konzeptionierung des Projekts, im Nachhinein durch die Analyse und Einordnung der Daten. Das Formulieren von Praxiszielen diente in der ersten Projektphase der Strukturierung der Durchführung sowie der Auswertung und Übertragbarkeit der während des Projektverlaufs erhobenen Daten. Daraus lässt sich der für das Projekt angestrebte transformative Charakter ableiten, der bereits während des Projekts Transformationsprozesse anstoßen sollte. Im Folgenden werden zunächst die fünf Praxisziele dargestellt.

IDENTIFIKATION VON MOBILITÄTSPROBLEMEN DURCH KINDER

Ein Grund, welcher konstant gegen Kinder- und Jugendbeteiligung spricht, ist, dass Kindern und Jugendlichen grundlegende Kompetenzen des Verstehens von abstrakten Tätigkeiten wie Wissenschaft und Forschung abgesprochen werden (Malone, 2018). Im stadtplanerischen Kontext bedeutet dies, dass ihnen das simple Erkennen und Einordnen von Problemen nicht zugetraut und damit gleichzeitig der Zugang zu partizipativen Prozessen verwehrt wird.

Zur Entkräftung dieses Vorurteils wurde das Praxisziel formuliert, Mobilitätsprobleme durch Kinder identifizieren zu lassen, um aufzuzeigen, dass sie nicht nur in der Lage sind Probleme zu erkennen, sondern dass sich ihre Wahrnehmung von der der Erwachsenen unterscheidet und damit eine explizite Berücksichtigung dieser Zielgruppe erforderlich ist. Zur Erreichung des Praxisziels dient der im 5. Teil beschriebene Kinderworkshop in der *Grundschule Finow*.

KREATIVE ERARBEITUNG VON ZUKUNFTSSZENARIEN DURCH JUGENDLICHE ZUM THEMA MOBILITÄT

Diesem Praxisziel liegt die These zugrunde, dass sich durch Kinder- und Jugendbeteiligung und ihre besondere Perspektive auf Stadt nicht nur neue und wertvolle Informationen für Bürgermeister*innen, Stadtplaner*innen und Architekt*innen ergeben, sondern dass darüber hinaus neue Motivation sowie Kreativität für Stadtplanungsprozesse an sich und für alle daran Beteiligten entstehen können (Derr et al., 2016). Um sich diesem Praxisziel zu nähern, wurde der Jugendworkshop mit ausgewählten und im 5. Teil erläuterten Kreativmethoden konzipiert, um unter dem übergeordneten Thema Mobilität Zukunftsszenarien für die im Stadtdiskurs zentral positionierte Friedrich-Ebert-Straße neu zu gestalten.

Friedrich-Ebert-Straße in Eberswalde
Zu Beginn des 20. Jahrhundert noch als „Einkaufs- und Bummelmeile" (Klitzke, 2011, S. 7) bei den Eberswaldern beliebt, wurden 1945 im Zuge eines verheerenden Bombenangriffs ganze Häuserzeilen der vorher florierenden Geschäftsstraße „Neue Kreuzstraße" zerstört. Die daraus entstehenden Brachflächen blieben jahrzehntelang erhalten: mit ihrer Bebauung wurde erst in den vergangenen Jahren begonnen. Mit Beschluss der Stadtverordnetenversammlung kam es im Jahr 1949 zur Umbenennung in „Friedrich-Ebert-Straße" (ebd.). Für den innerstädtischen Verkehr besitz die Straße seit jeher eine wichtige Funktion, seit 1940 fährt durch sie der O-Bus. Während die Friedrich-Ebert-Straße früher eine Fußgängerzone war, ist sie heute eine verkehrsberuhigte Zone mit Tempo 30. Zur Verbesserung der Aufenthaltsqualität und zur Steigerung des dort ansässigen Handels wird eine Rückführung der Fußgängerzone immer wieder angesprochen und diskutiert.

BILDUNG ZUM THEMA MOBILITÄT

Nach §4 des Brandenburgischen Schulgesetzes sind Schulen angehalten, Mobilitätsbildung und Verkehrserziehung im schulinternen Curriculum zu verankern. An einigen Schulen wurde in diesem Zusammenhang eine Stelle für eine*n Mobilitätsbeauftragte*n unter den Lehrer*innen geschaffen, welche sich dem Thema gezielt widmet.

Da die Gesetzeslage jedoch nicht verpflichtend formuliert ist, bleibt es vielerorts bei der „Radfahrausbildung", bei welcher 11- und 12-Jährige das Angebot nutzen können, eine theoretische und praktische Fahrradausbildung an der Schule durchzuführen.

Um an diesem Punkt anzusetzen, verbunden mit dem Bestreben im Rahmen des Projekts für die Teilnehmer*innen unserer Workshops neues Wissen zu generieren, bildete sich das Praxisziel heraus, zur Mobilitätsbildung der Kinder und Jugendlichen beizutragen. Die Realisierung und Erreichung dieses Ziels wurde in der Konzeption beider Workshops berücksichtigt.

BEWUSSTSEIN FÜR BETEILIGUNGSMÖGLICHKEITEN BEI KINDERN UND JUGENDLICHEN SCHAFFEN

Ausgehend von der Grundlage, dass Kinder und Jugendliche keinen Zugang zu Beteiligungsprozessen in der Stadtplanung haben und ausgehend vom vorherrschenden Verständnis, dass Kinder und Jugendliche keine kognitiven Fähigkeiten aufweisen, um derlei Probleme zu erkennen, zu verstehen oder einzuordnen, ergibt sich die These, dass junge Menschen in Eberswalde kein Bewusstsein für Beteiligungsmöglichkeiten in ihrem Umfeld haben (Malone, 2018).

Mit der Aufstellung und Verfolgung dieses Praxisziels und der altersgerecht geplanten Methodik in den entsprechenden Workshops wird eine Umdeutung der genannten These angestrebt.

ERGEBNISPRÄSENTATION MIT DEM ZIEL, EINEN DISKURS ANZUSTOSSEN

Bestandteile des Projektdesigns waren unter anderem das Schulfest der *Grundschule Finow*, ein Stand auf dem Wochenmarkt auf dem zentral gelegenen Eberswalder Marktplatz sowie ein Gespräch und Interview mit Vertreterinnen des Stadtentwicklungsamts Eberswalde. Alle drei Projektelemente verfolgten das Ziel, die Ergebnisse aus beiden Workshops in der Bevölkerung beziehungsweise in der Verwaltung zu präsentieren und zur Diskussion zu stellen.

Auf diese Weise wird das übergeordnete fünfte Praxisziel verfolgt, mit der Ergebnispräsentation einen Diskurs in der Stadtgesellschaft zu etablieren, um zum einen auf die Problematik der fehlenden Kinder- und Jugendbeteiligung im städtischen Planungskontext aufmerksam zu machen und zum anderen die Relevanz der Notwendigkeit zu diskutieren. Ziel war es, anhand der mit den Kindern und Jugendlichen erarbeiteten Ergebnisse sowohl mit der Zivilgesellschaft als auch mit der Verwaltung Chancen und Grenzen zu diskutieren und damit ein Bewusstsein für erweiterte Beteiligungsprozesse zu schaffen, welche über die **Spielleitplanung** hinausgehen. Letzteres findet sich ebenfalls in den Inhalten der Forschungsziele wider.

> Spielleitplanung
>
> In einigen Städten und Kommunen, so auch in Eberswalde, wurde die Spielleitplanung als Handlungsrichtlinie für die Beteiligung von Kindern und Jugendlichen an Stadtentwicklungsprozessen beschlossen. Im Fall von Eberswalde fällt jedoch auf, dass sich Kinder- und Jugendbeteiligung auf die Neugestaltung von Spielplätzen, Grünflächen sowie Freiflächen in Kitas und Schulen beschränkt (Stadt Eberswalde, 2015). Umfassende Beteiligungsverfahren, welche den gesamtstädtischen Raum betreffen und wie sie in der „Spielleitplanung Eberswalde" (Apel et al., 2010) empfohlen werden, bleiben bis heute aus.

4. TEIL
FORSCHUNGSZIELE

Die Benennung der im Projekt verankerten Forschungsziele soll eine Abgrenzung zu den oben genannten Praxiszielen liefern. Mit diesen methodisch stark verwoben, dienten die Forschungsziele jedoch primär der Beantwortung der Forschungsfragen mit dem Ziel, den gegenwärtigen Forschungsstand zu ergänzen und den wissenschaftlichen Diskurs zur Kinder- und Jugendbeteiligung in Planungsprozessen fortzuführen.

FORSCHUNGSFRAGEN

Nach Sichtung des gegenwärtigen Forschungsstandes kann festgestellt werden, dass momentan kein umfassendes Problemverständnis im Bereich der Mobilitätsplanung vorherrscht, da jungen Menschen der Zugang zu Partizipation in Stadtentwicklungsprozessen, in diesem Projekt konkret betrachtet in der Infrastrukturplanung, verwehrt bleibt. Im Rahmen des Forschungsprojektes sollte geklärt werden, ob dieses mit dem tatsächlichen Einbezug von Kindern und Jugendlichen erreicht werden kann. Dabei sollte geprüft werden, welche Chancen sich aus der Kinder- und Jugendpartizipation in der Infrastrukturplanung für die Kinder und Jugendlichen selbst, aber auch für die jeweilige Gemeinde ergeben.
Entsprechend ergaben sich zwei übergeordnete Fragestellungen:

A) Kann ein umfassendes Problemverständnis für Mobilität gemeinsam mit jungen Menschen geschaffen werden?

B) Welche Chancen ergeben sich aus derartigen Herangehensweisen?

FORSCHUNGSFRAGE A: UMFASSENDES PROBLEMVERSTÄNDNIS FÜR MOBILITÄT

Dieser Forschungsfrage liegt die These zugrunde, dass junge Menschen ein Problemverständnis besitzen, welches die Berücksichtigung unterschiedlicher Bevölkerungsgruppen, verschiedener Altersgruppen, diverser Gruppen von Verkehrsteilnehmer*innen sowie die verkehrsbedingten Auswirkungen auf die Umwelt einbezieht. Ausgehend von dieser Annahme sind sie in der Lage, verschiedene Sichtweisen in komplexe Planungsaufgaben zu integrieren. Insbesondere das hohe Maß an Empathie und ein ausgeprägtes Umweltbewusstsein gelten dafür als die wesentlichen Treiber (Derr, 2016).

Hypothesen und Operationalisierung

Zur Beantwortung dieser Forschungsfrage sollten folgende drei Hypothesen geprüft werden:

Hypothese A1
Die Beteiligung von jungen Menschen birgt Potenziale für nachhaltige Mobilitätsplanung, da sich diese Altersgruppe durch eine hohe Empathie gegenüber anderen Bevölkerung- und Altersgruppen auszeichnet.

Hypothese A2
Die Beteiligung von jungen Menschen birgt Potenziale für eine nachhaltige Mobilitätsplanung, da sich diese Altersgruppe durch eine hohe Empathie gegenüber allen Verkehrsteilnehmer*innen auszeichnet.

Hypothese A3
Die Beteiligung von jungen Menschen birgt Potenziale für nachhaltige Mobilitätsplanung, da sich diese Altersgruppe durch ein hohes Umweltbewusstsein auszeichnet.

Die aufgestellten Hypothesen wurden vorrangig über die Workshop-Ergebnisse aus dem Jugendworkshop und der Beobachtung der Jugendlichen während des Kreativprozesses überprüft und gemessen. Zentral dafür war ein Beobachtungsbogen (vgl. 5. Teil „Methodik, Jugendworkshop"), unter dessen Einsatz der Fokus auf das Kommunikationsverhalten sowie die in der Gruppe kommunizierten Inhalte der Jugendlichen gelegt wurde.

Zusätzlich zu den Beobachtungen wurde den Workshop-Teilnehmer*innen ein Fragebogen ausgehändigt, der über Selbstauskunft weitere Informationen darüber liefern sollte, inwieweit die Jugendlichen ihr eigenes Problemverständnis für Mobilität und ihre thematische Schwerpunktsetzung bei der Workshop-Durchführung reflektierten und ob ein Lerneffekt durch den Workshop empfunden wurde.

FORSCHUNGSFRAGE B: CHANCEN DERARTIGER HERANGEHENSWEISEN

Die zweite Forschungsfrage unterteilt sich nach den Chancen, die sich aus dem Projekt ergeben - einerseits in die Chancen für die Stadt Eberswalde und andererseits in die Chancen für die Kinder und Jugendlichen. Die Chancen für die Stadt Eberswalde umfasst die Frage nach dem Innovationsgehalt und der Anwendbarkeit der Ergebnisse sowie der in diesem Projekt gewählten Vorgehensweise für Planungsvorhaben auf Stadtebene. Chancen, die sich für die Kinder- und Jugendlichen ergeben, zielen dabei auf einen etwaigen Lernerfolg der Kinder und Jugendlichen nach der Durchführung der Workshops ab.

Hypothesen und Operationalisierung

Entsprechend ergaben sich für die Forschungsfrage B folgende Hypothesen:

Hypothese B1
Die Beteiligung von jungen Menschen fördert innovative Denkweisen in der Planung.

Hypothese B2
Die Beteiligungsformate besitzen Raum für Anwendbarkeit in der Stadt und bergen Potenziale, langfristig in Planungsvorhaben etabliert zu werden.

Hypothese B3
Die Beteiligungsformate führen zu einem Lerneffekt zum Thema Mobilität.

Die Hypothesen sollten jeweils in der Anwendung verschiedener Instrumente überprüft werden. Dabei waren Fragebögen, Beobachtungen sowie ein Interview mit dem Stadtentwicklungsamt Eberswalde zentrale Bestandteile zur Messung.

Die Hypothesen B1 und B2 wurden durch das Interview mit Vertreterinnen des Stadtentwicklungsamts messbar gemacht. Die Frage, ob die Beteiligung von jungen Menschen innovative Denkweisen in der Planung fördere, sollte durch eine offene Diskussion der Workshop-Ergebnisse gemeinsam mit den Verantwortlichen eruiert werden. Die Hypothese B2 - ob die durchgeführten Beteiligungsformate Potenziale besitzen langfristig in zukünftige Planungsvorhaben der Stadt etabliert zu werden - wurde durch die Fragen „*Könnten partizipative Beteiligungsformate eine Chance für die Stadt Eberswalde sein?*", „*Inwieweit sind die gewonnenen Forschungsdaten anwendbar?*" und „*Welche Hindernisse wären zukünftig bezüglich einer solchen Vorgehensweise zu erwarten?*", abgebildet.

Zur Überprüfung der Hypothese B3 wurden in den Frage- und Evaluationsbögen für die Kinder und Jugendlichen spezifische Fragen formuliert. Im Fragebogen des Kinderworkshops wurde dafür die Frage gestellt, ob die Schüler*innen nach dem an die Methode der „Streifzüge" angelehnten Gefahrenspaziergang anders über ihren Schulweg denken und ob sie etwas Neues gelernt haben. Die Einschätzung der Jugendlichen erfolgte über die Frage, ob sie nach dem Workshop Wissen zum Thema Mobilität dazugewonnen haben.

5. TEIL
METHODIK

Die Verknüpfung der im 3. Teil formulierten Praxisziele und der im 4. Teil beschriebenen Forschungsziele sowie deren Zusammenführung in ein gemeinsames Projektdesign gestaltete sich aus den unterschiedlichen disziplinären Herangehensweisen der für das Projekt verantwortlichen Forscher*innen. Die inhaltliche Ausrichtung des Seminars, in dessen Kontext das Projekt entstand, durchgeführt und ausgewertet wurde, gab die Konzeptionierung und Durchführung von mindestens einem Workshop im Projektdesign vor. Besonders im Hinblick auf die übergeordneten Fragestellungen und der Verfolgung der Praxisziele bot es sich an, ein Forschungsdesign (siehe Tabelle 1) zu konzipieren, welches sowohl Beteiligungsformate für Kinder als auch solche für Jugendliche aufweist. Mit deren Durchführung und Evaluation sollte ein Beitrag zum Forschungsstand von Beteiligungsmöglichkeiten für Kinder und Jugendliche geleistet werden. Um eine altersgerechte Workshop-Konzeption zu ermöglichen, wurden somit sowohl ein Kinder- als auch ein Jugendworkshop erarbeitet. Beide Workshops stellten die zentralen Meilensteine des Projekts dar.

Begriff	Operationalisierung	Indikator	Arbeitspaket	Messung
Umfassendes Mobilitäts-Verständnis	Integration verschiedener Perspektiven, Belange und Bedürfnisse	Berücksichtigungen von verschiedenen Alters- und Bevölkerungsgruppen, Verkehrsteilnehmer*innen und Umweltbelangen im Kreativprozess	Jugendworkshop	Analyse der Workshop-Ergebnisse, Beobachtung und Fragebogen
Chancen für Eberswalde	Innovationsgehalt und Anwendbarkeit der Workshop-Methoden	Bewertung der Methodik und der Ergebnisse durch Vertreterinnen des Stadt-Entwicklungsamts	Interview im Stadtentwicklungs-amt	Leitfaden-interview
Chancen für Kinder und Jugendliche	Bildung zum Thema Mobilität	Lernerfolg	Kinder- und Jugendworkshop	Fragebogen

Tabelle 1: Überblick zum Forschungsdesign
Eigene Darstellung

Die komplexe Aufgabe, die Integration aller Praxis- und Forschungsziele in zwei Workshop-Phasen zu ermöglichen, wurde durch die drei Methodenfelder Begleitforschung, Visualisierung sowie Modellierung begleitet. Diese finden sich in unterschiedlicher Ausprägung im Projektdesign wieder, wobei der Begleitforschung und der Visualisierung aufgrund des evaluativen Forschungscharakters und der visuell anspruchsvollen Workshop-Gestaltung die größte Präsenz zukommt. Zur Übersicht werden die Forschungs- und Praxisziele noch einmal tabellarisch dargestellt (siehe Tabelle 2).

Methodik	zur Erreichung der Praxisziele	zur Erreichung der Forschungsziele
Kinderworkshop	Input-Präsentation	Fragebögen
	Gefahrenspaziergang	/
Jugendworkshop	Input-Präsentation	Fragebogen
	„Future Headline"-Methode	/
	„Walt Disney"-Methode	Beobachtung
Schulfest	Ergebnispräsentation	/
Marktplatz	Ergebnispräsentation	/
Interview Stadtentwicklungsamt	Ergebnispräsentation	Leitfadeninterview

Tabelle 2: Methodik zur Erreichung der Praxis- und Forschungsziele
Eigene Darstellung

Im Folgenden wird dargestellt, wie die im 4. Teil unter „Forschungsziele" beschriebenen Operationalisierungen mit den Praxiszielen in ein gemeinsames Projektdesign und zwei Workshops konzeptionell zusammengeführt wurden.

KINDERWORKSHOP

Im Kinderworkshop bildeten die Praxisziele „*Identifikation von Mobilitätsproblemen durch Kinder*" sowie „*Bewusstsein für Beteiligungsmöglichkeiten bei Kindern und Jugendlichen schaffen*" die zentralen Ausgangspunkte für die Gestaltung des Workshops. Entsprechend der Abbildung 1 bildet der Gefahrenspaziergang als Methode zur Umsetzung dieser Ziele den zentralen Bestandteil des Workshops. Die zeitlich vorangestellte Input-Präsentation verfolgte hingegen das Praxisziel „*Bildung zum Thema Mobilität*". Dem Forschungsziel, die Ergründung der Frage „*Welche Chancen ergeben sich aus derartigen Herangehensweisen*", wurde mit Hilfe von Frage- und Evaluationsbogen nachgegangen.

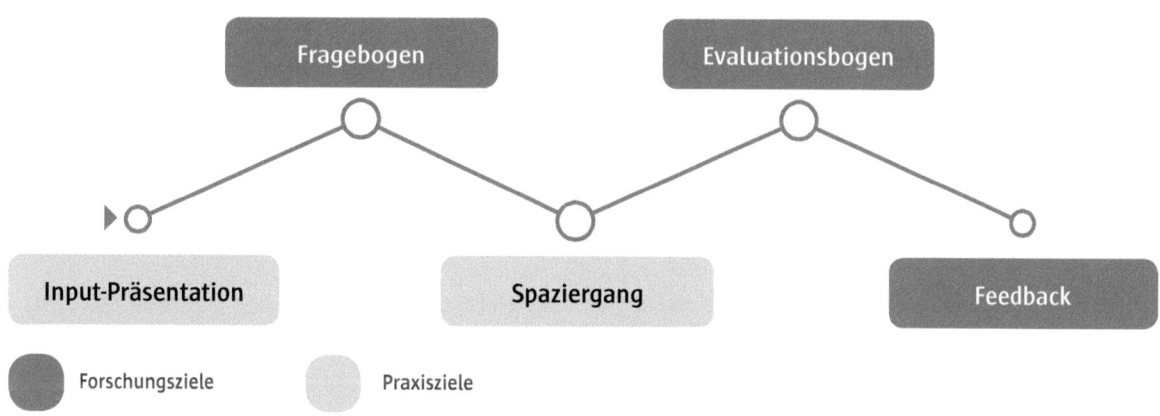

Abbildung 1: Methodische Konzeption des Kinderworkshops zur Erreichung der Forschungs- und Praxisziele
Eigene Darstellung

Die Partnerschule für den Kinderworkshop war die *Grundschule Finow*. Die dortige Klasse 4c mit 24 Schüler*innen im Alter von 9 bis 11 Jahren bildete die Teilnehmer*innengruppe für den Workshop. Auf insgesamt 90 Minuten angesetzt, beanspruchte die Durchführung des Workshops zwei reguläre Schulstunden der Schüler*innen. Im Vorfeld des Workshops wurden die Eltern der Schüler*innen gebeten, ihr schriftliches Einverständnis für die Teilnahme an dem Workshop sowie für die Verwendung der erhobenen Daten zu erklären.

Methodischer Ablauf

Nach Sichtung verschiedener methodischer Ansätze wurde die Entscheidung gefällt, die Durchführung sogenannter „Streifzüge" als für den Workshop angemessenes Beteiligungsformat auszuwählen.

Als etablierte Methode der qualitativen Spielraumforschung hat die Methode „Streifzüge" den Zweck, Kindern die Möglichkeit zu geben, ihre Lebenswirklichkeit auch Erwachsenen erfahrbar zu machen und ihnen damit Einblicke in ihr eigenes Verständnis über Raum und Stadt zu gewähren. Konkret sollen die Kinder und Jugendlichen bei dieser Methode Erwachsenen während eines Spaziergangs die für sie bedeutenden Orte zeigen und beschreiben. Diese sollen einerseits fotografisch dokumentiert und andererseits geographisch kartiert werden. Ebenso sollen die qualitativen Beschreibungen der Kinder zu diesen Orten festgehalten werden (Apel et al., 2010).

Die Ausrichtung auf das Themenfeld Mobilität und konkret auf die Verkehrssicherheit sollte über die Begehung des Schulwegs der Kinder erfolgen, da auf diese Weise sichergestellt werden konnte, dass dieser spezifische Ausschnitt ihrer Lebenswelt tatsächlich repräsentiert wird. Dabei sollte das Augenmerk der Kinder besonders auf Gefahrenstellen und Mängel, die aus ihrem Blickwinkel an ihrem Schulweg bestehen, gelegt werden. Entsprechend wird die aufgrund des Forschungskontexts modifizierte methodische Umsetzung der Methode „Streifzug" in diesem Bericht weiterhin als „Gefahrenspaziergang" bezeichnet.

Zu Beginn des Workshops wurde im Plenum eine kurze thematische Einführung hinsichtlich des Themas Mobilität gegeben und eine Erläuterung zur Durchführung des Spaziergangs vorgenommen. Mit der Frage *„Was sind Probleme im Straßenverkehr und wie können sie behoben werden?"* wurde ein Impuls gesetzt, um einerseits die Motivation der Forscher*innen herauszustellen sowie andererseits Interesse bei den Kindern für das weitere Workshop-Geschehen zu generieren. Ein anschließender Fragebogen sollte zunächst das alltägliche Mobilitätsverhalten der Kinder im Hinblick auf ihren Schulweg sowie die Wahrnehmung ihrer Verkehrssicherheit erfassen.

Die Identifikation von Mobilitätsproblemen war der zentrale Bestandteil des Gefahrenspaziergangs und sollte speziell auf Probleme ihres Schulwegs eingehen. Um dafür die Gruppengröße produktiv zu gestalten, wurde die Klasse in sechs Gruppen aufgeteilt, basierend auf den Wohnorten der Teilnehmer*innen, sodass Schüler*innen mit einem ähnlichen Schulweg eine Gruppe bildeten. Während des Spaziergangs wurden den Kindern folgende Aufgaben aufgetragen, die sie gemeinschaftlich, bzw. wo es durch vorhandene Arbeitsmaterialien erforderlich war, abwechselnd bearbeiteten:

1. Problematische Orte im Straßenverkehr identifizieren und fotografieren.
2. Diese Orte auf einer Karte markieren.
3. Am Ort ein Schild aufhängen, um die am Problemschwerpunkt vorübergehenden Bürger*innen auf das Problem aufmerksam zu machen.

In einem an den Gefahrenspaziergang anschließenden Evaluationsbogen sollten die Kinder ihre Einschätzungen zum Verlauf des Workshops, zu ihrem persönlichen Lernerfolg sowie zu einer möglichen Veränderung hinsichtlich ihres Sicherheitsempfindens auf ihrem Schulweg geben.

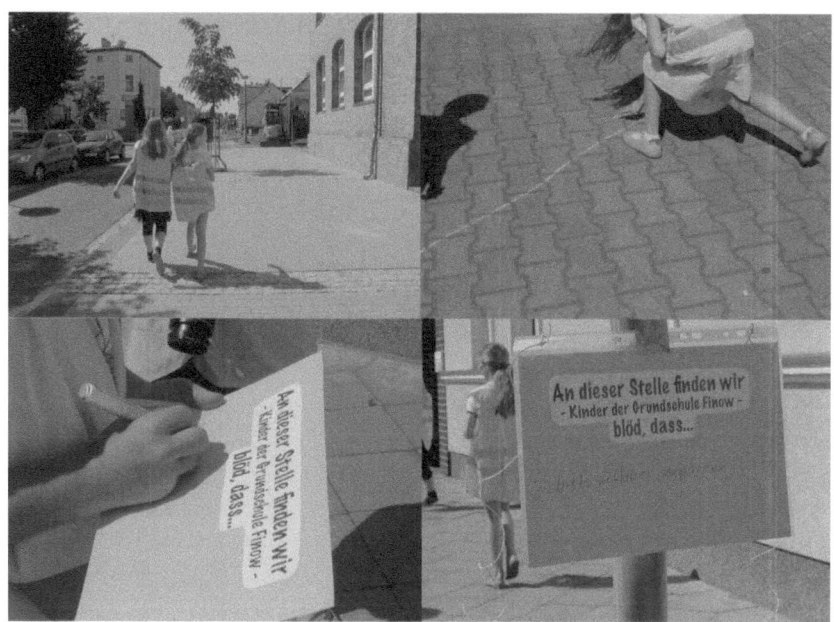

Abbildung 2: Gefahrenspaziergang im Kinderworkshop: Gefahren erkennen, markieren und dokumentieren
Eigene Darstellung

Frage- und Evaluationsbogen

Um eine Aussage bezüglich der wahrgenommenen Verkehrssicherheit der Schüler*innen und eines etwaigen Lernerfolgs durch die aktive Beschäftigung mit dem eigenen Schulweg treffen zu können, wurde zu Beginn des Workshops ein Fragebogen mit sechs und am Ende des Workshops ein Evaluationsbogen mit zehn Items an die Kinder verteilt. Neben dem Lernerfolg und der wahrgenommenen Verkehrssicherheit sollte auch das Interesse an Beteiligungskultur durch den Fragebogen erfasst werden, um gegenüber der Verwaltung Aussagen hinsichtlich der Motivation der Kinder, bei Fragen der Stadtpolitik mitzubestimmen, treffen zu können. Der Fragebogen wurde kurz nach der Vorstellung des Workshop-Ablaufs an die Kinder ausgehändigt und in den Gruppen bearbeitet. Bei Verständnisproblemen standen die Forscher*innen klärend zur Seite. Ein Großteil der Items diente der Erfassung alltäglicher Mobilitätsgewohnheiten. Das Ausfüllen des Evaluationsbogens erfolgte nach der Rückkehr vom Gefahrenspaziergang und diente größtenteils der Bewertung der Methodik sowie der Erfassung etwaiger Veränderungen in der Wahrnehmung des eigenen Schulwegs. Die Fragen waren in einfacher Sprache formuliert und konnten durch Ankreuzen von nominal-skalierten Antwortmöglichkeiten durch die Schüler*innen überwiegend problemlos beantwortet werden. Die Art des Verkehrsmittels, mit dem die Kinder sich am sichersten fühlen, wurde so beispielsweise durch folgende Antwortmöglichkeiten vorgegeben:
Die Fragen, ob die Kinder den Weg in Begleitung zurücklegen, ob sie schon einmal in einen Unfall verwickelt

Zu Fuß	☐
Mit dem Fahrrad	☐
Mit dem Bus	☐
Wenn du mit dem Auto gefahren wirst	☐

Abbildung 3: Antwortmöglichkeiten im Evaluationsbogen (beispielhafte Darstellung)
Eigene Darstellung

waren und ob es Wege gibt, die sie nicht alleine mit dem Fahrrad fahren dürfen, wurde durch dichotome Antwortvorgaben („Ja"/„Nein") mit der Möglichkeit zur Differenzierung (z.B. „Wenn ja, warum?"/„Wie?") ergänzt. Die Frage, ob sich die Schüler*innen auf ihrem Schulweg sicher fühlen, wurde durch den Mittelwert „Naja" erweitert, um die Einschätzung der Kinder mit einer größeren Bandbreite abbilden zu können. Neben Items, die die Mobilität der Schüler*innen erfassen sollten, wurde im Fragebogen zu Beginn des Workshops auch die Motivation, den Bürgermeister bei der Verbesserung des Straßenverkehrs zu unterstützen, erfasst, ergänzt mit der Bitte die eigene Antwort kurz zu begründen.

Der kürzere Evaluationsbogen beinhaltete vier von sechs Items, die der Bewertung des Gefahrenspaziergangs und des Verhaltens der Forscher*innen dienten sowie der Einschätzung des eigenen Lernerfolgs und einer etwaigen Veränderung in der Wahrnehmung des eigenen Schulwegs. Die Antwortmöglichkeiten wurden entweder durch eine sechsstufige Likert-Skala erfasst, die sich an dem Schulnotensystem orientierte (1 = sehr gut; 6 = durchgefallen), oder durch einfaches Ankreuzen vorgegebener Nominalwerte wie im Fragebogen. Die Frage, wie der Spaziergang allgemein bewertet wurde und ob der eigene Schulweg sicher ist, wurde durch die Notenskala erfasst. Die Frage, was den Kindern während des Gefahrenspaziergangs besonders gut gefallen hat, wurde durch die drei oben beschriebenen Aktivitäten mit entsprechenden Antwortmöglichkeiten („Fotos machen", „Kreide malen" und „Schulweg zeigen") vorgegeben, mit der Möglichkeit zur Ergänzung („Was anderes, nämlich"). Die Fragen, ob die Kinder das Gefühl hatten, dass ihre Meinung von den Forscher*innen als wichtig empfunden wird, ob sie nach dem Gefahrenspaziergang anders über ihren Schulweg denken und ob sie etwas Neues gelernt haben, wurde durch dichotome Ja/Nein-Fragen mit zusätzlichen Bitten der Erläuterung formuliert.

JUGENDWORKSHOP

Während sich die Konzeption des Kinderworkshops maßgeblich an der Erfüllung der Praxisziele ausrichtete, zielte das Design des Jugendworkshops primär auf die Erhebung von Daten zur Beantwortung der beiden Forschungsfragen ab.

Als Folge dessen, und wie in Abbildung 4 veranschaulicht, bildete die „Walt Disney"-Methode (Schawel & Billing, 2014, S. 273) das konzeptionelle Herzstück des Workshops, mithilfe welcher eine Datensammlung

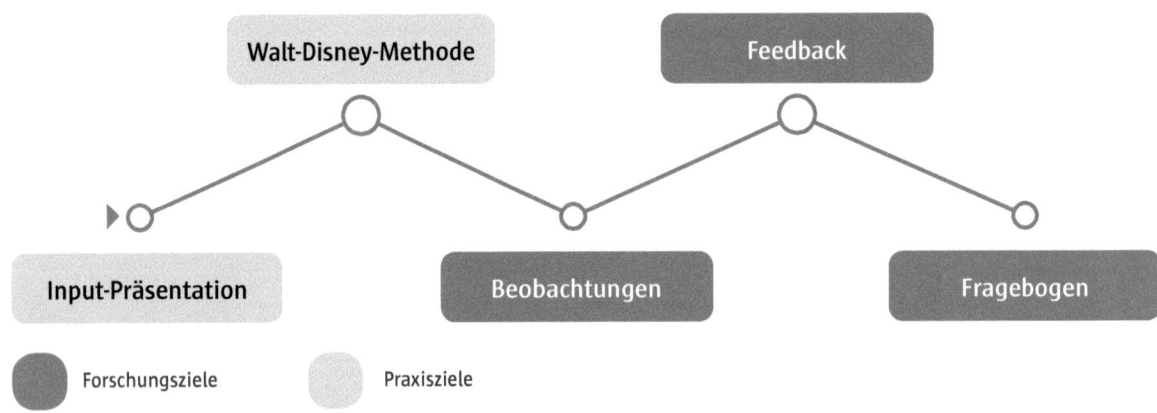

Abbildung 4: Methodische Konzeption des Jugendworkshops zur Erreichung der Forschungs- und Praxisziele
Eigene Darstellung

angestrebt wurde, die der Klärung sowohl der Forschungsfrage A, welche in drei Hypothesen untergliedert und durch vier Kategorien operationalisiert wurde, als auch der Hypothese B1 der Forschungsfrage B dienen sollte. Der Hypothese B3 wurde, analog zum Kinderworkshop, anhand eines Inputs nachgegangen und mittels eines Fragebogens überprüft.

Dieses Vorgehen und die schwerpunktmäßige Ausrichtung auf die Forschungsziele schloss jedoch eine Berücksichtigung von drei der im 3. Teil formulierten Praxisziele nicht aus: Zu Beginn des Workshops wurde der „*Bildung zum Thema Mobilität*" mit einer kurzen Input-Präsentation, welche die Begriffe „Verkehr" und „Mobilität" voneinander abgrenzte, entsprochen. Im Anschluss fand die „*Kreative Erarbeitung von Zukunftsszenarien durch Jugendliche zum Thema Mobilität*" Anwendung mit Hilfe der ausgewählten Kreativmethoden „Future Headlines" und „Walt Disney" statt. Ob das Format ein „*Bewusstsein für Beteiligungsmöglichkeiten bei Kindern und Jugendlichen schaffen*" konnte, wurde im genannten Fragebogen erfragt.

Ziel des Workshops war die Erarbeitung von Zukunftsszenarien in Kleingruppen für die in der Eberswalder Innenstadt gelegene Friedrich-Ebert-Straße, wobei der Fokus auf das Thema Mobilität weiterhin zentral war. Zur Herstellung eines gemeinsamen Konsenses wurden die Workshop-Teilnehmer*innen mittels eines kurzen Inputs zur Geschichte der Straße inhaltlich eingestimmt und auf einen gemeinsamen Wissensstand gebracht.

Im Anschluss daran erfolgte im Plenum zur Aktivierung erster Ideen sowie für einen inhaltlichen Einstieg in das zukunftsgerichtete, ortsspezifische Denken die „Future Headline"-Methode. Anhand der im Verlauf der Methode entstandenen Schlagzeilen konnte durch ein thematisches Clustering eine Einteilung in Kleingruppen erfolgen, wodurch drei Gruppen mit je drei Workshop-Teilnehmer*innen entstanden. Die Arbeit einer Kleingruppe wurde dabei durchgehend vom Referenten der Jugendgruppe begleitet. Jede Gruppe erhielt den Arbeitsauftrag, ein Zukunftsszenario für einen Abschnitt der für diese Methode dreigeteilten Friedrich-Ebert-Straße zu erarbeiten. Um eine einseitige Visionsentwicklung zu verhindern, wurde die „Walt Disney"-Methode angewandt (s.u.). Jeder Gruppe wurde dabei aus dem Team der Forscher*innen ein*e Beobachter*in zur Seite gestellt, welche*r anhand des im Folgenden beschriebenen Beobachtungsbogens die Gruppenarbeit dokumentierte.

Seinen Abschluss fand der Workshop in der Ergebnispräsentation der drei Gruppen, in welcher das jeweilige Zukunftsszenario kurz vorgestellt und erläutert wurde.

Ein zwölf Items umfassender Fragebogen, der direkt im Nachgang des Workshops von den Teilnehmer*innen beantwortet wurde, diente der qualitativen Evaluation des Workshops und lieferte für die Beantwortung der Forschungsfragen relevante Daten.

Der Jugendworkshop fand in Zusammenarbeit mit dem Gemeindezentrum der Evangelischen Stadtkirchengemeinde Eberswalde statt. Neun Jugendliche der Jugendgruppe *Wolke 6* im Alter von 14 bis 17 Jahren haben an dem Workshop, welcher für zweieinhalb Zeitstunden konzipiert war, teilgenommen.

Kreativmethoden

Für die Entwicklung von Zukunftsvisionen bedarf es Fantasie und Kreativität, welche oftmals durch die unmittelbare Überprüfung von Umsetzbarkeiten durch existierende Gegebenheiten gehemmt werden. Ideen werden aufgrund ihrer Absurdität oder Realitätsferne nicht geäußert (Alcántara et al., 2018). Um derlei Hemmnisse bzw. Nicht-Äußerungen spontaner Ideen im Vorfeld zu vermeiden und damit den Prozess der Erarbeitung von Zukunftsszenarien im Workshop zu befördern, wurde die umfangreiche Methodensammlung der Autor*innen Defila & Di Giulio (2018) konsultiert, um geeignete Methoden auszuwählen. Im Folgenden werden die beiden im Jugendworkshop zur Anwendung kommenden Kreativmethoden kurz beschrieben.

„Future Headline"-Methode

Bei der „Future Headline"-Methode werden die Teilnehmer*innen aufgefordert, eine Schlagzeile in einer Zeitung der Zukunft bezüglich einer bestimmten Thematik zu formulieren. Die Moderation ist dazu angehalten, die Teilnehmer*innen darauf hinzuweisen, dass es sich bei dieser nicht zwangsläufig um wahrscheinliche, sondern um wünschenswerte Zukunftsvisionen handeln soll (Alcántara et al., 2018).

Der Arbeitsauftrag im Jugendworkshop lautete *„Welche Schlagzeile liest du in der Eberswalde Tageszeitung 2030 zum Thema Mobilität?"*. Die Jugendlichen erhielten dazu ein vorbereitetes Template eines Titelblatts der fiktiven Lokalzeitung, auf welchem sie ihre Schlagzeile formulieren konnten. Im Anschluss stellten die Teilnehmer*innen ihre Schlagzeilen einzeln mit einer jeweils kurzen Erläuterung im Plenum vor.

Die Autor*innen Alcántara et al. verweisen auf den Vorteil der Methode, nämlich „[...] dass die Fantasie und das Denken in Zukünften angeregt werden" (Alcántara et al., 2018, S. 278f.). Dadurch wird nicht nur ein anschauliches und konkretes Äußern von Ideen ermöglicht, auch der Übergang zur Erarbeitung der Visionen wurde auf diese Weise erleichtert.

Da die an der „Future Headline"-Methode anschließende Erarbeitung der Zukunftsszenarien in Kleingruppen stattfinden sollte, erfolgte zu deren Einteilung ein thematisches Clustering der entstandenen Schlagzeilen. Dadurch konnten zum einen drei Gruppen gebildet werden, die mit einer Gruppengröße von jeweils drei Personen produktiv und arbeitsfähig besetzt waren, zum anderen war es den Teilnehmer*innen mit einer ähnlichen Idee möglich, gemeinsam an dieser weiterzuarbeiten. So konnten bspw. die Teilnehmer*innen, die in ihrer Schlagzeile autofreie Innenstädte thematisierten, diese Idee in ein gemeinsames Zukunftsszenario überführen.

„Walt Disney"-Methode

Die Walt-Disney-Methode ist eine Kreativitätstechnik, bei der die Teilnehmer nacheinander in verschiedene Rollen schlüpfen, um Ideen zu generieren. Die verwendeten Rollen sind der Träumer, der Realisierer und der Kritiker. Die Idee geht auf das Gerücht zurück, dass Walt Disney drei Stühle in seinem Büro hatte, um bei der Generierung von Ideen die beschriebenen Perspektiven einzunehmen.

(Schawel & Billing, 2014, S. 273)

Bei der „Walt Disney"-Methode handelt es sich also um eine Methode zur Generierung, Konkretisierung und Operationalisieren von visionären Ideen mit anwendungsbezogenem Charakter. Die Betrachtung einer Thematik dabei aus drei verschiedenen Perspektiven (Schawel & Billing, 2014) soll zu einem ganzheitlichen und von Akzeptanz getragenen Ergebnis führen.

Die Umgestaltung der Friedrich-Ebert-Straße in der Eberswalder Innenstadt stellte die Projektionsfläche der im Jugendworkshop durchgeführten „Walt Disney"-Methode dar. Die Durchführung der Methode erfolgte in den während der „Future Headline"-Methode geclusterten Kleingruppen. Das für alle Gruppen einheitlich geltende übergeordnete Thema war: *„Friedrich-Ebert-Straße im Jahr 2030"*.

Die Teilnehmer*innen durchliefen während der „Walt Disney"-Methode die verschiedenen Phasen gemeinsam als Gruppe, wobei sie die Thematik zunächst als Träumer*in, anschließend als Realist*in und zuletzt als Kritiker*in beleuchteten und diskutierten. In der Phase des Träumers durften die Teilnehmer*innen ihrer Fantasie ohne jeglichen Einschränkungen freien Lauf lassen. In der Phase des Realisten wurde geprüft, was es für die Umsetzung der in Phase 1 entstandenen Ideen benötigt. Zunächst wirklichkeitsfremd wirkende Ideen entpuppen sich in dieser Phase oftmals als tatsächlich denkbar und innovativ. Die letzte Phase, die Phase des Kritikers, diente als Raum für konstruktive Kritik.

Die Kritiker*innen fragten sich, welche Chancen und Risiken die Idee mit sich bringt und was bei der Planung gegebenenfalls vergessen wurde.

Da bei der Durchführung der Methode die Anzahl der Durchläufe an gegebene Bedürfnisse angepasst werden kann, entschied sich das Forscher*innen-Team im Jugendworkshop im zweiten Durchlauf mit der Phase des Realisten zu enden. Dieses Vorgehen hatte den Zweck, mit dem Endergebnis ein visionäres aber dennoch geerdetes Konzept zu erhalten und den Visionsprozess nicht mit der eher innovations-skeptischen Phase des Kritikers zu schließen.

Fragebogen

Der Fragebogen wurde zum Zweck der Erhebung des persönlichen Empfindens der Jugendlichen hinsichtlich der gefühlten Verkehrssicherheit, der Einschätzung von Partizipationsmöglichkeiten in Eberswalde sowie der Evaluation des Workshops erstellt. Letzteres diente der Messung eines etwaigen Lernerfolgs nach Beendigung des Workshops sowie der Qualität der methodischen Durchführung des Kreativprozesses. Die Frage nach der Berücksichtigung verschiedener Altersgruppen, Verkehrsteilnehmer*innen und Umweltbelangen sollte auf diesem Weg ebenfalls erhoben werden, um die qualitative Auswertung der im Jugendworkshop erarbeiteten Modelle zu unterstützen. Die Berücksichtigung unterschiedlicher Bevölkerungsgruppen wurde nicht durch den Fragebogen erfasst, da die Vorgabe dieser an der Stelle zur Vermischung von Antwortdimensionen geführt hätte und eine Abgrenzung hier generell schwierig ist.

Der Fragebogen bestand aus vier Blöcken, welche sich in jeweils drei bis vier Items untergliederten. Im ersten Block wurde zum Einstieg das Verkehrsverhalten der Jugendlichen mittels offener Fragen erfasst. Die Verkehrsmittelwahl bezog sich dabei einerseits auf die alltäglichen Wege sowie auf den Weg zum Ort des Workshops, den die Jugendlichen für gewöhnlich einmal pro Woche zurücklegen. Der zweite Block diente der Erhebung der wahrgenommenen Verkehrssicherheit, des Interesses an der Stadtpolitik, der Einschätzung der Integration der eigenen Sichtweise in eben diese sowie des Partizipationsverhaltens der Jugendlichen. Die Antwortmöglichkeiten wurden hier durch eine Ordinalskala mit fünf Antwortkategorien vorgegeben, welche zur Einschätzung einer Zustimmung („stimme sehr zu") oder einer Ablehnung („stimme überhaupt nicht zu") aufgestellt wurden. Der dritte Block reflektierte das eigene Verhalten der Teilnehmer*innen während des Kreativprozesses. Hier wurde die Berücksichtigung der verschiedenen Verkehrsteilnehmer*innen und Altersgruppen durch die Möglichkeit von Mehrfachantworten abgefragt. Die Jugendlichen hatten dabei die Möglichkeit, beispielsweise auf die Frage *„Während des Workshops habe ich versucht, folgende Verkehrsteilnehmer*innen zu berücksichtigen"* zwischen Autofahrer*innen, Fahrradfahrer*innen, Fußgänger*innen und Personen, die den ÖPNV nutzen zu unterscheiden und Mehrfachnennungen vorzunehmen. Darüber hinaus konnte unter „Sonstiges" eine weitere Kategorie von den Jugendlichen hinzugefügt werden. Die Berücksichtigung von Umweltbelangen wurde durch die Frage, ob das Thema „Umwelt" in der Gruppe der Befragten ein wichtiges Thema war, mit einer fünfstufigen Ordinalskala („stimme sehr zu" bis „stimme überhaupt nicht zu") erfasst. Der vierte und letzte Block zielte schlussendlich darauf ab, einen Lerneffekt zu erfassen, den Workshop hinsichtlich seiner Offenheit bezüglich der Sichtweisen der Jugendlichen zu bewerten und die Möglichkeit zu bieten ein eigenes Feedback zu formulieren.

Beobachtung

Eine durch einen Beobachtungsbogen gestützte Dokumentation der Teilnehmer*innen während der Durchführung der „Walt Disney"-Methode sollte ergänzende Erkenntnisse liefern, um sich der Beantwortung der Forschungsfragen, im Besonderen anhand der zur Forschungsfrage A (*„Kann ein umfassenderes Problemverständnis für Mobilität gemeinsam mit jungen Menschen geschaffen werden?"*) aufgestellten Hypothesen, zu nähern.

Jeder Visions-Gruppe saß eine Person des Projektteams bei, um den Entstehungs- und Wandlungsprozess der Szenarien zu beobachten. Dabei waren die Beobachter*innen angewiesen, in jeder Phase der „Walt Disney"-Methode die von den Hypothesen abgeleiteten Kategorien 1. bis 4. (siehe Tabelle 3) auf der Grundlage ihrer Beobachtungen zu bewerten.

1. Berücksichtigung von Belangen anderer Bevölkerungsgruppen in der Entwicklung des Straßenabschnitts
2. Berücksichtigung von Belangen anderer Altersgruppen in der Entwicklung des Straßenabschnitts
3. Berücksichtigung von Flora und Fauna in der Planung des Straßenabschnitts
4. Berücksichtigung von unterschiedlichen Verkehrsteilnehmer*innen und eventuell auftretenden Konflikten in der Zukunft

Tabelle 3: Kategorien des Beobachtungsbogens
Eigene Darstellung

Die aufgeführten Kategorien wurden dafür qualitativ anhand ihres Kommunikationsniveaus innerhalb jeder Workshop-Kleingruppe unter den Aspekten der Thematisierung (erstmalige Nennung des Themas durch ein Gruppenmitglied), der Reflexion innerhalb der Gruppe (verbale Auseinandersetzung und Diskussion) sowie der Integration in das Planungsvorhaben (Abschluss der Diskussion und Lösungsansatz) bewertet. Das Kommunikationsniveau repräsentiert das Ausmaß der Berücksichtigung der Jugendlichen für den jeweiligen Kategorieinhalt.

SCHULFEST UND MARKTSTAND

Schulfest

Das Schulfest der *Grundschule Finow* fungierte neben dem Marktstand auf dem Eberswalder Marktplatz sowie den Gesprächen mit dem Stadtentwicklungsamt als eines der drei Elemente des fünften Praxisziels „*Ergebnispräsentation mit dem Ziel, einen Diskurs anzustoßen*". Hierbei sollten Projektinhalte und -ergebnisse öffentlich gemacht werden, um darüber hinaus eine kontextuelle Einordnung zu bieten.

Der Stand auf dem Schulfest war zentral positioniert, Besucher*innen des Festes waren vornehmlich Eltern, Großeltern, Lehrer*innen und die Schüler*innen selbst. Am Stand wurden auf DIN A3-Postern visuell anschaulich aufbereitet die Auswertung der Frage- und Evaluationsbögen des Kinderworkshops präsentiert. Diese zeigten die prozentualen Anteile der Antwortmöglichkeiten ausgewählter Fragen sowie substanzielle Aussagen der Kinder auf die offenen Fragen innerhalb des Fragebogens.

Die Ergebnisse des Gefahrenspaziergangs mit den Grundschüler*innen wurden in einer manuell gefertigten Gefahrenkarte (siehe dazu 6. Teil) dargestellt. Ein Kartenausschnitt *Finow*s im Format DIN A0 diente als Ausgangsebene der von den Kindern während des Gefahrenspaziergangs identifizierten Gefahrenstellen. Durch die fotografische Dokumentation jeder Gefahrenstelle und ihrer genauen Verortung auf der Karte war es den Standbesucher*innen möglich, einen Einblick in den Ablauf der angewandten Methodik zu erlangen. Weiter konnte die Gefahrenkarte durch weitere, von den Besucher*innen identifizierte Problemstellen auf Post-its ergänzt werden.

Darüber hinaus erfolgte die Erhebung eines Stimmungsbilds der Standbesucher*innen zu den Themen Schulwegsicherheit und Kinderpartizipation in Stadtentwicklungsprozessen. Auf zwei Plakaten konnten die Fragen „Stellt die Beteiligung von Kinder in Stadtentwicklungs- und Stadtplanungsprozesse eine Notwendigkeit dar?" und „*Empfinden Sie den Schulweg Ihres Kindes als sicher?*" anhand der Positionierung von Klebepunkten auf einer Ja/Nein-Skala beantwortet werden.

Marktstand

Nach der Durchführung des Jugendworkshops wurden die Ergebnisse aufgearbeitet und gemeinsam mit den bereits auf dem Schulfest präsentierten Ergebnissen des Kinderworkshops auf dem wöchentlich am Freitag auf dem Eberswalder Marktplatz stattfindenden Marktes an die Marktbesucher*innen herangetragen. Dieses Projektelement verfolgte ebenso wie die Präsenz auf dem Schulfest in *Finow* das Praxisziel, mittels einer Ergebnispräsentation einen Diskurs in der Stadtgesellschaft zur Thematik von Kinder- und Jugendpartizipation anzuregen sowie stichprobenartig einen Einblick in das persönliche Empfinden der Marktbesucher*innen zur Relevanz des Themas zu erhalten.

Die Ergebnisse des Kinderworkshops wurden erneut durch die bereits auf dem Schulfest präsentierten Plakate dargestellt. Die identifizierten Gefahrenstellen der Schulwege wurden aus Zwecken der Übersichtlichkeit und des besseren Verständnisses abstrahiert, in vier Themenbereiche zusammengefasst und auf einem Poster im Format DIN A3 für die Besucher*innen am Stand ausgestellt.

Eine visuell aufbereitete Fassung der im Jugendworkshop entstandenen Szenarien zur Zukunft der Friedrich-Ebert-Straße und eine kurze Erläuterung der Inhalte bildeten das Zentrum des Marktstandes. Interessierten war es möglich den Entstehungsprozess der Szenarien auf einem Tablet nachzuempfinden.

Auf einem weiteren Poster wurden die aus der „Future Headline"-Methode hervorgegangenen Schlagzeilen über die Zukunft der Mobilität in Eberswalde im Jahr 2030 dargestellt. Gleichzeitig war es den Standbesucher*innen möglich, ihre eigenen Gedanken, Meinungen und Ideen auf Post-its zu schreiben und am Stand zu präsentieren.

INTERVIEW MIT DEM STADTENTWICKLUNGSAMT

Während das Interview mit dem Stadtentwicklungsamt neben dem Schulfest in *Finow* und dem Stand auf dem Eberswalder Wochenmarkt einen Teil des Praxisziels der *„Ergebnispräsentation mit dem Ziel einen Diskurs anzustoßen"* darstellte, wurde mit diesem Instrument auch die Beantwortung der Forschungsfrage B angestrebt. Konkret sollte hierbei die Hypothese B2 *„Die Beteiligungsformate besitzen Raum für Anwendbarkeit in der Stadt und bergen Potenziale langfristig in Planungsvorhaben etabliert zu werden"* mittels einer Einschätzung des Stadtentwicklungsamts überprüft werden. Grundlage für das Interview bot ein Leitfaden, dessen Fragen den Fokus auf die Potenziale für die langfristige Implementierung derartiger Verfahren in Stadtentwicklungsprozessen in der Stadt Eberswalde legten. Ein weiteres Ziel war das Sondieren der sich aus dem Projekt für die Stadt Eberswalde hervorgehenden Chancen.

Das Interview wurde seitens der Forscher*innen durch eine kurze Vorstellung des Projektdesigns mit den Praxis- und Forschungszielen eingeleitet. Daran anschließend erfolgten eine detaillierte Darlegung der methodischen Abläufe der beiden durchgeführten Workshops sowie die Ergebnispräsentation und eine Zusammenfassung der Eindrücke vom Schulfest in *Finow* und dem Stand auf dem Wochenmarkt.

Die im Interview gestellten Fragen sollten ein breites Spektrum an Informationen bezüglich des Umgangs der Stadtverwaltung Eberswalde mit dem Instrument der Bürgerbeteiligung, und im Speziellen zur Anwendung von Kinder- und Jugendpartizipation, hervorbringen.

Der Termin mit den Vertreterinnen des Stadtentwicklungsamts in Eberswalde diente damit zum einen der Präsentation der Projektergebnisse und zum anderen der Verortung des Stadtentwicklungsamts zum Thema Kinder- und Jugendpartizipation in Stadtentwicklungsprozessen in der Stadt Eberswalde.

6. TEIL
ERGEBNISSE

Durch die Betrachtung der Ergebnisse des Projekts kann gezeigt werden, wie durch das methodische Vorgehen die Thesen beantwortet werden können. Zudem kann sich ein Bild darüber verschaffen werden, was aus der Projektarbeit bezüglich der Forschungs- und Praxisziele zu lernen ist. Da das Forschungsdesign sowohl Praxis- als auch Forschungsziele verfolgt, ist dies auch in der Auswertung der Ergebnisse nachfolgend so handzuhaben, wobei eine Überschneidung verschiedener Ebenen nicht auszuschließen ist. Zunächst sollen die Praxisziele betrachtet werden.

UMSETZUNG DER PRAXISZIELE

Während der Kinderworkshop die Gefahrenstellen im direkten Schulumfeld in den Fokus nahm, diente der Jugendworkshop der selbständigen und kreativen Ideenentwicklung am Beispiel der Friedrich-Ebert-Straße. Der räumliche Zugang wurde dementsprechend im Kinderworkshop in situ durch das Erleben des Verkehrs hergestellt, während im Jugendworkshop die Teilnehmer*innen ex situ die Zukunft ihrer Umwelt reflektierten. Der Kinderworkshop fand zur regulären Schulzeit statt, während der Jugendworkshop in einem freizeitlichen und freiwilligen Rahmen angelegt war.

Kinderworkshop

Für den Kinderworkshop sollten die beteiligten Schulkinder erkennen, benennen und einordnen, was sie als Mobilitätsprobleme wahrnehmen. Dies wurde sowohl durch Frage- und Evaluationsbögen vor und nach dem Spaziergang, als auch währenddessen durch das Markieren auf den Karten erzielt. Dadurch, dass die Schulklasse im Vorhinein über das Thema des Workshops informiert wurde, konnten die Kinder sich bereits in den Tagen zuvor aufmerksamer mit ihrem Schulweg befassen und waren dadurch fokussierter in Bezug auf die Gefahrenstellen.

Bei der Auswertung der Fragebögen zeigt sich hinsichtlich der wahrgenommenen Verkehrssicherheit, dass bei der Frage „*Fühlst du dich sicher auf deinem Schulweg?*" mehr als die Hälfte der Schüler*innen (13 von 22) „Nein" angekreuzt haben. Interessanterweise fühlten sich zwölf Kinder auf dem Fahrrad sicher, acht zu Fuß, drei mit dem Bus und vier im Auto. Dies könnte ein Hinweis darauf sein, dass die Kinder auf dem Fahrrad ein erhöhtes Gefahrenbewusstsein besitzen, weil sie hier selbstständig fahren, während sie in Bus und Auto nur Mitfahrer*innen sind. Eventuell fühlen sich die hier befragten Kinder zu Fuß angreifbarer als auf dem Fahrrad. Bei der Evaluation haben elf Kinder auf die Frage, ob sie nun über ihren Schulweg anders denken, „Ja" angekreuzt. Dabei gab es Erklärungen wie: „*Es ist gefährlicher als ich dachte.*", „*Mir sind viel mehr gefährliche Stellen aufgefallen.*", „*Weil ich jetzt besser drauf achte.*", „*Dass ich weiß, wo Gefahren sind.*" und „*Weil ich so viel noch gesehen habe, was falsch ist.*".

Bezüglich der Karte „Gefahrenstellen im Straßenverkehr" (siehe Abbildung 5) ergaben sich durch die Gefahrenspaziergänge der sechs einzelnen Gruppen sechs verschiedene Gefahrenkarten, die die für die Kinder relevanten Stellen zeigten und die die jeweiligen Schulwege der Kinder nachzeichneten. Hierbei haben die Kinder gezeigt, dass sie verschiedene Stellen als kritisch und gefährlich erachten, welche eventuell von Erwachsenen nicht als kritisch oder gefährlich erachtet worden wären, wie zum Beispiel die Einsehbarkeit an Kreuzungen oder hohe Bordsteinkanten, die mit dem Fahrrad schwer zu überwinden sind. Die Stellen auf den Karten lassen sich in die folgenden vier Bereiche einteilen:

- schlecht einsehbare Knotenpunkte,
- gravierende Mängel des Bodenbelages,
- häufige Missachtung der Verkehrsregeln durch Autofahrer*innen
- fehlende bzw. unpassende Straßenbestandteile

Die Kinder zeigten hierbei auf verbaler, schriftlicher, visueller und räumlicher Ebene, dass sie Mobilitätsprobleme selbständig klar identifizieren können.

Gefahrenstellen im Straßenverkehr: identifiziert von der Klasse 4c der Grundschule Finow

 schlecht einsehbare Knotenpunkte   häufige Missachtung der Verkehrsregeln durch Autofahrer*innen

 fehlende/unpassende Straßenbestandteile   gravierende Mängel des Bodenbelags

Abbildung 5: Aus dem Kinderworkshop entstandene Gefahrenkarte
Grafik: Luis Fernando Correa Santos de Oliveira, Kartenmaterial © OpenStreetMap contributors

Jugendworkshop

Während des Jugendworkshops wurden die Jugendlichen zunächst mithilfe der „Future Headline"-Methode aufgefordert, eine Schlagzeile für das Jahr 2030 zur Mobilität in Eberswalde frei zu entwerfen. Hier wurde deutlich, dass die Jugendlichen kreativ, offen und nachhaltig denken: *„Durch die Stadt mit Ökostrom"* oder *„Friedrich-Ebert-Straße zur Fahrradzone erklärt"* sowie *„Einziges außer Fahrrädern erlaubtes Fahrzeug: Ufos"* waren einige der Schlagzeilen.

Mit der „Walt Disney"-Methode wurde erarbeitet, wie sich die Jugendlichen mittels der erstellten Zukunftsszenarien für den jeweils bearbeiteten Straßenabschnitt der Friedrich-Ebert-Straße die Mobilität im Jahr 2030 vorstellen. Hier wurde zunächst mit einer freien Ideensammlung auf einem leeren Blatt Papier begonnen, wobei die Wünsche in den drei Gruppen sehr unterschiedlich visualisiert und ausgehandelt wurden. Die Gruppe A arbeitete ausschließlich mit Post-its, mit kleinen Zeichnungen und Schlagwörtern, während die anderen beiden Gruppen vorwiegend Stichpunkte formulierten. Erst in der zweiten Phase kam der Straßenabschnitt in Form eines einfachen Grundrisses als Gestaltungsgrundlage hinzu und auch an dieser Stelle wurden unterschiedliche Szenarien mit unterschiedlichen Arbeitsweisen entwickelt.

Abbildung 6: Arbeitsprozess der Gruppe A während der ersten beiden Phasen der „Walt Disney"-Methode
Eigene Darstellung

Das Einbringen von Ideen und Wünschen für ihre städtische Umgebung war den Jugendlichen wichtig, was sich auch in der Beantwortung im Evaluationsbogen widerspiegelt: Auf die Frage „*Ich hatte heute die Möglichkeit, meine Ideen einzubringen.*" antworten neun von neun Jugendlichen mit „1 - trifft sehr zu" auf einer Skala von „1 - trifft sehr zu" bis „5 - trifft überhaupt nicht zu".

Alle drei Szenarien (siehe Abbildungen 7 bis 9) zeigen, dass die Jugendlichen über systemisches Denken verfügen, bei welchem verschiedene Verkehrsteilnehmer*innen, Altersgruppen und Themen in den Entwürfen des Straßenabschnitts mitgedacht wurden. Es wurde ersichtlich, dass die Jugendlichen zukunftsgerichtet, nachbarschaftlich und integrierend denken. Im Unterschied zum Kinderworkshop musste hierbei deutlich mehr gemeinsam diskutiert und erklärt werden, um zu einem Gruppenergebnis zu gelangen, während es im Kinderworkshop mehr um die individuelle Perspektive der einzelnen Schüler*innen ging.

Zur Umsetzung des Praxisziels *Bildung zum Thema Mobilität* dienten in beiden Workshops kurze Impulsvorträge, die, gestützt von einer PowerPoint-Präsentation, in die Thematik einleiteten und die altersorientiert und workshop-spezifisch gestaltet waren.

Bezüglich des vierten Praxisziels *Bewusstsein für Beteiligungsmöglichkeiten bei Kindern und Jugendlichen schaffen* lässt sich zunächst die Motivation der Kinder und Jugendlichen, in der Eberswalder Politik involviert zu werden, betrachten: Dabei zeigt sich ein unterschiedliches Bild bezüglich der zwei Altersgruppen. In den Fragebögen des Kinderworkshops haben 19 von 23 Kindern positiv auf die folgende Frage geantwortet: „*Wenn dich der Bürgermeister fragen würde, ob du bei der Verbesserung des Straßenverkehrs mithelfen wollen würdest, würdest du mitmachen?*" und erklärten dies mit „weil es interessant ist" oder „weil das besser/sicherer für die Menschen wäre". Bei der Befragung der Jugendlichen, ob sie sich für Politik in Eberswalde interessieren, verteilten sich die Stimmen auf einer Skala von „1 - stimme sehr zu" bis „5 - stimme überhaupt nicht zu" auf die Antwortmöglichkeiten „1 - stimme sehr zu" bis „4 - stimme eher nicht zu". Dies lässt auf ein unterschiedlich ausgeprägtes politisches Interesse schließen, wobei kein Jugendlicher mit „5 - stimme überhaupt nicht zu" geantwortet hat. Bei der Frage, ob die Jugendlichen ihre persönliche Perspektive in Eberswalde berücksichtigt sehen, haben fünf von neun mit „4 - stimme eher nicht zu" geantwortet. Zum Zeitpunkt des Workshops haben von den neun Jugendlichen sieben bereits Erfahrungen mit Beteiligung gemacht und an einer Informationsveranstaltungen und/oder Beteiligungsverfahren teilgenommen.

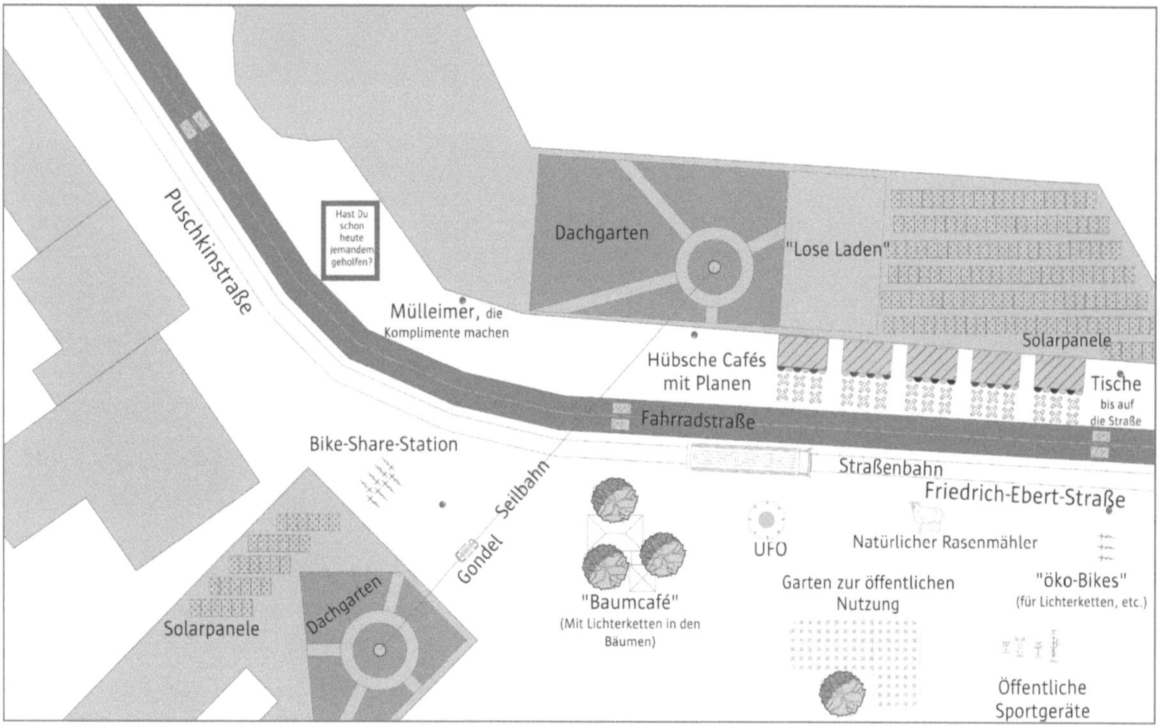

Abbildung 7: Zukunftsszenario „Friedrich-Ebert-Straße 2030", Gruppe A
Grafik: Luis Fernando Correa Santos de Oliveira, Darstellung basierend auf der Erarbeitung der Jugendlichen in Gruppe A

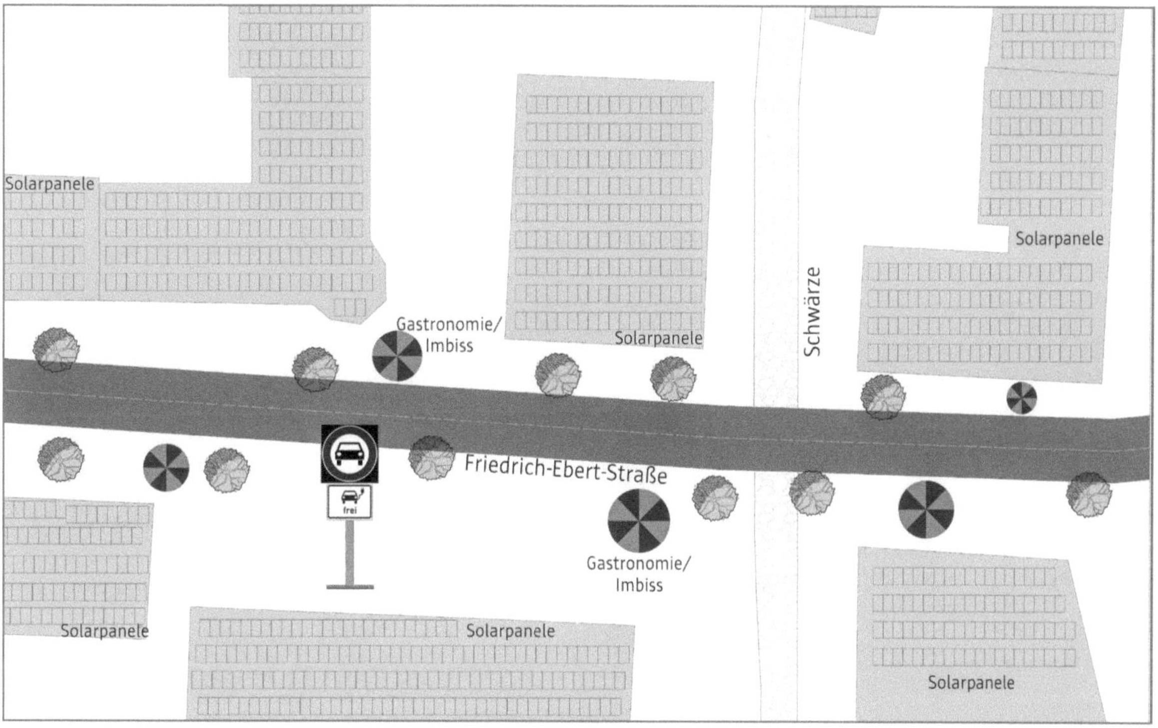

Abbildung 8: Zukunftsszenario „Friedrich-Ebert-Straße 2030", Gruppe B
Grafik: Luis Fernando Correa Santos de Oliveira, Darstellung basierend auf der Erarbeitung der Jugendlichen in Gruppe B

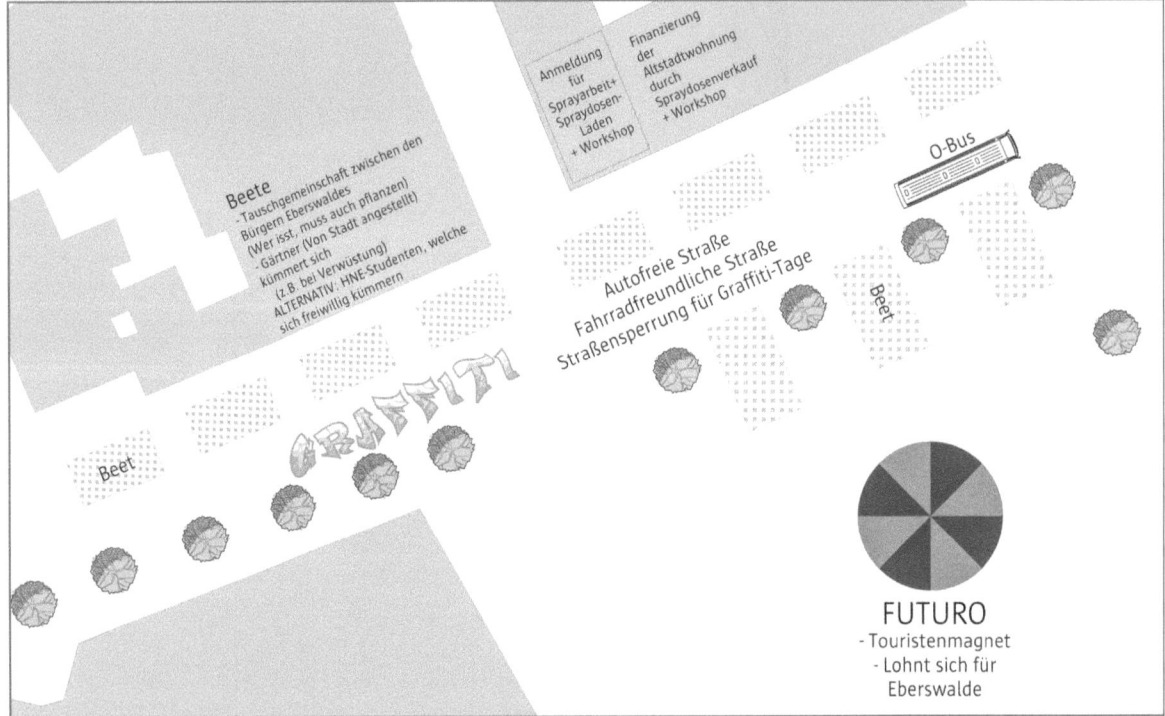

Abbildung 9: Zukunftsszenario „Friedrich-Ebert-Straße 2030", Gruppe C
Grafik: Luis Fernando Correa Santos de Oliveira, Darstellung basierend auf der Erarbeitung der Jugendlichen in Gruppe C

Ergebnispräsentationen

Für das Erreichen des fünften Praxisziels *Ergebnispräsentation mit dem Ziel, einen Diskurs anzustoßen*, war es erforderlich, die Sichtbarkeit des Projekts zu erhöhen und einen Austausch bezüglich der Workshop-Ergebnisse mit den Menschen in Eberswalde anzuregen, um darüber hinaus die Relevanz des Projekts zu vermitteln. Beim Schulfest in *Finow* lag der Fokus vornehmlich darauf mit den Eltern, Großeltern und Lehrer*innen über den Workshop und die Ergebnisse ins Gespräch zu kommen. Der Stand auf dem Marktplatz in Eberswalde stand vor allem mit dem Ziel in Zusammenhang, ein weiteres Spektrum der Stadtgesellschaft zu erreichen und mit einzubeziehen. Bei dem Gespräch mit den Vertreterinnen vom Stadtentwicklungsamt ging es um die Bewertung der umsetzenden Akteure und der Überprüfung der Anschlussfähigkeit der angewandten Methoden.

Die Ergebnisse des Jugendworkshops zeigten eine eindeutige Tendenz bezüglich des motorisierten Individualverkehrs auf der Friedrich-Ebert-Straße: Die Jugendlichen wünschten sich eine verkehrsberuhigte bzw. emissionsfreie Einkaufsstraße. Dieses Interesse fand sich auch bei Gesprächen mit Eberswalder*innen bei der Projektpräsentation auf dem Wochenmarkt wieder. Im Interview mit den Vertreterinnen des Stadtentwicklungsamts wurde dieses Anliegen zwar nachvollzogen, von einer Umsetzung jedoch aufgrund von (sozio-)ökonomischen Faktoren abgesehen.

Zum Thema Bürgerbeteiligung wurde im Interview betont, dass diese im Zusammenhang mit dem Mobilitätskonzept 2030+ zur Anwendung kommen wird, da Beteiligungsformate zunehmend an Relevanz im öffentlichen Planungssektor gewinnen. So sollen beispielsweise Grünflächen künftig ausschließlich gemeinsam mit Bürger*innen geplant werden. Weiter wurde vermerkt, dass eine gezielte Einbeziehung von Kindern und Jugendlichen dann stattfinden würde, wenn sie die Zielgruppe des Planungsprojektes darstellen. Spielleitplanung bilde hierbei, wie im 3. Teil bereits angedeutet, das methodische Hauptinstrument. Generell sähe die Stadt Eberswalde durch die Einbringung neuer Perspektiven und Planungsansätze jedoch hohes Potenzial in der Kinder- und Jugendpartizipation. Kritisch wird betrachtet, dass es durch häufig mangelndes Interesse seitens dieser Zielgruppe zu einer zu geringen Repräsentanz führen kann. Auch würden fehlende Ressourcen und Entscheidungsträger in Schlüsselpositionen zu einer erschwerten Durchsetzung beitragen. Zusammenfassend ist die Projektarbeit bei den Vertreterinnen des Stadtentwicklungsamts auf ein positives Feedback gestoßen. Ein Interesse an der Weiterleitung der Ergebnisse, insbesondere der erhobenen Daten bezüglich der Schulwegsicherheit an der *Grundschule Finow*, ist vorhanden.

Wenngleich die Zielgruppen bei den drei Ergebnispräsentationen sehr unterschiedlich waren, kam es dennoch zu interessanten Gesprächen und Rückmeldungen bezüglich der vorgestellten Ergebnisse und Perspektiven aus den Workshops. Während der Stand auf dem Marktplatz nicht den Erwartungen der Projektgruppe hinsichtlich des Austauschs mit der Stadtgesellschaft entsprach, hatte das Gespräch mit dem Stadtentwicklungsamt erfolgversprechendere Aussichten zur Folge: die Verantwortliche für die Spielleitplanung in Eberswalde zeigte während des Interviews großes Interesse für das Projekt und nahm zwei Tage später an der Abschlusspräsentation der Projektgruppe in der FH Potsdam teil. Hierbei konnte sie als Vertreterin der Eberswalder Stadtverwaltung nicht nur bei den Ergebnispräsentationen aller vier Projektgruppen zugegen sein, sie informierte sich überdies über die gesammelten Erkenntnisse und sagte zu, diese an die entsprechenden Verantwortlichen weiterzutragen. Dies kann durchaus als ein Impuls betrachten werden, welcher einen Diskurs über die Relevanz von Kinder- und Jugendbeteiligung in Eberswalde angestoßen hat.

FORSCHUNGSZIELE UND BEANTWORTUNG DER FORSCHUNGSFRAGEN

Hinsichtlich der Forschungsziele, insbesondere mit Blick auf die Forschungsfrage A, ob ein umfassenderes Problemverständnis für Mobilität gemeinsam mit jungen Menschen geschaffen werden kann, lassen sich neben dem Fragebogen des Jugendworkshops auch die Ergebnisse des Kreativprozesses heranziehen. Im Folgenden werden anhand des Szenarios von Gruppe A (vgl. Abbildung 7) die Aspekte aufgeführt, welche sich der Hypothese A1, die die Empathie gegenüber anderen Bevölkerungs- und Altersgruppen thematisiert, zuordnen lassen. Neben dem visuell aufbereiteten Endergebnis liefern die Aufzeichnungen in den während der „Walt Disney"-Phasen dokumentierten Beobachtungsbögen zusätzliche Informationen.

Während der ersten Phase hat die Gruppe A darüber nachgedacht, den O-Bus durch eine kostenfreie Straßenbahn zu ersetzen, die durch gemeinschaftlich erzeugten Strom fährt und folglich niemanden ökonomisch ausschließen soll. In der zweiten Phase kam in dieser Gruppe ein besonders empathischer Aspekt hinzu: Die Jugendlichen integrierten in ihrem Szenario Tafeln mit positiven Botschaften, die das Ziel haben die Persönlichkeitsentwicklung der Stadtbewohner zu befördern. In eine ähnliche Richtung planend wurden später an den Straßenzügen Mülleimer hinzugesetzt, die Komplimente machen, wenn Müll hineingeworfen wird. In der weiteren Entwicklung gab es Elemente, die gestrichen wurden, wie zum Beispiel die öffentliche Dachterrasse, da sie aufgrund potentieller Unfälle als zu unsicher befunden wurde. Somit war hier ein hohes Empathie- und Reflexionsvermögen zur gemeinschaftlichen Stadtplanung zu verzeichnen.

Auch bei der Auswertung des Fragebogens zeigt sich, dass bei den Jugendlichen ein umfassendes Verständnis vorherrscht, was anhand der Beantwortung der Frage *„Während des Workshops habe ich versucht folgende Altersgruppen zu berücksichtigen"* deutlich wird (siehe Abbildung 10). Für die Beantwortung der Hypothese A2 - dass die Beteiligung von jungen Menschen Potenziale für eine nachhaltige Mobilitätsplanung birgt, da sich diese Altersgruppe durch eine hohe Empathie gegenüber allen Verkehrsteilnehmer*innen auszeichnet - lässt sich ebenfalls der Fragebogen heranziehen. Die Jugendlichen haben diesbezüglich beim Entwerfen des Straßenmodells verschiedene Verkehrsteilnehmer*innen berücksichtigt, vornehmlich jedoch Fahrradfahrer*innen, Fußgänger*innen und Personen, die den ÖPNV nutzen (siehe Abbildung 11). Der mobilisierte Individualverkehr wurde in allen Modellen entweder stark eingeschränkt oder ganz verboten. Darüber hinaus zeugen die in den Szenarien vorgesehenen Elemente wie „Pflanzen von Bäumen" oder „Anlegen von Beeten" vom Wunsch nach einem naturnahen Stadtraum (siehe Abbildung 12).

Berücksichtigung unterschiedlicher Altersgruppen

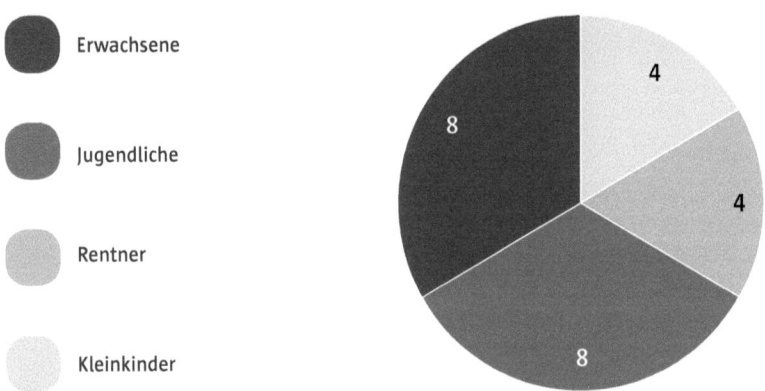

Abbildung 10: Fragebogen Jugendworkshop: Berücksichtigung unterschiedlicher Altersgruppen
Eigene Darstellung

Dass die Hypothese A3 - die Beteiligung von jungen Menschen birgt Potenziale für nachhaltige Mobilitätsplanung, da sich diese Altersgruppe durch ein hohes Umweltbewusstsein auszeichnet - im Falle der Eberswalder Jugendlichen zutrifft, wird ebenfalls in den drei Straßenmodellen sichtbar: Gruppe A platzierte einen verpackungsfreien „Lose-Laden" in der Innenstadt sowie Schafe, die als natürliche Rasenmäher für den Stadtgarten vorgesehen wurden, Gruppe B berücksichtigte zahlreiche Umweltaspekte und baute diverse Solarpanele auf den Dächern ein und Gruppe C transformierte die gesamte Friedrich-Ebert-Straße zu einer Fahrradstraße. Bei der Auswertung der Fragebögen wurde abermals deutlich, dass in den einzelnen Gruppen dem Thema Umwelt eine hohe Wichtigkeit beigemessen wurde (siehe Abbildung 13).

Für die Forschungsfrage A ist zusammenfassend festzuhalten, dass die Integration von Umweltbelangen in jeder Gruppe vorhanden war und dass vorrangig Jugendliche und Erwachsene in der Planung berücksichtigt wurden. Verschiedene Verkehrsteilnehmer*innen wurden bedacht, der Fokus wurde jedoch auf emissionsarme Verkehrsmittel gelegt. Verschiedene Bevölkerungsgruppen wurden zwar nicht explizit berücksichtigt, in Gruppe A und C war jedoch ein starker Fokus auf das soziale Zusammenleben und die Teilhabe möglichst vieler Menschen erkennbar (siehe Abbildung 14).

Berücksichtigung verschiedener Verkehrsteilnehmer*innen

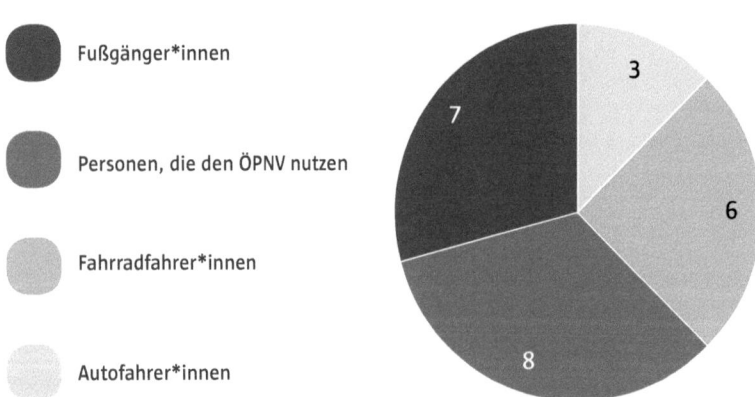

Abbildung 11: Fragebogen Jugendworkshop: „Während des Workshops habe ich versucht, folgende Verkehrsteilnehmer*innen zu berücksichtigen."
Eigene Darstellung

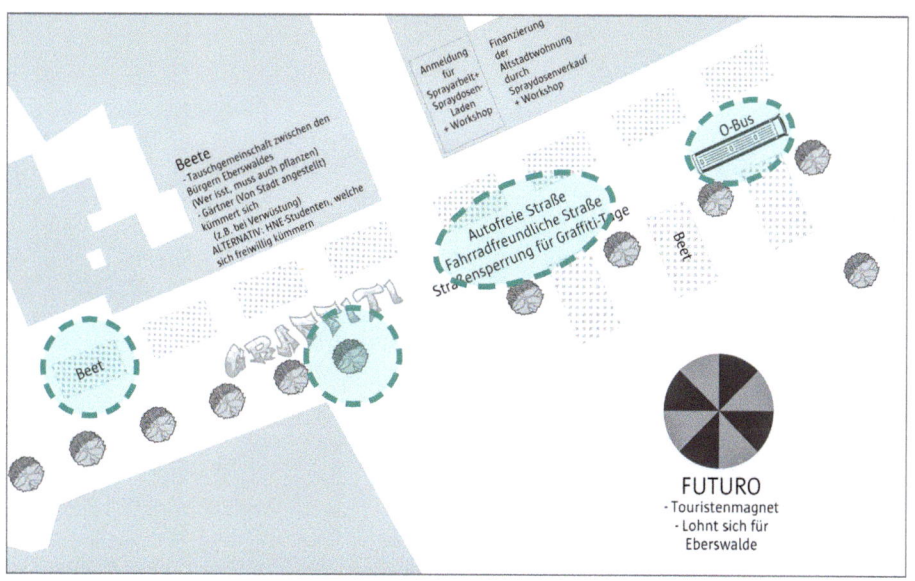

Abbildung 12: Zukunftsszenario Gruppe C, Berücksichtigung von Umweltbelangen durch das Pflanzen von Bäumen, Anlegen von Beeten und Verbot von MIV
Grafik: Luis Fernando Correa Santos de Oliveira, Darstellung basierend auf der Erarbeitung der Jugendlichen in Gruppe C

Berücksichtigung von Umweltbelangen

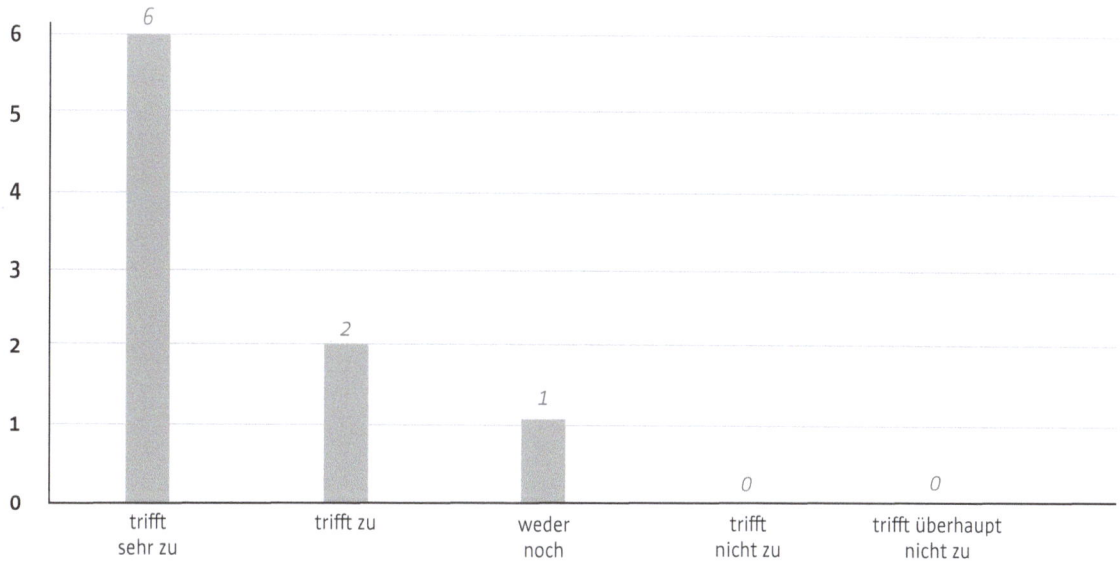

Abbildung 13: Fragebogen Jugendworkshop: „In meiner Gruppe war das Thema Umwelt ein wichtiges Thema."
Eigene Darstellung

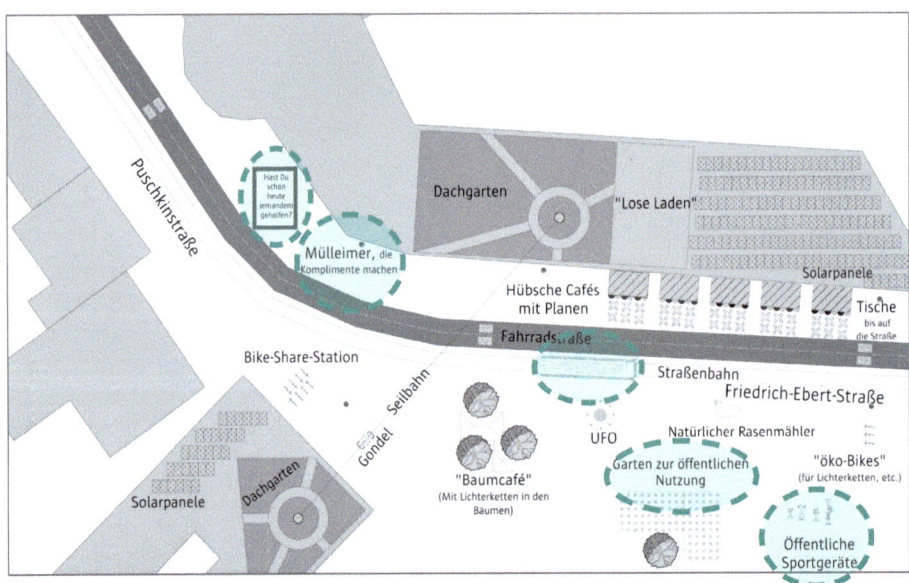

Abbildung 14: Zukunftsszenario Gruppe A, Fokus auf gemeinschaftliche Teilhabe im öffentlichen Raum durch freundliche Botschaften, Mülleimer, die Komplimente machen, kostenlosem Nahverkehr, öffentlichen Gärten und Sportgeräten
Grafik: Luis Fernando Correa Santos de Oliveira, Darstellung basierend auf der Erarbeitung der Jugendlichen in Gruppe A

Bezüglich der Hypothese B1, dass die Beteiligung von jungen Menschen innovative Denkweisen in der Planung fördert, lässt sich das Gespräch mit dem Stadtentwicklungsamt heranziehen. Hier wurde durch die Verantwortlichen deutlich, dass die Verwaltung sich die Frage stellen müsse, ob sie Kinder- und Jugendbeteiligung konkret befürworte oder nicht. Dies sei auch eine Frage der politischen Ausrichtung und hänge damit zusammen, welche Schlüsselfiguren sich mit welchem Enthusiasmus damit auseinandersetzen. Selbstkritisch wurde angemerkt, dass die Verwaltung durch Kinder und Jugendbeteiligung neue Perspektiven kennenlerne und damit auch einen neuen Blick auf die Planung gewinne.

Die Hypothese B2 besagt, dass die angewendeten Methoden Raum für Anwendbarkeit in der Stadt bieten und Potenziale haben, sich langfristig in Planungsvorhaben zu etablieren. An diesem Punkt wurden in dem Interview insbesondere die Grenzen der Kinder- und Jugendbeteiligung deutlich. Das Problem der Repräsentativität zielgruppenspezifischer Beteiligung wurde als ein Hindernis herausgestellt. Auch die Abhängigkeit von finanziellen und personellen Ressourcen, welche insbesondere bei der Akquise und Durchführung von Beteiligung auf den Stadthaushalt zukommen, wurde angemerkt. Ein weiterer Faktor, welche die Anwendbarkeit zielgruppenspezifischer Beteiligungsformate erschwere, sei die mangelnde Akzeptanz gegenüber derartigen Herangehensweisen, die sowohl innerhalb der Verwaltung aber auch in der Bevölkerung befördert werden müsse.

Für die letzte Hypothese B3, die einen etwaigen Lerneffekt zum Thema Mobilität mithilfe der verwendeten Methoden thematisiert, lassen sich die Frage- und Evaluationsbögen aus den Workshops heranziehen: Beim Evaluationsbogen des Kinderworkshops gaben 17 Kinder an, etwas Neues gelernt zu haben, was darauf hindeutet, dass eine Reflexion zum eigenen Mobilitätsverhalten stattgefunden hat. In der offenen Begründung der jeweiligen Antworten bezogen sich die Schüler*innen auf die erhöhte Achtsamkeit für die Gefahrenstellen, aber auch auf die Relevanz der Sicherheit in der Umgebung. Bei dem Workshop mit den Jugendlichen zeigte sich in den Fragebögen in den Antworten zur Frage „Ich habe heute etwas zum Thema 'Mobilität' gelernt", dass auf einer Skala von „1 - trifft sehr zu" bis „5 - trifft überhaupt nicht zu" vier mit „1 - trifft sehr zu" antworteten und weitere vier mit „2 - trifft zu" antworteten.

Somit wurde sowohl bei den Kindern, als auch bei den Jugendlichen ein Beitrag zur Mobilitätsbildung geleistet.

7. TEIL
DISKUSSION

Die Auswertung der Daten, welche zur Beantwortung der Forschungsfragen herangezogen wurden, bekräftigen die eingangs geschilderten Forschungserkenntnisse bezüglich der Vorteile der Kinder- und Jugendbeteiligung im Bereich der Infrastrukturplanung. Im Hinblick auf das umfassende Mobilitätsverständnis der Jugendlichen, welches hier durch die Berücksichtigung unterschiedlicher Verkehrsteilnehmer*innen, Altersgruppen, Bevölkerungsgruppen und Umweltbelange erfasst wurde, wird die Bedeutung der Grundhaltung der betreuenden Bezugspersonen deutlich. Kinder- und Jugendbeteiligung erfordert eine ausgesprochen reflektierte Herangehensweise, welche der Kreativität von Kindern und Jugendlichen Raum lässt und der spezifischen Lebenswelt dieser Zielgruppe mit Respekt und auf Augenhöhe begegnet. Insbesondere die an Nachhaltigkeit ausgerichtete und pragmatische Arbeitsweise, die in diesem Projekt durch die Modelle der Jugendlichen sichtbar wurde, stellt eine langfristige Chance für die Stadt Eberswalde dar. Die von Chawla (2002) und Malone (2013) bereits erläuterten Vorteile der politischen und nachhaltigen Bildung, die durch Beteiligungsverfahren generiert werden können, hat das Potenzial zu einer verantwortungsvollen Bürgerschaft in der Zukunft beizutragen.

Im Hinblick auf die formulierten Praxisziele, zeigt die Auswertung der erhobenen Daten, dass ein stärkerer Informationsaustausch zwischen den administrativen Akteuren in Eberswalde und der Zielgruppe von Kindern und Jugendlichen für beide Seiten fruchtbar sein kann. Der für beide Altersgruppen gemessene Bildungserfolg und ein stärkeres Bewusstsein für den innerstädtischen Verkehr zeigt den Mehrwert, den zielgruppenspezifische Partizipationsverfahren für die Beteiligten haben können.

Auch die positive Resonanz des Stadtentwicklungsamts gegenüber dem Unterfangen, Kinder- und Jugendbeteiligung aktiver in die Stadtplanung zu thematisieren, kann als Erfolg gewertet werden. Das Projekt und die darin gewonnenen Daten können nach Aussagen der befragten Verwaltungsakteure ein Bewusstsein für die spezifischen Bedürfnisse der Kinder und Jugendlichen im öffentlichen Raum schaffen und damit zu einer verstärkten Berücksichtigung dieser Zielgruppe im Mobilitätskonzept 2030+ beitragen. Insbesondere die gewonnenen Daten des Gefahrenspaziergangs weisen auf Problematiken der Verkehrsführung hin, die exemplarisch die spezifischen Gefahrenstellen für Kinder im Grundschulalter verdeutlichen.

Die aktive Berücksichtigung der Belange von Kindern und Jugendlichen durch Mitsprache und Beteiligung, wird jedoch im besten Fall nicht als freiwillige Zusatzaufgabe der Verwaltung angesehen. Vielmehr gilt es, die Rechte dieser Bevölkerungsgruppe, welche bereits 1989 mit der UN-Kinderrechtskonvention auf überstaatlicher Ebene von nahezu allen Mitgliedsstaaten durch Ratifizierung anerkannt wurde, auch auf nationaler und insbesondere auf kommunaler Ebene voranzubringen, wo die Lebenswirklichkeit der Kinder und Jugendlichen oft mangelnde Berücksichtigung erfährt.

Bezüglich der zukünftigen Generierung und der Anschlussfähigkeit exemplarisch gewonnenen Wissens im administrativen Ablauf, weisen die von den Vertreterinnen des Stadtentwicklungsamts geäußerten Grenzen zukünftiger Beteiligung jedoch auf einen generellen institutionellen Strukturbruch hin: Mit der Informalisierung der Stadtplanung, welche sich in der Vielzahl der Akteure in der Beteiligungskultur einer Stadt äußere, verliert nach Dröge und Magnin (2010) das Universalisierungsprinzip des Rechts, also die Verallgemeinerbarkeit des Nutzens für die Gesamtheit der Stadtbevölkerung an Bedeutung:

> **Der entscheidende Unterschied zu früheren Beteiligungsformen liegt darin, dass diese partizipativen Elemente nicht mehr (oder nur noch teilweise) auf formellen Rechtsansprüchen beruhen, sondern, wie die Planung selbst, informeller Natur sind. Damit geht – wie sich noch zeigen wird – auch der spezifische Partikularismus informeller Planungsprozesse auf die informellen Beteiligungsformen über.**
>
> (Dröge, K., Magnin, C. (2010). Integration durch Partizipation?)

Die Hinweise der Vertreterinnen des Stadtentwicklungsamts bezüglich der mangelnden Repräsentativität zielgruppenspezifischer Beteiligungsverfahren können mit dem geschilderten Universalisierungsproblem in Verbindung gebracht werden. Auch die Schwierigkeit, eine kritische Masse an Kindern und Jugendlichen zu erreichen, gefährdet die Legitimität der Beteiligungsergebnisse in der breiten Stadtbevölkerung.

Neben der Repräsentationsproblematik wurde von seiten der Verwaltung auch auf die mangelnde Ressourcenausstattung und die damit einhergehende zeitliche Überforderung der Verwaltungsmitarbeiter*innen hingewiesen. Kinder- und Jugendbeteiligung stellt für das Verwaltungspersonal folglich einen riskanten Mehraufwand dar, da die zeitlichen und finanziellen Kosten einen etwaigen Mehrwert übersteigen. Ein Lösungsansatz, welcher bereits im Jahr 2014 in Eberswalde praktiziert wurde, liegt in der Vernetzung unterschiedlicher Bildungs- und Stadtplanungsakteure bei der Organisation von Beteiligungsformaten. Das durch das Land Brandenburg, der Arbeitsgemeinschaft Städtekranz Berlin-Brandenburg und der brandenburgischen Architektenkammer geförderte Projekt „Stadtentdecker" bot in Kooperation mit dem Gymnasium *Finow* 37 Elftklässler*innen die Möglichkeit in einem Zeitraum von vier Monaten eigene Pläne für ihre bauliche Umwelt zu gestalten und der Öffentlichkeit vorzustellen (Brandenburgische Architektenkammer, 2013). Die Organisations- und Ressourcenproblematik wurde folglich durch die Vernetzung relevanter Akteure umgangen, indem Beteiligung auch im Kontext der Schulbildung und unter Miteinbeziehung von Experten erfolgte. Um möglichst vielen Kindern und Jugendlichen langfristig Beteiligungsformate bieten und damit auch die Legitimität solcher Herangehensweisen erhöhen zu können, kann eine Kooperation unter Einbeziehung relevanter Bildungsakteure wie Grundschulen, Regelschulen, Gymnasien und Kindergärten, Referenten aus der Verwaltung und thematisch relevanten Experten einen möglichen Ansatzpunkt darstellen. Nach Oomsels und Bouckaert (2014) stellt die Kooperation in Form von losen Netzwerken einen Mittelweg zwischen komplexer hierarchischer Steuerung und wettbewerbsorientiertem Public Management dar, welcher in der Lage sei, gemeinsam gesteckte Ziele in komplexen Steuerungsumgebungen erarbeiten zu können. Der Aufbau eines solchen Bildungs- und Beteiligungsnetzwerks kann dabei jedoch mehrere Jahre in Anspruch nehmen, da es etwaige institutionelle Hürden zu überwinden gilt und Vertrauen zwischen den Partnern zu vertiefen, beziehungsweise aufzubauen.

8. TEIL
GRENZEN

Die methodische Herangehensweise in Form eines Forschungsdesigns, welches explorativ angesetzt war und über den Projektzeitraum an unterschiedlichen Stellen iteriert wurde, trug Grenzen mit sich, die sich besonders bei der Stichprobenwahl und der methodischen Herangehensweise zeigten.

Stichprobe
Die Teilnehmerrekrutierung für den Kinder- und den Jugendworkshop erfolgte zunächst über das Versenden von Emails und wurde aufgrund von mangelnder Resonanz auf eine Akquise per Telefon ausgeweitet. Streng taktierte Lehrpläne, anderweitig geplante Aktivitäten (Klassenfahrten, Projektwochen) in den Schulen oder klar bekundetes Desinteresse seitens der Schulleitung hatte zufolge, dass sich nur eine Grundschulklasse und eine Jugendgruppe bereit erklärten, an den Workshops teilzunehmen. Darüber hinaus eröffneten sowohl die Lehrkraft als auch der Gruppenleiter der Jugendgruppe, dass beide Gruppen sich bereits im Vorfeld der Workshop-Durchführung mit dem Thema Mobilität in Eberswalde auseinandergesetzt hatten. Der sich daraus ergebende Mangel an Randomisierung bei der Auswahl der untersuchten Gruppen sowie die Kenntnis darüber, dass bei den Kindern und Jugendlichen ein Wissensstand zum Thema Mobilität vorherrscht, der über das eigentlich übliche Wissen dieser Altersgruppen hinausgeht, gefährden die Aussagekraft der Ergebnisse. Zusätzlich bestehen Zweifel, ob die Jugendgruppe, als Teil einer evangelischen Kirchengemeinde in Eberswalde, nicht diejenigen Jugendlichen vertritt, die überwiegend aus bildungsnahen Familien kommen, was als ein weiteres Indiz für eine eher geringe Repräsentativität betrachtet werden muss.

Methode

Hinsichtlich der methodischen Umsetzung des Projekts, insbesondere bei der Konzeption der Workshops fiel dem Faktor Zeit eine besonders limitierende Rolle zu. Ursprünglich geplante Abfolgen für die Workshop-Durchführung mussten auf die verfügbaren Zeiträume, die durch die Schule beziehungsweise durch den Jugendgruppenleiter ermöglicht wurden, angepasst werden. Insbesondere bei dem Kinderworkshop musste entsprechend auf durchaus relevante Workshop-Phasen wie längere Evaluationsgespräche in der Gruppe sowie im Plenum verzichtet werden. In der Jugendgruppe muss hingegen die Uhrzeit am späten Nachmittag als ein Einflussfaktor betrachtet werden, der gerade angesichts des Ziels, die Kreativität der Jugendlichen anzuregen, ebenso nicht außer Acht gelassen werden kann.

Dass die Forscher*innen weder einen fachlichen Hintergrund in der Bildungswissenschaft besitzen noch die nötigen pädagogischen Qualifikationen mitbringen, sollte ebenfalls in die Ergebnisbewertung des Projekts einbezogen werden. So stellte Bildung beispielsweise lediglich eines der Praxisziele dar. Bei dem Kinderworkshop zeigte sich hingegen, dass ein gemeinsames Erarbeiten ohne die Aufsicht eines Pädagogen oder einer Pädagogin nicht nur zeitliche Grenzen mit sich brachte, sondern auch jene, deren Bewältigung eine pädagogische Ausbildung voraussetze.

Eine weitere Projektgrenze zeigte sich bei der Ausgestaltung des Marktstandes auf dem Marktplatz in Eberswalde. Die Gebundenheit an den regulären Wochentag des Wochenmarktes und damit an einem Freitag kann rückblickend, und hinsichtlich des Ziels möglichst vielen Menschen in der Stadt Eberswalde die Ergebnisse aus den Workshops zu präsentieren und diese mit ihnen zu diskutieren, als eher ungünstig betrachtet werden. Die Verwendung eines anderen Formats, wie der Präsentation im Rahmen eines der Stadtfeste oder eine eigens vorbereitete Informations- und Diskussionsveranstaltung wäre den ursprünglichen Zielen dieser Projektphase unter Umständen näher gekommen.

Weitere Grenzen

Ein weiterer Punkt, der nicht zu vernachlässigen gilt, ist die Tatsache, dass die Stadt Eberswalde in unserer Wahrnehmung ein eher verhaltenes Interesse für die Schaffung von partizipativen Angeboten für Kinder und Jugendliche zeigt. Die Abschaffung des vorher existenten Jugendparlaments kann als ein Indiz dessen betrachtet werden. Im Hinblick auf eines der Praxisziele, den gesellschaftlichen Diskurs in der Stadt bezüglich der Thematik anzustoßen und der Beteiligung von Kindern und Jugendlichen wieder größeren Raum in der Stadt zu ermöglichen, muss bedacht werden, dass zur Erreichung dieses Ziels natürlich auch die Unterstützung durch die Stadt Eberswalde eine tragende Rolle spielt. Welche Motivation dafür aber bei den verantwortlichen Akteuren wirklich vorherrscht, lässt sich nur sehr schwer aus den Forschungsergebnissen ableiten und setzt dem Projekt aufgrund der Unsicherheit diesbezüglich eine weitere klare Grenze hinsichtlich ihrer Aussagekraft.

9. TEIL
AUSBLICK

Mit Verlauf des Projekts und mit den vorausgehend beschriebenen Methoden wurde eine umfangreiche Datenmenge erhoben, deren umfassende Auswertung nicht Ziel des Forschungsvorhabens sein konnte. Dieser Datensatz kann für weitere wissenschaftliche Forschungsansätze die Grundlage bieten, wofür sich an dieser Stelle eine weiterführende Auswertung und Untersuchung der gemessenen Daten sowie das Formulieren weiterer Forschungsfragen empfiehlt.

Mögliche Forschungsfragen, deren Beantwortung der vorhandene Datensatz dienen kann, könnten wie folgt lauten: *„Welche Gemeinsamkeiten und Unterschiede ergeben sich aus der Identifikation von Mobilitätsproblemen durch Kinder und Erwachsene?"* (Hierbei liegt ein Vergleich der aus dem Kinderworkshop erarbeiteten Gefahrenkarte mit den Kommentaren der Erwachsenen auf dem Schulfest und am Marktstand nahe.) oder *„In welchem Maße beeinflussen Erwachsene den Kreativprozess von Jugendlichen bei der Erstellung von Zukunftsszenarien?"* (Die Auswertung und Untersuchung der Beobachtung während des Jugendworkshops sowie ein qualitativer Vergleich der drei erarbeiteten Zukunftsszenarien durch die Jugendlichen der *„Wolke 6"* unter der Berücksichtigung, dass ein Zukunftsszenario unter Mitarbeit eines Erwachsenen entstand, kann Antworten auf diese Frage liefern).

In der Weiterverfolgung des fünften Praxisziels, dem Anstoßen eines Diskurs in der Eberswalder Stadtgesellschaft, hat das Stadtentwicklungsamt der Stadt Eberswalde die Ergebnis-Materialien aus den Workshops („Gefahrenkarte" sowie die drei Zukunftsszenarien für die Friedrich-Ebert-Straße) erhalten. Hierbei bleibt abzuwarten, inwiefern diese Informationen Anwendung im stadtplanerischen Prozess finden.

Für eine gesteigerte Sichtbarkeit des Projekts in Eberswalde und dem Landkreis Barnim wird eine Verbreitung der Publikation im Jahr 2019 angestrebt. Hierzu soll erneut auf die Kontakte im Stadtentwicklungsamt, im Bauausschuss sowie bei der Kooperationsstelle Inklusion aus Potsdam, welche im Auftrag des Brandenburgischen Ministeriums für Arbeit, Soziales, Gesundheit, Frauen und Familie eine Veranstaltungsreihe von Inklusions-Foren für Jugendliche mit und ohne Behinderung organisiert, zurückgegriffen werden.

Abschließend lässt sich sagen, dass der Einsatz kreativer Methoden der Kinder- und Jugendbeteiligung wertvolle Erkenntnisse gebracht hat und zugleich durch die Rückkopplung mit dem Stadtentwicklungsamt die Grenzen der Praxis einer Verwaltung aufgezeigt wurden.

10. TEIL
DANK

Da das Gelingen dieser Arbeit auf dem Mitwirken mehrerer Personen als den genannten Autor*innen aufbaut, soll im Folgenden den Menschen gedankt werden, die auf unterschiedlichste Art und Weise zum Abschluss des vorliegenden Berichts beigetragen haben.

In erster Linie gilt unser Dank unseren Professoren Prof. Dr. Marian Dörk und Prof. Dr. Tobias Schröder. In ihrer Funktion als Leiter des Seminars „Städte der Zukunft modellieren, visualisieren, transformieren: Das Beispiel Eberswalde" standen sie uns richtungsweisend und beratend zur Seite und waren damit im gesamten Entwicklungs- und Durchführungsprozess eine große Hilfe.

Herzlichen Dank auch an Timo Szczepanska und Max Priebe, die uns sowohl inhaltlich im Rahmen der Methodengruppe Modellierung, aber auch organisatorisch durch ihre Kontakte zu *Transition Thrive* Eberswalde unterstützten und damit hilfreiche Anknüpfungspunkte sowie ein schnelles Ankommen und reibungsloses Kennenlernen der Stadt ermöglichten.

Im fachlichen Kontext soll auch Stephanie Pigorsch gedankt werden, die uns bei der Konzeption beider Workshops wertvolle Anregungen und Hinweise gegeben hat.

Des Weiteren bedanken wir uns bei der *Grundschule Finow*, im Speziellen bei ihrem Direktor Herrn Boldt, der uns die Möglichkeit gab, in seiner Schule den Kinderworkshop stattfinden zu lassen. Ganz besonderer Dank gilt dabei der Lehrerin und Mobilitätsbeauftragten Brit Reinhardt und den Schüler*innen der Klasse 4c, ohne deren Teilnahme, Zusammenarbeit und Motivation die Umsetzung des Projektvorhabens in diesem Maße nicht möglich gewesen wäre.

Gleiches gilt für das Gemeindezentrum der Evangelischen Stadtkirchengemeinde Eberswalde, deren Räumlichkeiten wir für den Jugendworkshop nutzen durften, sowie im besonderen Maße Heinrich Oehme, der als Kreisjugendreferent der Jugendgruppe „Wolke 6" auf unseren Akquise-Aufruf reagiert und damit die Grundvoraussetzung für das Gelingen unseres Projekts geschaffen hat. Bei den Jugendlichen der „*Wolke 6*" bedanken wir uns für die spannende Teamarbeit sowie für die wertvollen und tollen Gedanken und Ideen.

Dem Stadtentwicklungsamt Eberswalde, namentlich der Leiterin Silke Leuschner und Sören Bauer, dem Verantwortlichen für Verkehrsplanung, danken wir für das konstruktive und produktive Gespräch sowie Beatrix Pohl, der Verantwortlichen für die Verbindliche Bauleitplanung, und Petra Fritze, Verantwortliche für die Spielleitplanung, für das aufschlussreiche Interview und dem Interesse an unserer Ergebnispräsentation.

Abschließend bedanken wir uns bei allen Eltern, die uns ihr Einverständnis für die Teilnahme ihrer Kinder an unseren Workshops gaben sowie bei allen Besucher*innen unserer Stände auf dem Schulfest in *Finow* und auf dem Marktplatz in Eberswalde für den aufschlussreichen und informativen Austausch.

QUELLEN- UND LITERATURVERZEICHNIS

Alcántara, S. et al. (2018). Zwischen Wunsch und Wirkung. Ein transdisziplinärer Visionsworkshop mit Bürgerinnen und Bürgern. In: Defila, R., Di Giulio, A. (Hrsg.): Transdisziplinär und transformativ forschen. Eine Methodensammlung. Wiesbaden: Springer VS.

Apel, P. et al. (2010). Spielleitplanung Eberswalde. Dokumentation Oktober 2010. Verfügbar unter https://www.eberswalde.de/fileadmin/bereich-eberswalde/user/ewschwarz/Spielleitplanung/SLP_Dokumentation.pdf (letzter Zugriff: 29. August 2018)

Arup (2017). Cities alive. Designing for urban childhoods. Verfügbar unter https://www.arup.com/perspectives/publications/research/section/cities-alive-designing-for-urban-childhoods (letzter Zugriff: 27. September 2018)

Australian Bureau of Statistics (2017). 2016 Census QuickStats. Verfügbar unter http://quickstats.censusdata.abs.gov.au/census_services/getproduct/census/2016/quickstat/SSC11202 (letzter Zugriff: 11. August 2018)

Brandenburgische Architektenkammer (2013). Die Stadtentdecker. Verfügbar unter https://www.ak-brandenburg.de/sites/default/files/Poster_Stadtentdecker_A0_final_redu.pdf (letzter Zugriff: 19. August 2018)

Chawla, L. (2002). Growing up in an urbanizing world. London: UNESCO/Earthscan.

Chawla, L. (2007). Childhood experiences associated with care for the natural world: A theoretical framework for empirical results. Children Youth and Environments. 17 (4), 144-170.

Cilliers, E. J., Timmermans, W. (2014). The importance of participatory planning in the public place-making process. In: Environment and Planning B: Planning and Design. 41 (3), 413-429.

Defila, R. & Di Giulio, A. (2018). Reallabore als Quelle für die Methodik transdisziplinären und transformativen Forschens - eine Einführung. In: Defila, R., Di Giulio, A. (Hrsg.): Transdisziplinär und transformativ forschen. Eine Methodensammlung. Wiesbaden: Springer VS, 9-35.

Derr, V. (2015). Integrating community engagement and children's voices into design and planning education. In: CoDesign. 11 (2), 119-133.

Derr, V. & Tarantini, E. (2016). Because we are all people: Outcomes and reflections from young people's participation in the planning and design of child-friendly public spaces. In: Local Environment: The International Journal of Justice and Sustainability. 12 (2), 1534-1556.

Dröge, K. & Magnin, C. (2010). Integration durch Partizipation? Zum Verhältnis von formeller und informeller Bürgerbeteiligung am Beispiel der Stadtplanung. In: Zeitschrift für Rechtssoziologie. 31 (1), 103-122.

Haas, G. (2010). James Rojas. The City as play. Verfügbar unter https://drpop.org/james-rojas-the-city-as-play/ (letzter Zugriff: 29. September 2018)

Heitmeyer, W. (1998). Versagt die Integrationsmaschine Stadt? Zum Problem der ethnisch-kulturellen Segregation und ihrer Konfliktfolgen. In: Heitmeyer, W., Dollase, R., Backes, O. (Hrsg.): Die Krise der Städte. Analysen zu den Folgen desintegrativer Stadtentwicklung für das ethnisch-kulturelle Zusammenleben. 1. Aufl. Frankfurt/Main: Suhrkamp (Kultur und Konflikt, 2036), 443–468.

Kirk, M. (2018). How to design cities for children. Verfügbar unter https://www.citylab.com/design/2018/02/how-to-design-cities-for-children/552086/ (letzter Zugriff: 11. August 2018)

Klitzke, B. (2011). Geschichte einer Geschäftsstraße. In: report e. Magazin für das Stadtzentrum Eberswalde. 18 (4), 7.

Malone, K. (2013). The future lies in our hands: Children as researchers and environmental change agents in designing a child-friendly neighborhood. In: Local Environment: The International Journal of Justice and Sustainability. 18 (3), 372-395.

Malone, K. (2018). Children in the Anthropocene. Rethinking sustainability and child friendliness in cities. London: Palgrave Macmillan/Springer Nature.

Manderscheid, K. (2013). Milieu, Urbanität und Raum: soziale Prägung und Wirkung städtebaulicher Leitbilder und gebauter Räume. Wiesbaden: VS Springer.

Neumann, A. (2017). *Transition Thrive* – Wachstumsschub für Klimaschutz von unten. Verfügbar unter http://hebewerk-eberswalde.de/transitionthrive-wachstumsschub-fuer-klimaschutz-von-unten/ (letzter Zugriff: 29. März 2019)

Oomsels, P. & Bouckaert, G. (2014). Studying interorganizational trust in public administration: A conceptual and analytical framework for „Administrational Trust". In: Public Performance & Management Review. 37 (4), 577-604.

Parnell, R. & Patsarika, M. (2014). Playful voices in participatory design. In: Burke, C., Jones, K.: Education, Childhood and Anarchism: talking Colin Ward. Abingdon: Routledge, 99–110.

Qvortrup, J. (1997). Review essay: Children, individualism and community. In: Sage Journals. 4 (3), 359-368.

Schawel, C. & Billing, F. (2014). Walt-Disney-Methode. In: Top 100 Management Tools. Wiesbaden: Gabler Verlag, 273-275.

Stadt Eberswalde (2015). Umsetzung des Spielleitplanes. Chronik. Verfügbar unter https://www.eberswalde.de/fileadmin/bereich-eberswalde/user/ewschwarz/Spielleitplanung/Chronik_Umsetzung__Spielleitplan_20151215.pdf (letzter Zugriff: 29. August 2018)

Unicef (2018). Child Friendly Cities. Verfügbar unter https://www.unicef-irc.org/research/child-friendly-cities/ (letzter Zugriff: 29. August 2018)

Ward, C. (1978). The child in the city. New York: Pantheon Books.

Wilks, J. (2010). Child-friendly cities: A place for active citizenship in geographical and environmental education. In: International Research in Geographical and Environmental Education. 19 (1), 25-38.

ABBILDUNGEN

Abbildung 1: Methodische Konzeption des Kinderworkshops zur Erreichung der Forschungs- und Praxisziele
Eigene Darstellung

Abbildung 2: Gefahrenspaziergang im Kinderworkshop: Gefahren erkennen, markieren und dokumentieren
Eigene Darstellung

Abbildung 3: Antwortmöglichkeiten im Evaluationsbogen (beispielhafte Darstellung)
Eigene Darstellung

Abbildung 4: Methodische Konzeption des Jugendworkshops zur Erreichung der Forschungs- und Praxisziele
Eigene Darstellung

Abbildung 5: Aus dem Kinderworkshop entstandene Gefahrenkarte
Grafik: Luis Fernando Correa Santos de Oliveira, Kartenmaterial adaptiert nach hanshack.com und Openstreetmap

Abbildung 6: Arbeitsprozess der Gruppe A während der ersten beiden Phasen der „Walt Disney"-Methode
Eigene Darstellung

Abbildung 7 und 10: Zukunftsszenario „Friedrich-Ebert-Straße 2030", Gruppe A
Grafik: Luis Fernando Correa Santos de Oliveira, Darstellung basierend auf der Erarbeitung der Jugendlichen in Gruppe A

Abbildung 8: Zukunftsszenario „Friedrich-Ebert-Straße 2030", Gruppe B
Grafik: Luis Fernando Correa Santos de Oliveira, Darstellung basierend auf der Erarbeitung der Jugendlichen in Gruppe B

Abbildung 9: Zukunftsszenario „Friedrich-Ebert-Straße 2030", Gruppe C
Grafik: Luis Fernando Correa Santos de Oliveira, Darstellung basierend auf der Erarbeitung der Jugendlichen in Gruppe C

Abbildung 11: Fragebogen Jugendworkshop: Berücksichtigung unterschiedlicher Altersgruppen
Eigene Darstellung

Abbildung 12: Fragebogen Jugendworkshop: *„Während des Workshops habe ich versucht, folgende Verkehrsteilnehmer*innen zu berücksichtigen."*
Eigene Darstellung

Abbildung 13: Zukunftsszenario Gruppe C, Berücksichtigung von Umweltbelangen durch das Pflanzen von Bäumen, Anlegen von Beeten und Verbot von MIV
Grafik: Luis Fernando Correa Santos de Oliveira, Darstellung basierend auf der Erarbeitung der Jugendlichen in Gruppe C

Abbildung 14: Fragebogen Jugendworkshop: *„In meiner Gruppe war das Thema Umwelt ein wichtiges Thema."*
Eigene Darstellung

Abbildung 15: Zukunftsszenario Gruppe A, Fokus auf gemeinschaftliche Teilhabe im öffentlichen Raum durch freundliche Botschaften, Mülleimer, die Komplimente machen, kostenlosem Nahverkehr, öffentlichen Gärten und Sportgeräten
Grafik: Luis Fernando Correa Santos de Oliveira, Darstellung basierend auf der Erarbeitung der Jugendlichen in Gruppe A

TABELLEN

Tabelle 1: Überblick zum Forschungsdesign
Eigene Darstellung

Tabelle 2: Methodik zur Erreichung der Praxis- und Forschungsziele
Eigene Darstellung

Tabelle 3: Kategorien des Beobachtungsbogens
Eigene Darstellung